A TEORIA CRÍTICA DA SOCIEDADE E A EDUCAÇÃO
MÚLTIPLOS OLHARES

Editora Appris Ltda.
1.ª Edição - Copyright© 2024 dos autores
Direitos de Edição Reservados à Editora Appris Ltda.

Nenhuma parte desta obra poderá ser utilizada indevidamente, sem estar de acordo com a Lei nº
9.610/98. Se incorreções forem encontradas, serão de exclusiva responsabilidade de seus organi-
zadores. Foi realizado o Depósito Legal na Fundação Biblioteca Nacional, de acordo com as Leis nos
10.994, de 14/12/2004, e 12.192, de 14/01/2010.

Catalogação na Fonte
Elaborado por: Josefina A. S. Guedes
Bibliotecária CRB 9/870

T314t 2024	A Teoria crítica da sociedade e a educação: múltiplos olhares / Estelamaris Brant Scarel, Márcia Cristina Fernandes Pereira Bessa, Marco Antônio Oliveira Lima (orgs.). – 1. ed. – Curitiba: Appris, 2024. 204 p. ; 23 cm. – (Geral). Inclui referências. ISBN 978-65-250-5467-4 1. Educação. 2. Teoria crítica. I. Scarel, Estelamaris Brant. II. Bessa, Márcia Cristina Fernandes Pereira. III. Lima, Marco Antônio Oliveira. IV. Título. V. Série. CDD – 370.1

Livro de acordo com a normalização técnica da ABNT

Appris editora

Editora e Livraria Appris Ltda.
Av. Manoel Ribas, 2265 – Mercês
Curitiba/PR – CEP: 80810-002
Tel. (41) 3156 - 4731
www.editoraappris.com.br

Printed in Brazil
Impresso no Brasil

Estelamaris Brant Scarel
Márcia Cristina Fernandes Pereira Bessa
Marco Antônio Oliveira Lima
(orgs.)

A TEORIA CRÍTICA DA SOCIEDADE E A EDUCAÇÃO
MÚLTIPLOS OLHARES

FICHA TÉCNICA

EDITORIAL — Augusto Coelho
Sara C. de Andrade Coelho

COMITÊ EDITORIAL — Ana El Achkar (UNIVERSO/RJ)
Andréa Barbosa Gouveia (UFPR)
Conrado Moreira Mendes (PUC-MG)
Eliete Correia dos Santos (UEPB)
Fabiano Santos (UERJ/IESP)
Francinete Fernandes de Sousa (UEPB)
Francisco Carlos Duarte (PUCPR)
Francisco de Assis (Fiam-Faam, SP, Brasil)
Jacques de Lima Ferreira (UP)
Juliana Reichert Assunção Tonelli (UEL)
Maria Aparecida Barbosa (USP)
Maria Helena Zamora (PUC-Rio)
Maria Margarida de Andrade (Umack)
Marilda Aparecida Behrens (PUCPR)
Marli Caetano
Roque Ismael da Costa Güllich (UFFS)
Toni Reis (UFPR)
Valdomiro de Oliveira (UFPR)
Valério Brusamolin (IFPR)

SUPERVISOR DA PRODUÇÃO — Renata Cristina Lopes Miccelli

PRODUÇÃO EDITORIAL — Bruna Holmen

REVISÃO — Pâmela Isabel Oliveira

DIAGRAMAÇÃO — Andrezza Libel

CAPA — Carlos Pereira

REVISÃO DE PROVA — William Rodrigues

PREFÁCIO

Depois de grandes ataques, especialmente com o surgimento explícito de propagandas anti-intelectuais no Brasil, a Teoria Crítica da Escola de Frankfurt tem sua importância destacada, continua despertando interesse por seu pensamento. Nesse ínterim, a Teoria Crítica frankfurtiana demarca seu espaço no debate nacional e internacional não apenas porque aborda questões atemporais a respeito de governos totalitários, como foi o Nazismo na Alemanha, governo este que se estende ao risco universal da instalação da barbárie no campo político e social. Na verdade, a Teoria Crítica foi capaz de mobilizar um conjunto de elaborações essenciais ao recolocar problemas entre a política e a moral no século 20. Com isso, desenvolveu uma crítica à teoria do conhecimento e às formas de gestão social baseadas nas matrizes liberais, decorrendo daí sua atualidade e importância no século 21.

Dessa forma, a Escola de Frankfurt reposiciona uma nova teoria sobre o sujeito contemporâneo, diferente da teoria do indivíduo burguês no liberalismo e, também, no neoliberalismo. Realiza uma leitura do sujeito pautada na psicanálise freudiana como também na teoria marxista, apesar de muitos pensadores da Escola de Frankfurt terem se distanciado do marxismo pensado no período da ex-União Soviética. Contudo, é importante ressaltar que a Escola de Frankfurt não busca reconciliar as teorias acima mencionadas, como também com nenhuma outra teoria. Em linhas gerais, procura investigar sob múltiplos olhares o impacto do capitalismo perante as vulnerabilidades e formações psicológicas dos indivíduos no que concerne ao autoritarismo, ao narcisismo patológico e à paranoia.

Por certo, a relação não conciliada entre marxismo, psicanálise e demais teorias serve de fundamento para se compreender o fascismo, a indústria cultural, a dialética existente entre natureza e história e suas relações com a vida humana em sociedade. Ademais, recorre a outros pensadores no campo da Filosofia, Arte e Cultura, os quais servem de fundamento para uma crítica social abrangente. Todas essas construções teóricas são pensadas dentro das condições materiais dadas pela produção de mercadorias do mercado econômico na contemporaneidade.

Diante do exposto, a proposta de uma discussão definitiva sobre a Teoria Crítica da Escola da Frankfurt no Brasil ainda é prematura. Em razão disso, o esforço dos pesquisadores na área é certamente rico o suficiente para assegurar a previsão de que esta continuará influenciando as ciências humanas como também as gerações subsequentes. Essa condição não é externa ao que se propõe nesta obra: ela contextualiza e oportuniza uma leitura em desenvolvimento da Teoria Crítica da Escola de Frankfurt, cujos problemas suscitados se tornam questões que caracterizam investigações pelas próprias circunstâncias que as provocam no passado e no presente. É nesse prólogo que se encontram os pesquisadores e demais estudiosos diante das cenas do mundo atual posto em questão, como os capítulos que se seguem neste livro procuram mostrar.

Maria Angélica Cezário

Doutora em Educação pela Universidade Federal de Goiás (2021), mestre em Educação pela Pontifícia Universidade Católica de Goiás (2012) e graduada em Pedagogia pela Universidade Estadual de Goiás (2009). Atualmente, é docente no Instituto Federal de Goiás, atuando nos cursos de licenciatura, cursos técnicos, projetos de pesquisa e extensão.

APRESENTAÇÃO

> *O que melhor distingue a educação escolar e universitária é sua instrumentação pela pesquisa. Por outro lado, se não aparecer esta instrumentação, ficará sem distintivo próprio, não se diferenciando de outros lugares educativos na sociedade. Educar pela pesquisa do conhecimento. Este é o meio, educação é o fim.*
> *(DEMO, 2003).*

Hodiernamente, a educação, preocupada cada vez mais em atender aos reclames postos pela ideologia do mercado e da competitividade, tem se preocupado sobremaneira com a disseminação das informações ou conhecimentos de segunda ordem em detrimento de um trabalho formativo mais amplo e significativo no campo tanto da produção de novos conhecimentos como da formação humana. Assim, seguindo o canto do capital, a educação esvazia-se do seu real sentido e atrela-se à lógica da gestão empresarial e da formação para o mercado, mantendo, dessa forma, uma cisão cada vez maior entre a dimensão do pensar e a do fazer, ou entre sujeito e objeto, universal e particular, teoria e práxis. Para Adorno (1995, p. 183), essa cisão, entretanto, "[...] torna-se ideologia, exatamente sua forma habitual, assim que é fixada sem mediação [...] Uma vez radicalmente separado do objeto, o sujeito já reduz este a si; o sujeito devora o objeto ao esquecer o quanto ele mesmo é objeto".

Tal afirmação não apenas demonstra o estado de indigência no qual o sujeito recaiu em face da sua negligência ao exercício do pensamento, como, ainda, evidencia a necessidade da recuperação da capacidade de resistência à fragilização da autorreflexão urgentemente. Daí não somente serem oportunas, mas, para além disso, tornarem-se relevantes reflexões tais como as empreendidas na presente obra, sob o título de *Teoria Crítica da Sociedade e Educação: múltiplos olhares*, para contribuir com tal enfrentamento. Entende-se que o movimento histórico, principalmente no campo da Educação, só pode ser possível de ser reconfigurada mediante múltiplos tensionamentos. E, nesse tocante, o mais significativo deles é o exercício do pensamento em conexão com a realidade. Afinal, o alvo da crítica não é "[...] a necessidade no pensamento, mas é a relação entre os dois" (ADORNO, 2009, p. 337).

Nesse sentido, tendo como referência essa perspectiva multívoca, salienta-se que esta presente obra é fruto de debates e reflexões efetuadas na disciplina denominada de "Teoria Crítica da Sociedade e a Educação", do Programa de Pós-Graduação em Educação – PPGE da PUC Goiás, a qual foi ministrada no segundo semestre de 2021, além, evidentemente, de outras duas contribuições trazidas por autoras externas convidadas. Feitos esses esclarecimentos oportunos, passa-se à exposição das sínteses dos capítulos que a compõem.

O texto de Estelamaris Brant Scarel e Márcia Cristina Fernandes Pereira Bessa, "A psicanálise freudiana, a criança e a educação", como aponta o próprio título, fundamentando-se em Freud (1856-1939), procura pôr em evidência as principais contribuições propiciadas por essa teoria ao processo formativo da criança, visando às condições de possibilidade do estabelecimento de um trabalho de resistência ao estado de barbarização; em especial, no contexto contemporâneo.

O capítulo elaborado por Ângela Roberta Felipe Campos e Divino de Jesus da Silva Rodrigues, sob o título de "A formação de professoras(es) da educação infantil: um olhar a partir da Teoria Crítica de Adorno", busca apreender, com base em uma pesquisa no sistema de Banco de Dados da Biblioteca Digital Brasileira de Teses e Dissertações (BDTD) nos últimos cinco anos, o estado de conhecimento acerca da formação de professores para a educação infantil em diálogo com a teoria adorniana, análise esta que ensejou aos autores detectarem não somente que a perspectiva teórica de Adorno ainda é pouco explorada, como também viabilizou a eles tensionarem os docentes da educação infantil sobre a possibilidade do estabelecimento do confronto ou não à Indústria Cultural com vistas à formação para a autonomia e emancipação.

O capítulo produzido por César Pereira Martins e Estelamaris Brant Scarel, denominado de "Freud, adorno, a formação das imagos e o processo de ensino-aprendizagem", faz uma aproximação à Psicanálise de Freud em interface com a teoria adorniana, objetivando demonstrar que as análises feitas por esses teóricos a respeito da educação contribuem sobremaneira para que os docentes compreendam que o processo educativo deve primar pela ética em prol de um processo educativo que interfira positivamente na formação dos estudantes.

O texto de Antonia de Paula Ribeiro, "Adorno e a educação no *Admirável Mundo Novo*", a partir de uma metáfora com a obra de Aldoux Huxley (1896-1963), *Admirável Mundo Novo*, põe em relevo uma crítica à racionalidade instrumental engendrada pelo capitalismo industrial, com vistas a destacar a atualidade do pensamento adorniano como ponto de partida para o embate com o "eclipsamento da razão", segundo a perspectiva de Horkheimer (2015).

O capítulo produzido por Eliane Batista de Souza Moreira e Divino de Jesus da Silva Rodrigues, "A trajetória histórica do Setembro Azul para as pessoas com surdez: um olhar a partir de Auschwitz", tendo como ponto de partida a experiência barbarizante com o extermínio das pessoas com deficiência durante o holocausto, faz uma breve análise sobre o movimento denominado de "Setembro Azul", criado para combater esse estado de extremismo, o qual, segundo os autores, passou a ser reconhecido como uma importante mobilização de resistência e de alcance de maior reconhecimento pela comunidade surda.

A análise efetuada por Daniel da Silva Mendes e Divino de Jesus da Silva Rodrigues, sob a denominação de "A barbárie das mídias na sexualidade das massas", põe em destaque a influência das mídias no contexto contemporâneo, contribuindo de forma indelével para a "mistificação das massas", conforme criticam Adorno e Horkheimer (1985). Na concepção dos autores, as mídias, a partir de sua perspectiva ideológica, transformam homens e mulheres em objetos sexuais, naturalizando os processos de violência subjacentes aos seus mecanismos de dominação, consequentemente acirrando a violência.

O texto de Marco Antônio Oliveira Lima e Estelamaris Brant Scarel, "Educação escolar: emancipação para a democracia", procura fazer uma aproximação, à luz da Teoria Crítica frankfurtiana, ao processo de dominação recorrente ao longo dos processos históricos, com vistas a demonstrar a relevância dos processos educativos escolares como possibilidade de resistência, pela autocrítica, aos extremismos como o preconceito, a xenofobia, o racismo, a violência, visando à conquista da democracia.

O capítulo de Nelma Roberto Gonçalves Mendes e Estelamaris Brant Scarel, denominado de "A dialética negativa adorniana e a precarização do trabalho docente: algumas reflexões", fundamentando-se no pensamento dialético adorniano, formula uma crítica categórica ao contexto educacional contemporâneo sob a égide das políticas educacionais neoliberais, as quais contribuíram de forma inconteste com a precarização do trabalho docente, exigindo, dessa maneira, que os professores, mediante o exercício da autorreflexão crítica, estabeleçam o confronto a esse estado de coisas, pois, conforme a concepção adorniana, citada pelas autoras, a "resistência" seria a condição de sobrevivência do sujeito na atualidade.

O texto produzido por Nívea Oliveira Couto de Jesus e Maria Zeneide Carneiro Magalhães de Almeida, cujo título é "O ensino remoto e a indústria cultural em Goiás", apresenta um exame da educação no Estado durante a ocorrência da pandemia movida pela Covid-19, acontecimento esse que oportunizou a flexibilização do processo ensino-aprendizagem, por meio de aulas remotas, acarretando prejuízos sem precedentes ao trabalho formativo nesse contexto. Na visão das autoras, não obstante os investimentos do estado de Goiás no aprimoramento tecnológico para a obtenção da maior ampliação do acesso à internet, o ensino remoto atrelou-se aos ditames da Indústria Cultural, transformando a aprendizagem em um engodo e o processo de ensino na ideologia da falsa consciência.

O capítulo escrito por Gessione Alves da Cunha e Estelamaris Brant Scarel, "Colégios cívico-militares em Goiás: pedagogia da formação humana da juventude e contradições", com base em uma retrospectiva histórica panorâmica e, também, estrutural acerca dos Colégios Cívico-Militares no Estado, põe em relevo elementos fundamentais para se refletir sobre o novo radicalismo de direita e, ainda, a respeito da formação com traços extremistas, porquanto barbarizantes, nesses espaços (de)formativos, concluindo, por conseguinte, que tal modelo educativo, em face de seu viés ideológico, contraditório e técnico-instrumental, carece não apenas de maior conhecimento, mas, também, de maior confrontação.

Dentre as pertinentes e acertadas contribuições consta, em primeiro lugar, a análise trazida por Cleudes Maria Tavares Rosa, "Educação crítica, Direitos Humanos e formação de professores: uma reflexão à luz da Teoria Crítica Frankfurtiana", a partir de um olhar histórico-jurídico-filosófico, demonstra que os direitos humanos, ao longo de sua trajetória histórica, foram perpassados por múltiplos valores humanos, culminando nos tratados internacionais em meados do século 20, decorrentes do profundo estado de barbarização no qual as sociedades modernas recaíram. Mas, apesar desse avanço no sentido de se recobrar a cidadania danificada, mediante, por exemplo, a invocação de um processo educativo contra a barbárie e em prol da autonomia, vence a pseudoformação, em virtude de a experiência formativa atrelar-se aos apelos da indústria cultural, estado de coisas que é questionado ao final pela autora.

A segunda e última contribuição, de Jussimária Almeida dos Santos, com o título de "Universidade, conhecimento e formação", fazendo uma retrospectiva ao medievo, evidencia que essa instituição ao longo de sua trajetória histórica, em face de sua relevância para a produção e disseminação dos conhecimentos e formação humana, tem sido perpassada por inúmeras contradições. A autora, então, com base em Coêlho (2014), apresenta a ideia de se pensar a Universidade sob uma nova perspectiva, recuperando, assim, o elo perdido.

Após essas breves considerações sobre o conteúdo de cada texto, retoma-se a epígrafe desta apresentação para relembrar o leitor que o teor de cada um deles contém, de fato, o cerne que justifica a publicação da presente coletânea, que se configura, exatamente, na busca do conhecimento por intermédio da pesquisa, visando ao alcance do seu fim, isto é, a educação.

Referências

ADORNO, Theodor W. **Palavras e sinais**: modelos críticos 2. Tradução de Maria Helena Ruschel. sup. Álvaro Valls. Petrópolis: Vozes, 1995.

ADORNO, Theodor W. **Dialética negativa**. Tradução de Marco Antonio Casanova. Rev. téc. Eduardo Soares Neves Silva. Rio de Janeiro: Zahar, 2009.

ADORNO, Theodor W.; HORKHEIMER, Max. **Dialética do esclarecimento**: fragmentos filosóficos. Tradução de Guido Antonio de Almeida. Rio de Janeiro: Jorge Zahar, 1985.

COÊLHO, Ildeu. Ensino, pesquisa e formação de estudantes e professores. **Revista da PUC Campinas**, n. 18, jan. 2004.

DEMO, Pedro. **Educar pela pesquisa**. 6. ed. Campinas: Autores Associados, 2003. (Coleção Educação Contemporânea).

HORKHEIMER, Max. **Eclipse da razão**. Tradução de Carlos Henrique Pissardo. São Paulo: Unesp, 2015.

SUMÁRIO

CAPÍTULO 1
A PSICANÁLISE FREUDIANA, A CRIANÇA E A EDUCAÇÃO 15
Márcia Cristina Fernandes Pereira Bessa
Estelamaris Brant Scarel

CAPÍTULO 2
A FORMAÇÃO DE PROFESSORAS(ES) DA EDUCAÇÃO INFANTIL: UM
OLHAR A PARTIR DA TEORIA CRÍTICA DE ADORNO 31
Ângela Roberta Felipe Campos
Divino de Jesus da Silva Rodrigues

CAPÍTULO 3
FREUD, ADORNO, A FORMAÇÃO DAS IMAGOS E O PROCESSO DE
ENSINO-APRENDIZAGEM 45
Cesar Pereira Martins
Estelamaris Brant Scarel

CAPÍTULO 4
ADORNO E A EDUCAÇÃO NO *ADMIRÁVEL MUNDO NOVO* 63
Antonia de Paula Ribeiro

CAPÍTULO 5
A TRAJETÓRIA HISTÓRICA DO SETEMBRO AZUL PARA AS PESSOAS
COM SURDEZ: UM OLHAR A PARTIR DE AUSCHWITZ 77
Eliane Batista de Souza Moreira
Divino de Jesus da Silva Rodrigues

CAPÍTULO 6
A BARBÁRIE DAS MÍDIAS NA SEXUALIDADE DAS MASSAS 93
Daniel da Silva Mendes
Divino de Jesus da Silva Rodrigues

CAPÍTULO 7
EDUCAÇÃO ESCOLAR: EMANCIPAÇÃO PARA A DEMOCRACIA 105
Marco Antônio Oliveira Lima
Estelamaris Brant Scarel

CAPÍTULO 8
A DIALÉTICA NEGATIVA ADORNIANA E A PRECARIZAÇÃO DO TRABALHO DOCENTE: ALGUMAS REFLEXÕES..........................123
Nelma Roberto Gonçalves Mendes
Estelamaris Brant Scarel

CAPÍTULO 9
O ENSINO REMOTO E A INDÚSTRIA CULTURAL EM GOIÁS.........133
Nivea Oliveira Couto de Jesus
Maria Zeneide Carneiro Magalhães de Almeida

CAPÍTULO 10
COLÉGIOS CÍVICO-MILITARES EM GOIÁS: PEDAGOGIA DE FORMAÇÃO HUMANA DA JUVENTUDE E CONTRADIÇÕES..........149
Gessione Alves da Cunha
Estelamaris Brant Scarel

CONTRIBUIÇÕES

CAPÍTULO 11
EDUCAÇÃO CRÍTICA, DIREITOS HUMANOS E FORMAÇÃO DE PROFESSORES: UMA REFLEXÃO À LUZ DA TEORIA CRÍTICA FRANKFURTIANA..165
Cleudes Maria Tavares Rosa

CAPÍTULO 12
UNIVERSIDADE, CONHECIMENTO E FORMAÇÃO.....................183
Jussimária Almeida dos Santos

SOBRE OS AUTORES..199

Capítulo 1

A PSICANÁLISE FREUDIANA, A CRIANÇA E A EDUCAÇÃO

Márcia Cristina Fernandes Pereira Bessa
Estelamaris Brant Scarel

As contribuições da Psicanálise para a educação de crianças

O presente capítulo pretende refletir sobre Psicanálise freudiana e suas contribuições para a educação da criança à luz das análises de Adorno (2020). Para Freud (2010), o adulto revela a criança escondida, ou, melhor dizendo, os traumas que essa criança viveu na infância[1] condicionam de uma maneira geral às neuroses[2] vivenciadas pelo adulto. Martin Jay (2008, p. 133), citando Philip Rieff, escreve: "[...] para Freud, o futuro está prenhe do passado". Através do estudo dos sintomas neuróticos em adultos, Freud (2010) percebeu que era necessário estudar as crianças para elucidar a raiz dos problemas encontrados no indivíduo[3] adulto.

A consideração feita acima encontra-se referida em Freud (2010, p. 308) por intermédio das *Novas Conferências Introdutórias à Psicanálise*, sob o título de: "Explicações, Aplicações e Orientações". Nesse texto o autor descreve a importância dos primeiros anos da infância para a constituição do Ego do adulto. Nas suas palavras:

---

[1] "É preciso considerar a infância como uma condição da criança. O conjunto de experiências vividas por elas em diferentes lugares históricos, geográficos e sociais é muito mais que uma representação dos adultos sobre essa fase da vida. É preciso conhecer as representações da infância e considerar as crianças concretas, localizá-las nas relações sociais, etc., reconhecê-las produtoras da história" (KUHLMANN Jr., 2010, p. 30).

[2] A neurose aqui é descrita como uma: "Afecção psicogênica em que os sintomas são a expressão simbólica de um conflito psíquico que tem raízes na história infantil do sujeito e constitui compromissos entre o desejo e a defesa" (LAPLANCHE; PONTALIS, 1999, p. 296). "A neurose aparecia como o desfecho de uma luta entre o interesse da autopreservação e as exigências da libido, uma luta que o Eu vencera, mas ao custo de severo sofrimento e renúncia" (FREUD, 2010, p. 84).

[3] A concepção de indivíduo neste texto é a mesma elaborada por Adorno e Horkheimer (1978, p. 53), que afirmam o seguinte: "O indivíduo, num sentido amplo, é o contrário do ser natural, um ser que, certamente, se emancipa e afasta das simples relações naturais, que está desde o princípio referido à sociedade, de um modo específico, que, por isso mesmo, recolhe-se em seu próprio ser [...] A interação e a tensão do indivíduo e da sociedade resumem, em grande parte, a dinâmica de todo o complexo". A partir dessa demonstração, entende-se que o indivíduo é multideterminado, por isso só existe socialmente.

> [...] por várias razões, os primeiros anos da infância (até os cinco mais ou menos) têm particular importância. Primeiro, porque incluem a primeira florescência da sexualidade, que deixa estímulos decisivos para a vida sexual adulta. Segundo, porque as impressões desta época encontraram um Eu fraco e incompleto, sobre o qual atuam como traumas. [...] Compreendemos que a dificuldade da infância se acha em que num breve lapso de tempo a criança deve se apropriar dos resultados de uma evolução cultural que se estendeu por milênios de anos.

A partir do que Freud (2010) evidencia acima, infere-se que a infância pode ser marcada por grandes dificuldades na vida da criança, que repercutirão em sua personalidade quando adulta, devido a seu Eu ainda ser fraco e ao grande volume de conhecimento dado a ela em um curto espaço de tempo. Compreende-se, então, que é necessária uma educação mais humanizada, isto é, que entenda as especificidades dessa fase inicial da criança para evitar futuros danos à sua vida adulta.

Segundo Freud (2011a, p. 347), a Psicanálise despertou o interesse de muitos educadores na prática da educação com crianças. Com efeito, de um modo geral, a criança assumiu o lugar do neurótico estudado pelo autor.

> De todas as aplicações da psicanálise, nenhuma gerou tanto interesse, despertou tantas esperanças e, em consequência, atraiu tantos colaboradores capazes como o seu emprego na teoria e na prática da educação de crianças. Isso é fácil compreender. A criança se tornou o principal objeto da pesquisa psicanalítica; nesse sentido tomou o lugar do neurótico, com o qual essa pesquisa tivera início. A psicanálise mostrou que no enfermo a criança continua a viver, pouco alterada.

Diante disso, surgiram algumas expectativas de que a Psicanálise poderia ajudar a Pedagogia no seu objetivo de encaminhar a criança em seu processo educativo regular.

> Não surpreende, portanto, que aparecesse a expectativa de que o trabalho psicanalítico com crianças beneficiaria a atividade pedagógica, cuja intenção é guiar, estimular e proteger de equívocos a criança, em seu caminho até a maturidade. (FREUD, 2011a, p. 347).

Sobre esse assunto, Freud (2011a), o pai da Psicanálise, expressa que o educador deveria conhecer bem o seu objeto, no caso a criança, para compreender as suas necessidades psíquicas. Daí sugerir que o educador deveria receber o conhecimento psicanalítico para auxiliá-lo nessa missão. Além disso, Freud (2011a, p. 349) elucida que a educação não pode ser confundida com a Psicanálise, nem substituída por essa ciência das profundezas humanas, conforme explica melhor a citação a seguir:

> A psicanálise infantil pode ser utilizada pela educação como recurso auxiliar; mas não tem condições de tomar o lugar dela. Não somente razões de ordem prática o impedem, mas também considerações teóricas o desaconselham. A relação entre educação e tratamento psicanalítico será provavelmente objeto de exame aprofundado num futuro pouco distante.

Deduz-se, a partir desse esclarecimento, que, em virtude de a criança não ser uma neurótica, então, a análise não pode ser comparada com a educação. Sobre essa relação entre análise e educação em crianças, Freud (2011a, p. 349) afirma que "[...] a psicanálise do adulto neurótico equivale a uma reeducação dele. Uma criança, mesmo desencaminhada e abandonada, não é um neurótico, e reeducação é algo bem diferente da educação de um imaturo". Sendo assim, infere-se, pois, que a análise não corresponde à educação de uma criança. São processos distintos e específicos. Essa discussão é ampliada ao se evidenciar que é possível fazer a análise em crianças desde que elas apresentem sintomas que justifiquem esse trabalho, conforme Freud (2010, p. 309) aponta a seguir: "Não hesitamos em aplicar a terapia analítica às crianças que mostravam sintomas neuróticos inequívocos ou se achavam em vias de um indesejável desenvolvimento de caráter".

O texto "Esclarecimento, Explicações, Orientações", de Freud (2010), traz ainda outro registro apontando a relevância da aplicação da Psicanálise à Pedagogia. Nesse trabalho o autor demonstra a importância desse tema para a compreensão do processo ensino-aprendizagem ministrado às crianças.

> Apenas um tema não posso evitar assim facilmente, não porque não entenda bastante ou tenha contribuído muito para ele. Pelo contrário, quase não me ocupei dele. Mas é tão importante, tão rico de esperanças para o futuro, que talvez seja o trabalho mais relevante da psicanálise. Falo de sua aplicação à pedagogia, à educação da próxima geração. Alegro-me de poder lhes dizer que minha filha, Anna Freud, fez disso a tarefa de sua vida, assim reparando a minha negligência. (FREUD, 2010, p. 307-308).

A primeira tarefa da educação, segundo a perspectiva freudiana, é buscar entender que a "criança tem de aprender a dominar os seus instintos" (FREUD, 2010, p. 310). Contudo, como já foi visto, é preciso que ela, a educação, considere, por um lado, que, não obstante o controle dos instintos contribua para o trabalho educativo da criança, ele, por outro lado, poderá adoecê-la, causando-lhe, consequentemente, neuroses.

> Logo, a educação tem de escolher o seu caminho entre a Cila da não interferência e o Caríbdis da frustração. Ao menos que isso seja insolúvel, deve ser encontrado um *optimum* para a educação, em que ela possa realizar o máximo e prejudicar o mínimo. A questão será decidir o quanto proibir, em que momentos e com que meios. E também será preciso levar em conta que os objetos da influência educacional trazem disposições constitucionais muito diversas, de modo que o mesmo procedimento do educador não pode ser igualmente bom para todas as crianças. (FREUD, 2010, p. 311).

Daí a relevância da individuação no processo educativo. Daí, também, ter-se em conta que não há uma fórmula de como educar melhor ou de uma educação perfeita, mas sim que é necessário existir o equilíbrio para não propiciar uma educação repressora[4] que produza traumas na criança, ou uma educação que não interfira no seu comportamento deixando-a sem direção e produzindo a perversão.[5] Desse modo, concorda-se com Freud (2010) que as tarefas atribuídas ao educador não são fáceis. Isso porque ele se vê diante de um dilema muito difícil de enfrentar, pois necessita estar constantemente atento para não ser brando de modo excessivo por um lado e, por outro lado, não revestir a sua pedagogia de demasiada rigidez. Assim, ele deve considerar e dosar a medida de amor e de autoridade que são primordiais na efetiva educação da criança.

Para tal feito, o educador precisa conhecer a mente da criança. É nesse sentido que se estabelece uma das relações entre a Psicanálise e a educação, pois a teoria de Freud baseia-se justamente na compreensão da psique humana. Conhecer a criança pode ajudar o docente a educá-la

---

[4] De acordo com a Psicanálise, a repressão, em uma perspectiva ampla, consiste em uma "[...] operação psíquica que tende a fazer desaparecer da consciência um conteúdo desagradável ou inoportuno: ideia, afeto, etc." (LAPLANCHE; PONTALIS, 1999, p. 457).

[5] "De forma mais englobante, designa-se por perversão o conjunto do comportamento psicossexual que acompanha tais atipias na obtenção do prazer sexual" (LAPLANCHE; PONTALIS, 1999, p. 341). Freud (2010, p. 101), na nota de n.º 28 da obra *O Mal-estar na Civilização*, explica, a partir do trabalho denominado *Psicanálise da Personalidade Total*, de Franz Alexander, o seguinte: "Os dois tipos principais de métodos patogênicos de educação, a severidade e a tolerância excessivas, [...] o pai 'brando e indulgente' 'além da conta' favorece na criança a formação de um Super-eu demasiado rigoroso, porque, sob a impressão do amor que recebe, esse filho não terá outra alternativa para sua agressividade que não voltá-la para dentro. Quanto ao abandonado, o que foi educado sem amor, nele não há tensão entre o Eu e o Super-eu, toda a sua agressividade pode se dirigir para fora".

de uma maneira menos traumática. Por esse motivo, Freud (2010, p. 312) sugere "[...] que a única preparação adequada para a profissão de educador é um sólido treino em psicanálise".

O conhecimento da Psicanálise por parte de pais ou responsáveis também é defendida por Freud (2010, p. 312) na promoção da educação. "Pais que fizeram uma análise e que muito lhe devem, inclusive a percepção dos erros de sua própria educação, irão tratar os filhos com maior compreensão e lhes poupar muita coisa que a eles mesmos não foi poupada". Nesse tocante, Adorno (2020, p. 146) alinha-se à perspectiva freudiana: "Agrada pensar que a chance é tanto maior quanto menos se erra na infância, quanto melhor são tratadas as crianças".

Segundo Adorno (2020), o caráter da pessoa se forma na primeira infância, e, devido a esse fato, a educação deve voltar-se principalmente para essa fase na tentativa de se evitar a barbárie referida por ele em seu texto "A Educação contra a barbárie," conforme as palavras a seguir:

> Entendo por barbárie algo muito simples, ou seja, que, estando na civilização do mais alto desenvolvimento tecnológico, as pessoas se encontrem atrasadas de um modo peculiarmente disforme em relação a sua própria civilização — e não apenas por não terem em sua arrasadora maioria experimentado a formação nos termos correspondentes ao conceito de civilização, mas também por se encontrarem tomadas por uma agressividade primitiva, um ódio primitivo ou, na terminologia culta, um impulso de destruição, que contribui para aumentar ainda mais o perigo de que toda esta civilização venha a explodir, aliás uma tendência imanente que a caracteriza. Considero tão urgente impedir isso que eu reordenaria todos os outros objetivos educacionais por essa prioridade. (ADORNO, 2020, p. 169).

Para além de um apelo, constata-se que tal concepção se constitui em um imperativo contra a tendência, que se tornou recorrente nas sociedades contemporâneas, de recaída ao estado de barbarização, levando-se a constatar que a afirmação acima de Adorno (2020) com base na teoria psicanalítica de Freud é fundamental para que a educação se volte para os primeiros anos de formação da criança, a fim de se evitar a repetição de Auschwitz, a que ele se refere como o horror. Para tanto, ele postula a necessidade de a educação revestir-se de criticidade, como se segue:

> A educação tem sentido unicamente como educação dirigida a uma autorreflexão crítica. Contudo, na medida em que, conforme os ensinamentos da psicologia profunda, todo o caráter,

inclusive daqueles que mais tarde praticam crimes, forma-se na primeira infância, a educação que tem por objetivo evitar a repetição precisa-se concentrar na primeira infância. [...] Quando falo de educação após Auschwitz, refiro-me a duas questões: primeiro, à educação infantil, sobretudo na primeira infância; e, além disso, ao esclarecimento geral, que produz um clima intelectual, cultural e social que não permite tal repetição; portanto, um clima em que os motivos que conduziram ao horror tornem-se de algum modo conscientes. (ADORNO, 2020, p. 132-133).

Diante das considerações acima, entende-se que tanto para Freud (2010, 2011) como para Adorno (2020) o conhecimento da Psicanálise pode contribuir para a compreensão da mente da criança e, consequentemente, oportunizar a ela uma educação mais humana e esclarecedora. Nesse sentido, torna-se oportuno insistir-se na relação entre a educação na primeira infância e o que seria efetivamente essa fase, tendo-se como referência a seguinte afirmação de Freud (2012, p. 420-421), a partir de seu texto "Sobre a Psicologia do Colegial", pois, segundo a Psicanálise,

> [...] as posturas afetivas em relação a outras pessoas, tão relevantes para a conduta posterior do indivíduo, são estabelecidas surpreendentemente cedo. Já nos primeiros seis anos de vida o pequeno ser humano tem assentados a natureza e o tom afetivo de suas relações com as pessoas do outro e do mesmo sexo; a partir de então pode desenvolvê-los e modificá-los em certas direções, mas não eliminá-los.

De acordo com a visão freudiana, há uma espécie de herança afetiva estabelecida na infância. Dessa forma, as pessoas que "o pequeno ser humano" conhece depois de seus pais e irmãos "[...] são por ele ordenados em séries que provêm das 'imagos[6]' do pai, da mãe, dos irmãos, etc." (FREUD, 2012, p. 421). Nesse sentido, as pessoas com quem ele se relaciona posteriormente "[...] têm de assumir uma espécie de herança afetiva, deparam com simpatias e antipatias para as quais contribuíram muito pouco" (FREUD, 2012, p. 421). Diante disso, as imagos infantis vão assumir uma eterna ambivalência[7] em relação também aos professores, conforme Freud (2012, p. 422) diz a seguir:

---

[6] Conforme Laplanche e Pontalis (1999, p. 234-235), a imago é o "Protótipo inconsciente de personagens que orienta seletivamente a forma como o sujeito apreende o outro; é elaborado a partir das primeiras relações intersubjetivas reais e fantasísticas com o meio familiar".

[7] Ambivalência é a "presença simultânea, na relação com um mesmo objeto, de tendências, de atitudes e de sentimentos opostos, fundamentalmente o amor e o ódio" (LAPLANCHE; PONTALIS, 1999, p. 17).

> Agora entendemos nossa relação com os professores do colégio. Esses homens, que eram todos pais de família, tornaram-se para nós sucedâneos do pai. Por isso nos pareciam, mesmo quando ainda eram jovens, tão amadurecidos e inalcançavelmente adultos. Nós transferíamos para eles o respeito e as expectativas ligadas ao pai onisciente da infância, e nos púnhamos a tratá-los como nossos pais em casa. Manifestávamos diante deles a ambivalência que havíamos com eles como estávamos habituados a lutar com nossos pais carnais.

A ambivalência retrata o comportamento ora hostil, ora afetuoso da criança diante de seus mestres, levando-se à inferência de que há um processo de identificação que a criança realiza com seus professores, e tem sua origem nas suas primeiras relações afetivas, como a relação estabelecida com a sua família nos primeiros anos de vida. Acerca da identificação, Freud (2011b, p. 63) traz a seguinte explicação:

> Ouvimos que a identificação é a mais antiga e original forma de ligação afetiva; nas circunstâncias da formação de sintomas, ou seja, da repressão, e do predomínio dos mecanismos do inconsciente, sucede com frequência que a escolha do objeto se torne novamente identificação, ou seja, que o Eu adote características do objeto. É digno de nota que nessas identificações o Eu às vezes copie a pessoa não amada, outras vezes a amada.

A explicação acima também expressa um conceito freudiano que pode ser usado para compreender a relação professor e aluno, a chamada transferência[8]. Mesmo que no sentido usual a transferência tenha sido usada para compreender a relação entre o paciente e o analista, no contexto educacional, a relação entre professor e aluno, de um modo geral, é estabelecida mediante a transferência afetiva e de conteúdo. Por isso Freud (2012, p. 422-423) diz o seguinte: "Sem levar em conta as vivências infantis e a vida familiar, nossa conduta ante os professores seria incompreensível, mas tampouco seria desculpável".

Segundo Freud (2012, p. 361), no seu trabalho intitulado "O interesse da Psicanálise", especificamente no que se refere ao trabalho da Pedagogia, esse autor formula a seguinte ideia:

---

[8] "Designa em psicanálise o processo pelo qual os desejos inconscientes se atualizam sobre determinados objetos no quadro de um certo tipo de relação estabelecida com eles e, eminentemente, no quadro da relação analítica. Trata-se aqui de uma repetição de protótipos infantis vivida com um sentimento de atualidade acentuada" (LAPLANCHE; PONTALIS, 1999, p. 514).

> O grande interesse da pedagogia pela psicanálise se baseia numa afirmação que se tornou evidente. Pode ser educador somente quem é capaz de desenvolver empatia pela alma infantil, e nós, adultos, não compreendemos as crianças, pois não mais compreendemos nossa própria infância. Nossa amnésia da infância prova o quanto nos distanciamos dela.

Deduz-se, a partir da afirmação acima, que o educador precisa se colocar no lugar da criança, ou seja, necessita adquirir uma compreensão de como ela pensa, se expressa e desenvolve suas atividades. Ora, voltar a pensar como uma criança não é realmente um trabalho fácil para o adulto, talvez em virtude da repressão sofrida por esse adulto, impondo-lhe um comportamento distante da criança. E é nesse sentido que o próprio Freud (2012, p. 362) afirma que, no momento em que "[...] os educadores tiverem se familiarizado com os resultados da psicanálise, acharão mais fácil admitir certas fases do desenvolvimento infantil". Segundo ele, os adultos valorizam de uma forma muito exagerada os impulsos da criança, por um lado, mas, por outro, reprimem da mesma forma esse comportamento. Isso acarreta a perda do potencial intelectual e criativo da criança. Contudo isso não é motivo para desânimo, pois há um caminho encontrado por Freud (2012, 2010) para reverter todos esses impulsos para um processo chamado por ele de sublimação.

> A tarefa consiste em deslocar de tal forma as metas dos instintos, que eles não podem ser atingidos pela frustração a partir do mundo externo. A sublimação dos instintos empresta aqui sua ajuda. O melhor resultado é obtido quando se consegue elevar suficientemente o ganho de prazer a partir das fontes de trabalho psíquico e intelectual. (FREUD, 2010a, p. 34).

A educação, portanto, tem de propiciar à criança a possibilidade de ela sublimar seus instintos, no intuito de guiá-la a caminhos melhores, que não sejam destrutivos, mas que alcancem metas mais humanizadas que ajudem essa criança tanto na dimensão individual quanto em sua convivência em sociedade.

A criança, a educação e a barbárie

A obra *Psicologia das Massas e análise do Eu e outros textos,* segundo Freud (2011b), contém uma análise denominada de "A Associação de Ideias de uma Garota de Quatro Anos", que se refere a um trecho de uma carta enviada a Freud por uma senhora americana falando sobre sua filha de quatro anos. A criança utiliza-se de símbolos para comunicar à mãe que sabe como surgem os bebês. Esse aspecto do aprendizado da criança é importante ser destacado no sentido de que denota que a criança aprende pela observação: "Quando alguém casa sempre vem um neném" (FREUD, 2011b, p. 314); pela associação: "Ah eu sei muita coisa mais, eu sei também que as árvores crescem na terra" (FREUD, 2011b, p. 314); pelo conhecimento herdado na sociedade: "Sei também que tudo é obra do pai" (FREUD, 2011b, p. 315).

Pode-se observar pelas passagens citadas acima que essa criança compreende que os bebês vêm de dentro da mãe. Essa linguagem simbólica apresentada pela criança remete às fantasias e às brincadeiras infantis. Para Freud (2015, p. 326-327): "A ocupação mais querida e mais intensa da criança é a brincadeira". Ela constrói um mundo só seu baseado na realidade, e à medida que a criança cresce vai deixando as brincadeiras de lado. Freud (2015, p. 327-328) distingue a brincadeira como sendo da criança, e a fantasia como pertencente ao adulto. Nas suas palavras:

> Talvez possamos dizer que toda criança, ao brincar, se comporta como um criador literário, pois constrói para si um mundo próprio, ou mais exatamente, arranja as coisas do seu mundo numa ordem nova, do seu agrado. Seria errado, portanto, pensar que ela não toma a sério esse mundo; pelo contrário, ela toma sua brincadeira muito a sério, nela gasta grandes montantes de afeto. O oposto da brincadeira não é a seriedade, mas sim — a realidade. Não obstante todo investimento de afeto, a criança distingue muito bem da realidade o seu mundo de brincadeira, e gosta de basear nas coisas palpáveis e visíveis do mundo real os objetos e situações que imagina. É esse apoio na realidade que distingue o seu "brincar" do "fantasiar" [...] Assim, também a pessoa em crescimento, quando para de brincar, apenas abandona o apoio em objetos reais; em vez de *brincar*, ela *fantasia*. Constrói castelos no ar, cria o que se chamam "devaneios".

Segundo Freud (2015), a brincadeira tem uma função educativa que objetiva preparar a criança para ser um adulto. "As brincadeiras das crianças são guiadas por desejos, mais precisamente por um desejo específico, que é de grande ajuda na educação: o de ser grande e adulto" (FREUD,2015, p. 329). Aqui se encontra outro processo de aprendizagem da criança, isto é, o de aprender por imitação com base na realidade. Infelizmente, as crianças da geração atual estão perdendo a capacidade de brincar, seja pelo excessivo uso das redes sociais, ou aparelhos eletrônicos, seja pelas dificuldades impostas por uma sociedade violenta que as aprisiona em casa. Os jogos e brincadeiras na sua maioria são mediados por uma tecnologia que também expõe desde cedo as crianças à violência. Entretanto, se se quiser uma educação dirigida contra a barbárie, segundo Adorno (2020), ela terá de se valer de todos os meios possíveis para incentivar as brincadeiras e propiciar uma educação mais saudável às crianças.

A criança se desenvolve no curso de sua vida por meio da educação. É praticamente impossível ao ser humano ser civilizado e sobreviver em sociedade sem renunciar aos apelos da civilização. Daí a importância da educação e do acompanhamento dos pais e professores no processo educativo da criança, sem o qual ela teria muitas dificuldades para alcançar a humanização. Desse modo, Freud (2014, p. 294) explicita o seguinte:

> [...] não é possível abdicar da educação. O caminho que vai do lactante ao adulto civilizado é longo, muitos pequenos humanos se perderiam nele e não chegariam a realizar sua tarefa na vida, se fossem abandonados sem direção ao próprio desenvolvimento.

Uma das críticas de Freud (2014, p. 294) sobre a educação das crianças é a de que a cultura exige muito delas, por isso questiona: "[...] por que solicitar da criança, governada por instintos e fraca de intelecto, que tome decisões que apenas a inteligência amadurecida de um adulto pode justificar?". Contudo o autor tem em vista que não se pode esperar o crescimento da criança para influenciá-la, pois é justamente na sua primeira infância que o seu caráter é formado.

Os pais são o primeiro objeto de afeto da criança, por isso ela os toma como modelos; mas, posteriormente, a criança tende a superar esses modelos e construir seu próprio caminho. O problema se instaura quando a criança sofre com uma educação autoritária, que faz com que ela repita tais padrões de autoritarismo no futuro. A educação da criança não pode ser pela dor, mas deve tornar-se um instrumento de prevenção ao comportamento autoritário.

> Quem é severo consigo mesmo adquire o direito de ser severo também com os outros, vingando-se da dor cujas manifestações precisou ocultar ou reprimir. Tanto é necessário tornar consciente esse mecanismo quanto se impõe a promoção de uma educação que não premia a dor e a capacidade de suportá-la, como acontecia antigamente. Dito de outro modo: a educação precisa levar a sério o que já de há muito é do conhecimento da filosofia; que o medo não deve ser reprimido. (ADORNO, 2020, p. 139)

A falta de referência pode fazer com que a criança também se identifique com o comportamento cego das massas[9], altamente influenciadas pela indústria cultural[10]. As crianças deixam-se modelar por essa indústria e passam a repetir comportamentos estereotipados, e tem a sua consciência regredida no sentido freudiano do termo. Em outras palavras, uma definição da indústria cultural dada por Adorno (1993, p. 176):

> A indústria cultural modela-se pela regressão mimética, pela manipulação de impulsos de imitação recalcados. Para isso ela se serve do método de antecipar a imitação dela mesma pelo expectador e de fazer aparecer como já subsistente o assentimento que ela pretende suscitar. Ela consegue fazê-lo tanto melhor quanto mais em um sistema estabilizado, ela pode contar de fato com tal assentimento, precisando muito mais repeti-lo de maneira ritual do que, a rigor, produzi-lo. O que ela produz não é um estímulo, mas um modelo para maneiras de reagir a estímulos inexistentes.

Com efeito, conforme já apontado acima de outra maneira, o desenvolvimento das relações afetivas da criança encontra nos pais o seu primeiro "obstáculo à realização dos desejos edípicos, o Eu infantil fortificou-se para essa obra de repressão, estabelecendo o mesmo obstáculo dentro de si" (FREUD, 2011a, p. 43). Sendo assim, o Supereu da criança é conduzido por meio da internalização da autoridade à consciência moral. Contudo, em uma sociedade administrada em que a autoridade da família vem sendo destituída e substituída por uma autoridade representada pelo todo, que é constituída, segundo Marcuse (2021), por um todo formado por instituições racionalizadas e agentes administrativos não sabendo, assim, quem é a autoridade, a figura de autoridade acaba se perdendo nesse emaranhado de relações impessoais. Na perspectiva de Marcuse (2021, p. 72-73) a seguir:

> A abolição tecnológica do indivíduo está refletida no declínio da função social da família. Anteriormente, era a família quem, para bem ou para mal, criava e educava o indivíduo;

---

[9] "A massa é um produto social — não uma constante natural; um amálgama obtido com o aproveitamento racional dos fatores psicológicos irracionais e não uma comunidade originalmente próxima do indivíduo; proporciona aos indivíduos uma ilusão de proximidade e união. Ora, essa ilusão pressupõe, justamente, a atomização, a alienação e a impotência individual [...] predispõe cada um, também, para a fragilidade subjetiva, para a capitulação na massa dos seguidores. A identificação, seja com o coletivo ou com a figura superpoderosa do Chefe, oferece ao indivíduo um substitutivo psicológico para o que, na realidade, lhe falta" (ADORNO; HORKHEIMER, 1978, p. 87).

[10] Indústria cultural é um conceito criado por Adorno e Horkheimer que consiste na produção em série de bens culturais padronizados para a satisfação de necessidades iguais, que tornam as pessoas acríticas, meras consumidoras (ADORNO; HORKHEIMER, 1985).

> e as normas e valores dominantes eram transmitidos pessoalmente, transformados através do destino pessoal. [...] Por consequência, a formação do superego, a modificação repressiva de seus impulsos, sua renúncia e sublimação, eram experiências muito pessoais. Precisamente por causa disso, sua adaptação deixou cicatrizes dolorosas, e a vida, sob o princípio de desempenho, ainda conservou uma esfera de não conformismo privado. Contudo, sob o domínio dos monopólios econômicos, políticos e culturais, a formação do superego maduro parece, agora, saltar por cima do estágio de individualização: o átomo genérico torna-se diretamente um átomo social. A organização repressiva dos instintos parece ser coletiva, e o ego parece ser prematuramente socializado por todo um sistema de agentes e agências extrafamiliares.

Diante do cenário demonstrado acima, o princípio do prazer[11] parece assumir as rédeas da sociedade em detrimento do "princípio da realidade"[12], que antes permitia o tensionamento do indivíduo. O que ocorre, então, é que as crianças na contemporaneidade[13] se encontram cada vez menos tensionadas, pois podem ter tudo o que desejarem, desde que esses desejos atendam aos pressupostos da indústria cultural. Desse modo, deduz-se que a cultura tem mediado uma educação conformista e adaptadora que forma crianças consumistas e narcísicas[14], possuindo, nesse sentido, um Eu fraco. Com efeito, essa visão distorcida culmina no autoritarismo, consequentemente, na deformação cultural da sociedade. É, talvez, por isso que a permanência da barbárie na educação tenha encontrado um terreno fértil, justamente por essa sociedade se constituir de princípios autoritários que impõem ao indivíduo um processo doloroso de aprendizagem.

---

[11] "Um dos princípios que, segundo Freud, regem o funcionamento mental: a atividade psíquica no seu conjunto tem por objetivo evidenciar o desprazer e proporcionar o prazer. É um princípio econômico na medida em que o desprazer está ligado ao aumento das quantidades de excitação e o prazer à sua redução" (LAPLANCHE; PONTALIS, 1999, p. 364).

[12] "Um dos dois princípios que, segundo Freud, regem o funcionamento mental. Forma par com o princípio de prazer, e modifica-o; na medida em que consegue impor-se como princípio regulador, a procura da satisfação já não se efetua pelos caminhos mais curtos, mas faz desvios e adia o seu resultado em função das condições impostas pelo mundo exterior" (LAPLANCHE; PONTALIS,1999, p. 368).

[13] O sentido de contemporaneidade aqui fundamenta-se em Ferreira (2009, p. 535), que é o seguinte: "Qualidade de contemporâneo" [...] Contemporâneo: "Do lat. [Contemporaneu.] **Adj. 1** Que é do mesmo tempo, que vive na mesma época (particularmente época em que vivemos). **S.m.2.** indivíduo do mesmo tempo ou do nosso tempo".

[14] "O termo **narcisismo** vem da descrição clínica e foi escolhido por P. Näcke, em 1899, para designar a conduta em que o indivíduo trata o próprio corpo como se este fosse o de um objeto sexual, isto é, olha-o, toca nele e o acaricia com prazer sexual" (FREUD, 2010b, p. 14).

Na eterna luta entre Eros e Tanâtos, a sociedade continua a contradição de querer unir os indivíduos em sociedade, mas ao mesmo tempo conter seus instintos de agressão. A cultura torna-se, assim, uma mediadora da barbárie ao exigir das pessoas um modelo de vida que sempre sucumbe ao fracasso, pois tem como referência o individualismo e a competitividade gerados pelo modelo econômico capitalista. No que tange à educação, esta têm transformado a cultura em uma fábrica de fracassos que o ser humano não consegue suportar, consoante explicita Adorno (2020, p. 178), referenciado em Freud (2010), a seguir:

> Talvez eu possa voltar mais uma vez a certas questões fundamentais na tentativa de uma desbarbarização mediante a educação. Freud fundamentou de um modo essencialmente psicológico a tendência à barbárie e, nessa medida, sem dúvida acertou na explicação de uma série de momentos, mostrando, por exemplo, que por intermédio da cultura as pessoas continuamente experimentam fracassos, desenvolvendo sentimentos de culpa subjacentes que acabam se traduzindo em agressão. Tudo isso é muito procedente, tem uma ampla divulgação e poderia ser levado em conta pela educação na medida em que ela finalmente levar a sério as conclusões apontadas por Freud, em vez de substituí-las pela pseudoprofundidade de conhecimento de terceira mão.

Isso explica em grande medida o porquê de a agressividade ter se fortalecido, afetando as crianças que, impossibilitadas de construir um Eu forte, por terem perdido seus referenciais, já não são mais educadas, mas adaptadas ao sistema, por um lado, e, por outro, sofrem com os efeitos da violência na sociedade. Daí ser imprescindível a retomada da autoridade, seja dos pais, seja dos professores, para tornar a educação mais humana.

A criança precisa aprender a tensionar seus instintos, para não se tornar um indivíduo narcísico a ponto de enxergar apenas seus interesses, porquanto não aprendeu a lidar com as frustrações que lhe são impostas pela vida. A repressão nesse sentido tem o sinônimo de educar para garantir que a criança saiba conviver em sociedade e não apenas ser um indivíduo solitário na massa. Porém a repressão deve ser feita por autoridades esclarecidas para tentar garantir uma formação menos traumática que não gere indivíduos violentos e autoritários. Esse esclarecimento pode ser adquirido pelos conhecimentos dados pelos estudos da Psicanálise à educação. Indubitavelmente, a barbárie precisa ser confrontada em todos os seus aspectos, em especial na infância.

A autonomia e a superação da menoridade, segundo Adorno (2020) referendado em Kant (2005), primam pela necessidade de o indivíduo tornar-se esclarecido, mesmo que a época em que se vive atualmente ainda persiga o esclarecimento. A educação pode tornar isso possível, esclarecendo as crianças, pais e educadores sobre os mecanismos e as causas da barbárie, tensionando os preconceitos e propiciando uma educação emancipatória. Para Kant (2005, p. 63), o indivíduo se torna esclarecido ao sair da sua menoridade, que é a capacidade de caminhar por si mesmo sem o auxílio de outra pessoa:

> Esclarecimento [*Aufklärung*] é a saída do homem de sua menoridade, da qual ele próprio é culpado. A menoridade é a incapacidade de fazer uso de seu entendimento sem a direção de outro indivíduo. O homem é o próprio culpado dessa menoridade se a causa dela não se encontra na falta de entendimento, mas na falta de decisão e coragem de servir-se de si mesmo sem a direção de outrem. (KANT, 2005, p. 63).

Tornar uma criança esclarecida é fazer com ela compreenda o sentido de estar internalizando as normas da sociedade tornando seu Supereu forte a ponto de não se submeter a decisões irracionais da sociedade, sendo capaz de, por meio da autorreflexão crítica, exercer com autonomia e determinação aquilo que não confronta a sua consciência moral. Entende-se que é por meio do processo de fortalecimento do Eu que advém a capacidade de a criança sublimar os seus desejos, respondendo à sociedade de forma aceitável. O caminho para que o indivíduo se torne uma pessoa mais humana passa pelo tensionamento do seu Eu e fortalecimento do Supereu. De acordo com Freud (2014, p. 241): "As pessoas nas quais ele se realizou passam de adversários a portadores da cultura".

O que se propôs neste capítulo, em primeiro lugar, foi refletir sobre alguns aspectos acerca da relação entre a Psicanálise, a criança e a educação, tendo-se em vista a necessidade de a criança ter de voltar a brincar, de os pais educarem seus filhos e não os abandonarem à deformação propiciada pela indústria cultural. Em segundo e último lugar, que a educação transforme sua posição idealista e competitiva em uma educação esclarecedora e propiciadora de uma consciência crítica mais efetiva. Entende-se que a Psicanálise freudiana, por meio do seu arcabouço teórico, tem condições de possibilidade de trazer suas contribuições para a desmistificação da barbárie subjacente à cultura contemporânea.

Referências

ADORNO, Theodor W. **Minima moralia**: reflexões a partir da vida danificada. 2. ed. Tradução de Luiz Eduardo Bicca. rev. Guido de Almeida. São Paulo: Ática, 1993. (Série Temas Estudos Filosóficos, v. 30).

ADORNO, Theodor W. **Educação e emancipação**. Tradução de Wolfgang Leo Maar. 2. ed. São Paulo: Paz e Terra, 2020.

ADORNO, Theodor W.; HORKHEIMER, Marx. **Temas básicos da sociologia**. Tradução de Álvaro Cabral. São Paulo: Cultrix, 1978.

ADORNO, Theodor W; HORKHEIMER, Marx. **Dialética do esclarecimento**: fragmentos filosóficos. Tradução de Guido Antonio de Almeida. Rio de Janeiro: Zahar, 1985.

FERREIRA, Aurélio Buarque de Holanda. **Novo dicionário Aurélio da língua portuguesa**. 4. ed. Curitiba: Positivo, 2009.

FREUD, Sigmund. **O mal-estar na civilização, novas conferências introdutórias à psicanálise e outros textos (1930-1936)**. Tradução de Paulo César de Souza. São Paulo: Companhia das Letras, 2010. (Coleção Obras Completas, v. 18).

FREUD, Sigmund. **O Eu e o Id, "Autobiografia" e outros textos (1923-1925)**. Tradução de Paulo César de Souza. ed. São Paulo: Companhia das Letras, 2011a. (Obras Completas, v. 16).

FREUD, Sigmund. **Psicologia das massas e análise do eu e outros textos (1920-1923)**. Tradução de Paulo César de Souza. São Paulo: Companhia das Letras, 2011b. (Obras Completas, v. 15).

FREUD, Sigmund. **Totem e tabu, contribuição à história do movimento psicanalítico e outros textos (1912-1914)**. Tradução de Paulo César de Souza. São Paulo: Companhia das Letras, 2012. (Obras Completas, v. 11).

FREUD, Sigmund. **O futuro de uma ilusão e outros textos (1926-1929)**. Tradução de Paulo César de Souza. São Paulo: Companhia das Letras, 2014. (Obras Completas, v. 17).

FREUD, Sigmund. **O delírio e os sonhos na Gradiva, análise da fobia de um garoto de cinco anos e outros textos (1906-1909)**. Tradução de Paulo César de Souza. São Paulo: Companhia das Letras, 2015. (Obras Completas, v. 8).

JAY, Martin. **A imaginação dialética**: história da Escola de Frankfurt e do Instituto de Pesquisas Sociais. Tradução de Vera Ribeiro. Rio de Janeiro: Contraponto, 2008.

KUHLMANN JÚNIOR, Moysés. **Infância e educação infantil**: uma abordagem histórica. Porto Alegre: Mediação, 2010.

KANT, Immanuel. **Textos Seletos**. 9. ed. Tradução de Floriano de Sousa Fernandes. Rio de Janeiro: Vozes, 2005.

LAPLANCHE, Jean; PONTALIS, Jean-Bertrand. **Vocabulário da psicanálise**. 3. ed. Tradução de Pedro Tamen. São Paulo: Martins Fontes, 1999.

MARCUSE, Herbert. **Eros e civilização**: uma interpretação filosófica do pensamento de Freud. Tradução de Álvaro Cabral. 8. ed.Rio de Janeiro: LTC, 2021.

Capítulo 2

A FORMAÇÃO DE PROFESSORAS(ES) DA EDUCAÇÃO INFANTIL: UM OLHAR A PARTIR DA TEORIA CRÍTICA DE ADORNO

Ângela Roberta Felipe Campos
Divino de Jesus da Silva Rodrigues

Introdução

Este texto tem como ponto de partida inquietações que se fazem presentes no campo da Educação, especificamente sobre a Formação de Professoras/es. Tem como base teórica Theodor Adorno, com as obras: 1 - *Dialética do Esclarecimento* (ADORNO; HORKHEIMER, 1990); 2 - *Educação e Emancipação* (ADORNO, 2012).

As obras de Adorno contextualizam-se sobre suas vivências em um período de barbárie sob a dominação dos regimes totalitários, o qual o conduziu à crítica da sociedade e à elaboração da Teoria Crítica, juntamente com Horkheimer e demais integrantes da Escola de Frankfurt, dialogando com outros pensadores clássicos críticos: Kant, Hegel, Weber, Nietzsche e Freud.

Educação, escola e família desempenham papéis e finalidades sociais e culturais de extrema importância para a constituição da humanização e para a transformação do sujeito. Essa reflexão possibilita enxergar por uma ótica histórica, científica e crítica o contexto da Educação, bem como os impactos dos autores clássicos supracitados para a configuração da prática pedagógica que se tem hoje.

A educação ainda permanece ofuscada e caminha em passos lentos quando se adentra nas obras de Adorno, que mantém a esperança sobre a emancipação do sujeito. Diante da política implementada após o golpe da presidenta eleita democraticamente e com a eleição de um governo negacionista, ampliou-se nesse período o desmonte da educação e a desvalorização da ciência.

No campo científico, a busca pela temática da Formação de Professores centrada nas contribuições teóricas de Adorno ocorreu por meio da pesquisa do estado do conhecimento, no qual foi possível conhecer as diversas possibilidades de se explorar essa temática e os conceitos constitutivos do pensamento desse importante autor da Teoria Crítica da Sociedade.

As reflexões e observações oriundas desta pesquisa instigam um aprofundamento nos achados sobre os pressupostos de Adorno para a problematização acerca da Formação de Professores na Infância encontrados no Banco de Dados da Biblioteca Digital Brasileira de Teses e Dissertações (BDTD) nos últimos cinco anos. Metodologicamente, trata-se de uma pesquisa crítico-qualitativa de natureza bibliográfica na modalidade de Estado do Conhecimento, segundo Morosini *et al.* (2015). Para melhor compreensão e levando em conta o objetivo, o estudo foi organizado em duas partes. Na primeira será apresentada uma fundamentação conceitual sobre a Dialética do Esclarecimento, com pontuações da teoria kantiana e adorniana, a partir da produção *Educação e Emancipação*, e suas contribuições para a formação de professores como condição para a emancipação do sujeito e para sua autonomia profissional. Na segunda parte, serão apresentadas reflexões e observações sobre os descritores para análise das dissertações, tendo sido utilizados os seguintes: Adorno, Formação de Professores e Infância.

Formação de professores na perspectiva crítica

Ao analisar a emancipação e a formação de professores por meio das contribuições de Adorno, torna-se necessário trazer a ideia lançada por Kant (2012) sobre o esclarecimento como meio de o ser humano superar a menoridade para almejar a verdadeira liberdade.

De acordo com Kant (2012), o/a indivíduo/a permanece em um "estado de menoridade", que é a incapacidade de servir-se de seu próprio entendimento e passando a se servir do entendimento de outrem. Esse elo constituído de dependência não decorre de um defeito de entendimento do/a indivíduo/a, tampouco por uma questão cognitiva, mas, segundo Kant (2012, p. 145), seria por preguiça, comodidade e covardia, sendo assim, por "falta de coragem de servir-se de seu próprio entendimento".

> É tão cômodo ser imaturo. Se tenho um livro que faz as vezes de meu entendimento, um pastor que tem consciência por mim, um médico que decide a respeito de minha dieta etc., então

> não preciso nem tentar. Não tenho necessidade de pensar, quando posso simplesmente pagar; outros se encarregarão em meu lugar do trabalho cansativo. (KANT, 2012, p. 145).

Historicamente, a dominação do ser humano sobre o ser humano ficou naturalizada e, talvez, exacerbada, devido à/ao indivídua/o ser parte da natureza dominada, e pelo olhar distanciado que se vê como igual à/ao indivídua/o que está sendo interpretado. Diante disso, temos uma humanidade sob a tutela e em função da heteronomia, ou seja, sempre à espera do outro, esperando que se diga o que se tem que fazer.

> Ouço, agora, porém, exclamar de todos os lados: não raciocinai! O oficial diz: não raciocinai, mas exercitai-vos! O financista: não raciocinai, mas pagai! O sacerdote proclama: não raciocinai, mas crede! (Um único senhor no mundo diz: raciocinai, tanto quanto quiserdes, e sobre o que quiserdes, mas obedecei!). (KANT, 2012, p. 147).

Segundo esse filósofo iluminista, o esclarecimento é a saída dessa menoridade para maioridade, sendo assim passando da heteronomia para a autonomia. A maioridade é quando se torna público o seu entendimento, e que tudo que vem a ele transcorra pelo tribunal da razão. Para Kant (2012), isso que é uma pessoa esclarecida.

Nessa direção, tem-se ciência de que por meio da educação que se almeja a consciência verdadeira e uma democracia operada conforme o seu conceito. Pensar na democracia de forma literal é correlacioná-la a uma sociedade esclarecida, porém, de acordo com Kant (2012), vivemos ainda uma época de esclarecimento.

> O esclarecimento corrói a injustiça da antiga desigualdade, o senhorio não mediatizado; perpetua-o, porém, ao mesmo tempo, na mediação universal na relação de cada ente com cada ente [...] não apenas são as qualidades dissolvidas no pensamento, mas os homens são forçados à real conformidade. (ADORNO, 2012, p. 27).

O pensamento de Kant sobre maioridade e autonomia do ser humano impactou de forma significativa as teorias pedagógicas no século 20. Sua teoria é referência e considerada atual ao possibilitar pensar em uma pedagogia crítica que atenda às necessidades de uma educação que priorize a relação crítica ensino/problematização/indivídua(o)/sociedade.

A força do esclarecimento está na contradição que a própria tecnologia e a técnica trazem. Ao mesmo tempo que a tecnologia e a técnica têm a possibilidade de aumentar o conforto e melhorar as condições de vida das pessoas, elas causam descrédito pelo aumento de exploração. E as pessoas são subjugadas a uma jornada de trabalho cada vez mais intensa.

Na obra de Adorno (2012) denominada *Educação e Emancipação*, um grande legado é explicitado para a luta em prol da emancipação dessa/e indivídua/o alienada/o por meio de uma educação crítica e emancipatória.

Esse filósofo, sociólogo e crítico reconhecido pelas suas obras, que disseminam um marco histórico pela crítica à barbárie, torna-se atual na sociedade contemporânea. A educação, de acordo com Adorno (2012), tem por objetivo principal a busca pela emancipação humana. Emancipar, como veremos, significa criar condições para que cada um possa viver livremente, e assim ser capaz de desenvolver todas as suas potencialidades.

Uma das principais reflexões que Adorno trouxe foi a de educar as pessoas para que não aconteça outro Holocausto. Questiona-se sobre como pôde um país tão culto como a Alemanha de Goethe (1749-1832) desembocar na barbárie nazista de Hitler. Nos seus pressupostos para a educação, ele defende a libertação do ser humano. Ele acredita que o ser humano, para não se deixar levar pelas ideias que conduzem ao nazismo e ao fascismo, precisa se libertar pela autorreflexão crítica.

Seu interesse pela emancipação humana vincula-se à obrigação de a educação orientar as novas gerações para que a barbárie não se repita, pois, na visão de Adorno (2012), o retorno da barbárie seria possível, tendo em vista que as condições de opressão, submissão e exploração da/o indivídua/o pelo indivídua/o ainda não haviam sido totalmente extintas das sociedades.

> É da imaturidade dos dominados que se nutre a hipermaturidade da sociedade. Quanto mais complicada e mais refinada a aparelhagem social, econômica e científica, para cujo manejo o corpo já há muito foi ajustado pelo sistema de produção, tanto mais empobrecidas as vivências de que ele é capaz. (ADORNO, 2012, p. 47).

A educação para Adorno (2012) é uma educação que deve propiciar autonomia e dignidade ao ser humano, respeitando o não idêntico, e que forma a/o indivídua/o culta/o, com conhecimentos científicos, artísticos, e dessa forma essa/e indivídua/o estaria preparada/o para uma vivência democrática.

O ensino, segundo Adorno (2012), deve ser uma arma de resistência à indústria cultural na medida em que contribui para a formação da consciência crítica e permite que a/o indivídua/o desvende as contradições da coletividade.

O esclarecimento e o pensamento autorreflexivo são determinantes na formação educacional para a conquista de uma educação crítica e emancipatória, pontos iniciais para a ruptura da educação para a submissão.

Diante disso, julgarmos que uma educação baseada na ideologia tecnicista e instrumentalizada negligencie uma formação integral. Essa formação integral exibe a concepção do sujeito em sua totalidade, enquanto sujeito de cultura, memórias, identidade, conhecimento, imaginação, ética, enfim, todas as dimensões do ser humano. A formalização de uma educação que não seja dialética impede não somente a transformação, mas impossibilita que professoras/es e alunas/os percebam as contradições sociais.

Os questionamentos levantados até o presente momento evidenciam a necessidade de um diálogo sobre a importância da formação das/os professoras/es da infância, porém em uma perspectiva crítica, preparada para a autonomia. A profissão de ensinar se depara com alguns tabus que impactam na constituição dessa formação em prol de uma dominação que é histórica.

O desencantamento da profissão é relatado por Adorno (2012). Os motivos os quais levam a essa aversão são racionais, materiais: pelo pensamento de que a docência é uma profissão de fome, e as motivações subjetivas da aversão ao magistério, em especial, são inconscientes. Para Adorno (1995, p. 84), trata-se de

> [...] representações inconscientes ou pré-conscientes dos candidatos a essa profissão – mas também dos demais, sobretudo das próprias crianças [...] O conceito de tabu é como preconceitos psicológicos e sociais que são, conservam-se tenazmente e reagem, por sua vez, sobre a realidade, transformando-se em forças reais.

De acordo com Adorno (1995), ao comparar a profissão do magistério com outras profissões acadêmicas, por exemplo de Direito, Medicina, Psicologia, entre outras, percebe-se uma desvalorização da profissão e a falta do reconhecimento social. Embora haja uma cotação significativa para a profissão universitária.

Segundo Adorno (1995), a baixa remuneração já está instituída há mais de cem anos. As/os professoras/es são herdeiras/os do escriba, do copista, assim como o desapreço por ele também é uma questão herdada e histórica. "O professor é herdeiro do monge: o ódio ou a ambivalência que despertava a profissão deste passam a ele depois que o monge perdeu em grande medida sua função" (ADORNO, 1995, p. 88).

A profissão das/os professoras/es está sucateada, assim também o próprio produto "conhecimento" é naturalizado pelo discurso da desvalorização da profissão e o "valor" pago por ela. Comportamentos autoritários e de repreensão são instituídos e neutralizados como competências da profissão. É uma atrocidade retórica, porém ainda viva, latente na profissão. Por isso, a pergunta: seria por falta de esclarecimento desses sujeitos? Ou alienação pela dominação?

Há uma discussão veemente nas formações de professoras/es sobre essa prática desumanizada, que empobrece e mata o sujeito crítico e autônomo no seu processo de pensar. Porém por que ainda persistem em permanecer no estágio da menoridade?

Adorno (1995) afirma que somente se pode esperar uma mudança no complexo total quando tiver desaparecido nas escolas até os últimos vestígios a lembrança dos açoites. A escola será o instituinte da desbarbarização da humanidade.

Formação de professoras/es da infância: um olhar do campo científico

Conhecer o campo científico sobre a temática foi de fundamental importância, pois nesse percurso de construção do estado do conhecimento foi possível conhecer as diversas possibilidades de explorar uma temática de pesquisa, bem como certificar da sua relevância no campo científico.

Nesse sentido a temática "A formação de professoras/es da educação infantil à luz da teoria de Adorno" foi explorada a partir do banco de dados da Biblioteca Digital Brasileira de Teses e Dissertações (BDTD). Como critério de delimitação, utilizou-se o recorte temporal do ano 2016 a 2021.

Entre as buscas realizadas, foi identificado um vasto campo de publicação dentro do período de 2016 a 2021 acerca dos descritores "Adorno e Formação de professoras/es" (Quadro 1).

Visando delimitar a busca do objeto de estudo, que é a formação de professoras/es na Educação Infantil, foram elencados os seguintes descritores para análise e que deram embasamento para a pesquisa: Adorno, Formação de Professoras/es e Infância (Quadro 2).

Quadro 1 – Dissertações publicadas entre 2016 a 2021

Descritor	Quantitativo de Dissertações
Adorno e Formação de Professoras/es	46
Adorno e Formação de Professoras/es, Infância	7

Fonte: as/os autoras/es (2022)

Entre essas, quatro dissertações serão expostas com suas características e analisadas na tabela a seguir, pela relevância e por corresponderem ao objeto de estudo desta pesquisa.

Quadro 2 – Descritor: Adorno, formação de professoras/es, infância

Or.	Curso	Linha de Pesquisa	Tema	Ano de Publicação	Objeto	Problema
01	Mestrado em Educação	Educação, Estudos Sócio-históricos e Filosóficos	O ensino da filosofia para crianças: Matthew Lipman e a perspectiva da educação emancipatória na formação de sujeitos autônomos (SEGUNDO, 2017)	2017	Ensino de filosofia para crianças	Como ensino de filosofia para crianças na perspectiva da proposta de Matthew Lipman pode contribuir para a formação dos sujeitos autônomos e para a educação emancipatória?
02	Mestrado em Educação	História, Política, Sociedade	Formação continuada de professores da pré-escola da Rede Municipal de São Paulo: um estudo sobre a autonomia e heteronomia (OLIVEIRA, 2020)	2020	Formação continuada de professores da Educação Infantil.	De que maneira formação continuada possibilita aos professores condições para o desenvolvimento profissional e a consequente implementação de políticas educacionais, que visam subsidiar as ações e práticas pedagógicas no interior dos espaços escolares?

Or.	Curso	Linha de Pesquisa	Tema	Ano de Publicação	Objeto	Problema
03	Mestrado em Educação		O processo (semi) formativo docente na educação infantil: análise crítica das produções científicas do ENDIPE no período de 2014 a 2016 (NAKATA, 2019)	2019	Formação de professores para a Educação Infantil	Qual a constituição do entendimento sobre a formação de professores para a Educação Infantil que se apresentam, a partir de uma análise crítica, em produções científicas do Endipe (2014-2016)?
04	Mestrado em Educação	Educação Sociedade e Cultura	As abordagens do conhecimento na educação infantil: um estudo a partir da produção bibliográfica brasileira (ALMEIDA, 2016)	2016	Debate sobre as abordagens do conhecimento na Educação Infantil	Tomando como campo de pesquisa as produções científicas apresentadas no GT07 Educação de Crianças de 0 a 6 anos, da ANPEd, como se tem constituído o debate sobre o conhecimento na Educação Infantil?

Fonte: as/os autoras/es (2022)

Inicialmente foi realizada a leitura da parte introdutória das dissertações selecionadas, e por meio da análise dos dados recortados das dissertações foi possível perceber as principais características e agrupá-las por afinidade. Considerando que as dissertações partem de uma perspectiva da Teoria Crítica.

Assim, com a análise dos objetos de estudos das dissertações (1), (2), (3) e (4), percebe-se que todos retratam no objeto a Educação Infantil.

A partir da análise das problemáticas, a dissertação (1) dá ênfase no Ensino da Filosofia para Crianças; na dissertação (2) e (3) o foco se dá na Formação de Professoras/es da Infância; já na dissertação (4) trata de Conhecimento na Educação Infantil. Essas categorias supracitadas serão tratadas a seguir e posteriormente analisada a partir da luz da Teoria Crítica de Adorno.

A categoria Educação Infantil, encontrada nas dissertações (1), (2), (3) e (4), retoma reflexões atuais, ao fazer referência da sua importância na formação do sujeito. A Educação Infantil é a primeira etapa da educação básica, associa ensino e cuidado, com a intenção de promover nas crianças o desenvolvimento dos aspectos físico, motor, cognitivo, social e emocional, além de provocar a exploração, as descobertas e a experimentação. Diante disso, é considerada uma das etapas mais importantes da formação da criança, o que envolve lidar com diferenças, o desenvolvimento da personalidade e da autonomia e as descobertas em diferentes áreas do conhecimento. Segundo os manuscritos de Adorno (2012), é nessa etapa que se inicia o preparo para o estágio da maioridade.

A categoria Educação Infantil encontrada nas dissertações é evidenciada em diversos campos científicos, conforme o Quadro 3.

Quadro 3 – Categoria educação infantil

Dissertação (1)	Dissertação (2)	Dissertação (3)	Dissertação (4)
1. Ensino da Filosofia 2. Proposta Matthew Lipman	1. Formação continuada de professores; 2. Políticas Educacionais	1. Formação de professores; 2. Produções científicas do ENDIPE de 2014 a 2016.1.	1. Produções científicas apresentadas no GT07, da ANPEd.

Fonte: as/os autoras/es (2022)

Embora essas dissertações se procedam a partir dessas conjunturas como meios para a formação de sujeitos críticos, autônomos, emancipados, esclarecidos, conceitos esses que Adorno (2012) nos ilumina, a escolarização das crianças na etapa da Educação Infantil provoca uma reflexão como uma etapa que servirá de base para as demais etapas da educação formal, e o correto aproveitamento dessa etapa permite que as crianças cresçam com mais autonomia, emancipadas/os e humanizadas/os em sua vida acadêmica e individual. Ainda que, segundo Adorno (2012, p. 181):

> [...] a organização social em que vivemos continua sendo heterônoma, isto é, nenhuma pessoa pode existir na sociedade atual realmente conforme suas próprias determinações; enquanto isso ocorre a sociedade forma pessoas mediante

> inúmeros canais e instâncias mediadoras de um modo tal que tudo absorvem e aceitam nos termos desta configuração heterônoma que se desviou de sim mesma em sua consciência.

A partir da análise das problemáticas das dissertações, a categoria Ensino da Filosofia achada na dissertação (1) trata de uma reflexão sobre o programa de ensino de Filosofia para crianças de Matthew Lipman, por meio da perspectiva da educação emancipatória e formação do sujeito autônomo. Relata que o ensino da Filosofia para crianças tem sido relevante para a inserção de embates políticos no contexto educacional. Porém enfatiza que o ensino da Filosofia para crianças ainda necessita de apoio e pesquisa, pois na Educação Infantil e no ensino fundamental o ensino da Filosofia não consta presente nos currículos. É evidente, a Educação Infantil é a fase de socialização. Filosofia exige capacidade de abstração.

> Tenta-se simplesmente começar a despertando a consciência quanto a que os homens são enganados de modo permanente, pois hoje em dia o mecanismo de ausência de emancipação é em âmbito planetário, de que o mundo quer ser enganado. (ADORNO, 2012, p. 183).

É pertinente ressaltar o contexto histórico do ensino da Filosofia para a Educação no Brasil, pois na sua própria essência filosófica promovia um ensino de formação crítica, que proporcionava reflexões sobre seus direitos e deveres, além de gerar nas/nos estudantes sentimentos de resistência aos discursos demagógicos que afetassem sua cidadania de forma ativa.

A Filosofia por si só abrange pensamentos filosóficos que auxiliam na formação do sujeito autônomo e crítico da própria realidade atual a qual ele está inserido. O ensino da Filosofia para crianças tem sido destacado mediante a busca por métodos que estejam em consonância com essa formação autônoma, democrática, reflexiva, critica que auxilia na formação da cidadania desde pequena.

As dissertações (2) e (3), a partir da análise realizada, apresentam interesses de estudos tais como a Formação de Professores da Infância na formação inicial e continuada de professoras/es, bem como a inserção no mercado de trabalho. Desse modo, compreende-se que a formação inicial ou continuada exerce grande impactos na percepção, construção e organização de diversos saberes docentes, que, de forma conjunta, se despontarão no ato de ensinar, ou seja, no fazer docente em seu cotidiano.

A dissertação (2) encontrada se intitula: "Formação continuada de professores da pré-escola da Rede Municipal de São Paulo: um estudo sobre a autonomia e heteronomia". Propõe analisar de que maneira a formação continuada possibilita aos professores condições para o desenvolvimento profissional e a consequente implementação de políticas educacionais, que visam subsidiar as ações e práticas pedagógicas no interior dos espaços escolares. Ao contrário disso, "as inúmeras agências da produção em massa e da cultura por ela criada servem para inculcar no indivíduo os comportamentos normalizados como únicos naturais, decentes racionais" (ADORNO, 1990, p. 40).

A formação continuada é abordada na esperança do seu papel de promover o desenvolvimento profissional, com o intuito de preparar uma formação crítica, ampliando o repertório cultural dos professores ao longo de sua carreira e superar a lógica mercantilista que se sobrepõe aos reais objetivos da educação. "A única concretização efetiva da emancipação consiste em aquelas poucas pessoas interessadas nesta direção orientem toda a sua energia para que a educação seja uma educação para a contradição e para a resistência" (ADORNO, 2012, p. 183).

Segundo Adorno (2012), a formação crítica somente será efetivada se a formação continuada prover meios para que os professores reflitam sobre o papel que assumem na formação das crianças, superando a função de meros executores de propostas enviesadas, com ações de treinamento e instrumentalização de práticas, mas, ao contrário, se constituam como profissionais responsáveis e comprometidos com a luta pela transformação social, objetivada mediante o diálogo, a discussão, a conscientização e o posicionamento político quanto às questões sociais, políticas e econômicas que permeiam a sociedade. "A consciência de todos em relação a estas questões poderia resultar dos termos de uma crítica imanente, já que nenhuma democracia normal poderia se dar ao luxo de se opor de maneira explícita a um tal esclarecimento" (ADORNO, 2012, p. 183).

A dissertação (3) encontrada, intitulada de "O processo (semi) formativo docente na educação infantil: análise crítica das produções científicas do ENDIPE no período de 2014 a 2016", almeja encontrar resquícios de uma educação emancipadora que contribua com a formação dos profissionais que atuam na Educação Infantil. Aborda produções no campo acadêmico que acarretem contribuições para a formação inicial e continuada de professores da Educação Infantil. Toma como base a perspectiva teórica de Adorno. Por meio dessas produções que se torna possível evitar a barbárie e atingir a emancipação humana. De acordo com Adorno (2012, p. 182), "o problema propriamente dito da emancipação hoje é se é como a gente — e quem é "a gente", eis uma grande questão a mais — pode enfrentá-lo".

A categoria Conhecimento na Educação Infantil é achada na dissertação (4), que é intitulada como: "As abordagens do conhecimento na educação infantil: um estudo a partir da produção bibliográfica brasileira". Tem a finalidade de abranger o debate sobre as abordagens do conhecimento na Educação Infantil, considerando os trabalhos apresentadas durante as Reuniões Anuais da Associação Nacional de Pós-Graduação e Pesquisa em Educação (ANPEd), no Grupo de Trabalho n.º 07 (GT07) Educação de Crianças de 0 a 6 anos. Percebe-se essa Associação como cenário que reverbera produções sobre formação inicial e continuada de professores por meio da produção bibliográfica brasileira em forma de artigos publicados em periódicos, capítulos de livros e comunicações em eventos.

A partir da análise do corpo teórico das dissertações, as reflexões sob a luz da Teoria Crítica de Adorno se fazem presentes. A dissertação (1) aborda sobre a formação de sujeitos mais autônomos e uma educação emancipatória na inserção do ensino da Filosofia para crianças na Educação Infantil. A dissertação (2) estuda a autonomia e heteronomia no processo de formação continuada de professoras/es, como também na dissertação (3) o processo (semi)formativo na formação de professoras/es é tratado. Na dissertação (4), os conceitos tratam da formação das crianças considerando sua autonomia, destacando-se aspectos da sociedade industrial e do desenvolvimento da razão crítica.

Diante disso, as contribuições de Adorno (2012) possibilitam construir uma base de conhecimentos que contribui para a melhoria do ensino, ou seja, que aumenta a efetividade do ensino e serve de referência para programas de formação docente.

Considerações finais

A realização deste estudo, caracterizado como estado do conhecimento, foi muito significativo. Possibilitou apreender pontos convergentes e pontos divergentes do universo de produção científica em nível de mestrado sobre a Formação de Professoras/es da Educação Infantil. Foi possível refletir sobre a educação e os processos formativos de professoras/es que vêm sendo invadidos no contexto atual.

No campo científico temático da Formação de Professoras/es da Educação Infantil, as contribuições teóricas de Adorno ainda são um campo pouco aquecido de estudo e exploração. Esse mesmo campo contribui ao revelar-se que por meio da educação é possível amenizar os efeitos nocivos causados pela sociedade que fortalece a indústria cultural e (semi)formação proporcionando uma formação de qualidade para os profissionais que atuam dentro das instituições de ensino, principalmente com a Educação Infantil.

A formação é compreendida como meio de qualificação para a trajetória escolar e profissional. A formação inicial e continuada possibilita que esses profissionais reflitam sobre suas práticas, ampliem seus conhecimentos e criticidade e lutem contra a barbárie.

Os achados sobre a contribuição de Adorno nas dissertações (1), (2), (3) e (4) emergem reflexão crítica aos programas de formação de professoras/es da Educação Infantil, sobretudo ao pensar-se sobre sua trajetória até aos dias atuais.

Em meio a uma educação ofuscada pelo reflexo da luz da sociedade atual, nunca se fez tão necessário pensar nas/os professoras/es que detêm a arte de ensinar, principalmente na Educação infantil, refletindo sobre sua formação, os reflexos desta na constituição da sua prática professoral e na formação crítica da criança. A questão que emerge é a seguinte: nesse contexto as/os professoras/es estão formando sujeitos que aquecerão a Indústria Cultural ou sujeitos esclarecidos autônomos e emancipados?

Referências

ADORNO, Theodor W. Tabus que pairam sobre a profissão de ensinar. *In:* ADORNO, Theodor W. **Palavras e sinais**: modelos críticos. Tradução de Maria Helena Ruschel: Petrópolis: Vozes, 1995. p. 83-103.

ADORNO, Theodor W. **Educação e emancipação**. São Paulo: Paz e Terra, 2012.

ADORNO, Theodor W.; HORKHEIMER, Max. **Dialética do esclarecimento**. Rio de Janeiro: Zahar, 1990.

ALMEIDA, Rosane C. de. **As abordagens do conhecimento na Educação Infantil:** um estudo a partir da produção bibliográfica brasileira. 2016. 217 f. Dissertação (Mestrado em Educação) – Pontifícia Universidade Católica de Goiás. Goiânia, 2016.

KANT, Immanuel. Resposta à questão: O que é Esclarecimento? Tradução de Márcio Pugliesi. **Cognitio**, São Paulo, v. 13, n. 1, p. 145-154, jan./jun. 2012.

MOROSINI, Marilia C. Estado de conhecimento e questões do campo científico. **Educação**, Santa Maria, v. 40, n. 1, p. 101-116, jan./abr. 2015.

NAKATA, Nathasha Y. S. **O processo (semi) formativo docente na educação infantil**: análise crítica das produções científicas do ENDIPE no período de 2014 a 2016. 2019. Dissertação (Mestrado em Educação) – Universidade Estadual de Londrina, Londrina, 2019.

OLIVEIRA, Karin P. **Formação continuada de professores da pré-escola da Rede Municipal de São Paulo**: um estudo sobre a autonomia e heteronomia. 2020. 245 f. Dissertação (Mestrado em Educação) – Pontifícia Universidade Católica de São Paulo, São Paulo, 2020.

SEGUNDO, Felinto G. **O ensino da filosofia para crianças:** Matthew Lipman e a perspectiva da educação emancipatória na formação de sujeitos autônomos. 2017. 113 f. Dissertação (Mestrado em Educação) – Universidade Federal do Rio Grande do Norte, Natal, 2017.

Capítulo 3

FREUD, ADORNO, A FORMAÇÃO DAS IMAGOS E O PROCESSO DE ENSINO-APRENDIZAGEM

Cesar Pereira Martins
Estelamaris Brant Scarel

Tudo o que podemos esperar a título de profilaxia das neuroses no indivíduo se encontra nas mãos de uma educação psicanaliticamente esclarecida.
(FREUD, 1914)

Introdução

A temática-alvo de reflexão no presente capítulo tem como ponto de partida um breve relato de experiência com vistas, talvez, a uma melhor apreensão desse objeto.

Não raras vezes, em nossos 20 anos de trabalho como coordenadores pedagógicos de instituições escolares de ensino básico, temos atendido professores e estudantes totalmente transtornados. Professores aos gritos, pedindo para não voltarem à sala de aula ou exigindo a punição do estudante "baderneiro". Estudantes enfurecidos, chorando, sentindo-se injustiçados e com severas críticas sobre a ação docente. Esses exemplos nos mostram como a relação com o outro pode nos desequilibrar e nos levar à perda da razão. Os exemplos são casos extremos, mas que revelam a tensão existente entre professor(a) e estudante[15].

Lidar com os conflitos existentes no interior das unidades escolares é um dos grandes desafios docentes. Cada momento de tensão, do mais simples ao mais complexo, relaciona-se com os fatores objetivos presentes

---

[15] Neste texto fizemos a opção pelo termo "estudante", cujo significado é ressaltado pelo professor Ildeu Coelho: "Ora, o verbo latino *studere*, da mesma raiz de *spoudázein*, σπουδάζειν, tem o sentido de aplicar-se, gostar de, inclinar-se a, comprazer-se, desejar, buscar, interessar-se por, ligar-se a, dedicar-se a, empenhar-se, esforçar-se para obter (algo), aplicar-se a, ser dado a, ser amigo de, exercitar, cultivar, estudar, instruir-se (Faria, 1967, Saraiva, 2000). Por mais que esse verbo tenha perdido parte de seu sentido originário, aquele que 'gosta de, dedica-se a', enfim, 'estuda', não se contenta em se fazer 'presente a aulas', nem 'muda a todo instante de cadeira escolar'. Pelo contrário, seu fazer, sua *prâksis*, πρᾶξις, é completamente outra, diferente" (COELHO, 2012, p. 68).

no cotidiano das instituições escolares, mas também está vinculado à subjetividade dos envolvidos, em especial dos professores e estudantes. Afirmar que há "algo de subjetivo" que influencia na dinâmica professor(a)/estudantes significa que parte do que está materializado na relação entre esses pares não é oriunda da relação em si, mas fruto da herança emocional que cada indivíduo traz para essa relação. Tal "herança emocional" se manifesta como transferência positiva e/ou negativa. A Psicanálise, como ciência que se ocupa dos processos inconscientes, pode nos ajudar a compreender parte dos fatores que contribuem para essas identificações. Para nossas reflexões, partiremos do texto que Freud foi convidado a escrever em comemoração aos 50 anos de fundação do colégio *Leopoldstädter Kommunal-real-und Obergymnasium,* que frequentou no período de 1865 a 1973.

O texto em questão foi intitulado "Algumas Reflexões Sobre a Psicologia do Escolar" (FREUD, 2006). Possui poucas páginas, porém é de profunda densidade, deixando-nos um caminho a ser seguido para que possamos compreender a "psicologia do escolar" e o impacto da "personalidade do mestre" na vida psíquica do estudante. Logo em suas primeiras linhas, o autor já revela o seu propósito: "estou destinado a me interessar mais pelos processos emocionais que pelos intelectuais" (FREUD, 2006, p. 248) e assim o faz, centrando as suas reflexões nas relações sociais/humanas, conscientes e inconscientes, estabelecidas entre professor e estudante, e questionando: como estas podem influenciar o processo de escolarização (as ciências que nos foram ensinadas)? Chegando a afirmar que a "personalidade dos mestres" é de grande influência na formação do estudante, a ponto de questionar: qual tem maior importância para a formação do aprendente, a ciência que lhe é ensinada ou a "personalidade do mestre"? Sendo que esta última pode, para alguns estudantes, ter impacto tão profundo a ponto de "bloquear definitivamente... os caminhos da ciência".

No texto freudiano, o autor discorre sobre a relação professor(a)/estudante e, para isso, utiliza termos psicanalíticos (de forma explícita ou implícita) como Ambivalência, Transferência, Identificação e Complexo de Édipo. Revisitar esses conceitos nos proporcionará melhor entendimento sobre o que o autor denomina "a psicologia do escolar" e "a personalidade do mestre". Consideramos que ampliar a reflexão sobre esses dois termos poderá contribuir para a compreensão dos limites, possibilidades, tensões, contradições e ambiguidades que se manifestam no mundo objetivo e subjetivo dos envolvidos na dinâmica da relação professor(a)/estudante. O texto de Freud nos instiga a pensar sobre a influência do inconsciente nessa relação, como a personalidade do professor, que pode ser autoritária, e as imagos introjetadas pelos estudantes que interferem na relação de ensino e aprendizagem.

Para contribuir com a discussão, iremos nos valer do diálogo já estabelecido entre a Teoria Frankfurtiana e a Psicanálise, em especial com o texto de Theodor W. Adorno, que se encontra na obra *Educação e Emancipação*.

A psicologia do escolar

Conforme Freud (2006, p. 190): "Somente alguém que possa sondar as mentes das crianças será capaz de educá-las". Essa afirmação lança sobre aqueles que trabalham com crianças um enorme desafio. Não é suficiente saber "o que ensinar" e "como ensinar". Também é necessário saber para quem ensinamos. Claro que não é possível conhecer a mente das crianças, como se fôssemos ler os seus pensamentos, mas é possível conhecer alguns dos processos gerais de formação da vida psíquica da criança. Um desses processos, que é destacado em nosso texto de referência, é a formação das "imagos". Para contribuir com o entendimento da "psicologia do escolar", retornaremos aos conceitos psicanalíticos que contribuem para a compreensão da constituição psíquica das "imagos".

Voltemos ao período anterior à vida escolar. Ao nascer a criança desconhece o próprio corpo, o mundo externo e a existência do outro. Vejamos o que Garcia-Roza (2004, p. 18) nos fala sobre o corpo recém-nascido:

> Na verdade, do ponto de vista psicanalítico, aquilo que poderíamos chamar de corpo do recém-nascido só é corpo no sentido de uma materialidade, mas não no sentido de uma totalidade orgânica. De fato, o "corpo" não foi ainda constituído. Ele nada mais é do que matéria sem forma, já que a ideia de corpo orgânico supõe não apenas a existência de um substrato material mas também de uma totalidade formada de partes, com limites definidos, organização própria e princípio de funcionamento. Essa matéria sem forma pode ser concebida como pura potência indeterminada, pluralidade de intensidades anárquicas.

Esse corpo "ainda não constituído" será afetado pela presença do outro, que é o que supre as carências e contribui para diminuir as excitações advindas do mundo interno e externo. A continuidade da vida, do recém-nascido, depende inteiramente dos cuidados dos adultos. Mas cada povo, cada geração, cada família tem a sua forma peculiar de realizar esses cuidados e comunicar o que lhes parece ser os valores e comportamentos corretos. O *homo sapiens* não nasce humano, este se humaniza na relação com o outro, aprende a ser humano. Muitas práticas que já foram aceitas socialmente hoje são consideradas desumanas. A escravidão é um exemplo.

> A vida humana é, essencialmente e não por mera casualidade, convivência. Com esta afirmação, põe-se em dúvida o conceito do indivíduo como unidade social fundamental. Se o homem, na própria base de sua existência, é para os outros, que são os seus semelhantes, e se unicamente por eles é o que é, então a sua definição última não é a de uma indivisibilidade e unicidade primárias mas, outrossim a de uma participação e comunicação com os outros. Mesmo antes de ser um indivíduo o homem é um de seus semelhantes, relaciona-se com os outros antes de se referir explicitamente sobre o seu eu, é um momento em que vive, antes de poder chegar, finalmente, a sua autodeterminação. (ADORNO; HORKHEIMER, 1973, p. 47).

O primeiro grupo de convivência da criança é formado pelos genitores e/ou cuidadores, relação que não se constitui harmônica em todo o decurso do tempo, pois se estabelece também a partir do conflito. No texto que usamos como referência, Freud nos chama a atenção para os conflitos presentes na relação professor(a)/estudante e ressalta o conceito de ambivalência. Como e por que o estudante pode ser cordato, humilde, amoroso, submisso, mas também indiferente, arrogante, bisbilhoteiro. A personalidade do mestre que inspira à justiça, à busca pelo saber e à excelência também provoca oposição, bloqueio e desperta ódio. A ambivalência presente nas relações escolares esteve presente nas relações com os genitores e/ou cuidadores e estará presente em todas as demais relações sociais estabelecidas pelo indivíduo.

Tomando como referência o *Vocabulário da Psicanálise*, segundo Laplanche e Pontalis (2008, p. 17), temos a seguinte conceituação para ambivalência: presença simultânea, na relação com um mesmo objeto, de tendências, de atitudes e de sentimentos opostos, fundamentalmente o amor e o ódio. Os autores completam essa concepção afirmando, ainda, o seguinte:

> Freud emprestou o termo "ambivalência" de Bleuler, que o criou. Bleuler considera a ambivalência em três domínios. Voluntário (Ambiten denz): o sujeito quer ao mesmo tempo comer e não comer, por exemplo. Intelectual: o sujeito enuncia

> simultaneamente uma proposição e o seu contrário. Afetivo: ama e odeia em um mesmo movimento a mesma pessoa. Para Bleuler, a ambivalência é um sintoma preponderante da esquizofrenia, mas ele reconhece a existência de uma ambivalência normal. A originalidade da noção de ambivalência, relativamente ao que já fora descrito como complexidade de sentimentos ou flutuações de atitudes, reside, por um lado, na manutenção de uma oposição do tipo sim-não, em que a afirmação e a negação são simultâneas e indissociáveis; e, por outro lado, no fato de que essa oposição fundamental pode ser encontrada em diversos setores da vida psíquica. Bleuler acaba por privilegiar a ambivalência afetiva, e é este o sentido que orienta o seu uso por Freud. (LAPLANCHE; PONTALIS, 2008, p. 17).

Mas qual a origem desse movimento interno do humano? Amar e odiar um mesmo objeto? Freud buscará a resposta na filogênese da espécie humana. Dialogando com os clássicos da antropologia de sua época, propõe a hipótese do "assassinato do pai da horda primeva" (FREUD, 2006, p. 145), o macho dominante e ciumento que possuía todas as fêmeas, o que despertava nos demais o ódio, levando os demais machos a se unirem e matarem o "pai primevo". Mas, por este ser, também, o provedor de segurança à horda, o pai dos demais machos, os últimos nutriam por ele uma relação de amor[16], e assim se instaura esse sentimento de ambivalência.

> A fim de que estas últimas consequências possam parecer plausíveis, deixando suas premissas de lado, precisamos apenas supor que a tumultuosa malta de irmãos estava cheia dos mesmos sentimentos contraditórios que podemos perceber em ação nos complexos-pai ambivalentes de nossos filhos e de nossos pacientes neuróticos. Odiavam o pai, que representava um obstáculo tão formidável ao seu anseio de poder e aos desejos sexuais; mas amavam-no e admiravam-no também. Após terem-se livrado dele, satisfeito o ódio e posto em prática os desejos de identificarem-se com ele, a afeição que todo esse tempo tinha sido recalcada estava fadada a fazer-se sentir e assim o fez sob a forma de remorso. Um sentimento de culpa surgiu, o qual, nesse caso, coincidia com o remorso sentido por todo o grupo. (FREUD, 2006, p. 146).

---

[16] Para Freud, "o termo 'amor' é reservado para o movimento do eu na direção do objeto para além da relação de puro prazer. Ou seja, ainda que portando a marca do pulsional (sexual), o amor a ultrapassa. Lacan dirá que, quando se trata do amor, o que está em jogo é a suposição de um ser no outro" (LEITE, 2005, p. 131).

Na hipótese psicanalítica, esse sentimento ambivalente é parte da constituição psíquica dos indivíduos, tendo relação direta com os desejos reprimidos do Complexo de Édipo, a morte do pai e a mãe tornando-se objeto sexual (incesto).

Os primeiros sentimentos ambivalentes, vivenciados pela criança, serão constituídos na relação com os genitores e/ou cuidadores. Segundo a Psicanálise, nesse período teremos a instauração do "Complexo de Édipo" e, por consequência, a formação do aparelho psíquico. O Complexo de Édipo pode assim ser explicado:

> Em sua forma simplificada, o caso de uma criança do sexo masculino pode ser descrito do seguinte modo. Em idade muito precoce o menininho desenvolve uma catexia objetal pela mãe, originalmente relacionada ao seio materno, e que é o protótipo de uma escolha de objeto segundo o modelo anaclítico; o menino trata o pai identificando-se com este. Durante certo tempo, esses dois relacionamentos avançam lado a lado, até que os desejos sexuais do menino em relação à mãe se tornam mais intensos e o pai é percebido como um obstáculo a eles; disso se origina o complexo de Édipo. Sua identificação com o pai assume então uma coloração hostil e transforma-se num desejo de livrar-se dele, a fim de ocupar o seu lugar junto à mãe. Daí por diante, a sua relação com o pai é ambivalente; parece como se a ambivalência, inerente à identificação desde o início, se houvesse tornado manifesta. Uma atitude ambivalente para com o pai e uma relação objetal de tipo unicamente afetuoso com a mãe constituem o conteúdo do complexo de Édipo positivo simples num menino. (FREUD, 1996b, p. 44).

É importante observar que essa conceituação se refere ao "Complexo de Édipo positivo". Há também que se considerar que a criança pode nutrir pelo genitor de mesmo sexo uma identificação afetuosa[17] de caráter objetal e uma atitude ambivalente para com o genitor do sexo oposto. Mas essa discussão foge aos objetivos de nosso texto.

O complexo de Édipo não é permanente, como nos chama a atenção a teoria psicanalítica:

> Juntamente com a demolição do complexo de Édipo, a catexia objetal da mãe, por parte do menino, deve ser abandonada.

---

[17] Para o leitor que deseja aprofundar nesse tema, sugerimos os seguintes textos de Freud (1996, 2011): "O ego e superego (ideal do ego)", presente nas Obras Completas, volume XIX, Editora Imago, e "Psicologia das Massas e Análise do Eu", no tópico identificação e "Sobre a Psicogênese de um Caso de Homossexualidade feminina", ambos presentes nas Obras Completas, volume 15, Editora Companhia das Letras.

> O seu lugar pode ser preenchido por uma de duas coisas: uma identificação com a mãe ou uma intensificação de sua identificação com o pai. (FREUD, 1996b, p. 44).

É importante destacarmos o trecho do texto que nos afirma "a catexia objetal da mãe, por parte do menino, deve ser abandonada". Assim deve ser porque é proibida. Essa proibição que diz "você não pode fazer tudo o que o pai faz" é reguladora. Dela advém uma modificação no ego, uma instância responsável por reprimir o Complexo de Édipo, que será denominada na teoria psicanalítica de superego ou ideal de ego. Sobre as instâncias psíquicas, vale destacar que:

> O ideal do ego, portanto, é o herdeiro do complexo de Édipo, e, assim, constitui também a expressão dos mais poderosos impulsos e das mais importantes vicissitudes libidinais do id. Erigindo esse ideal do ego, o ego dominou o complexo de Édipo e, ao mesmo tempo, colocou-se em sujeição ao id. Enquanto que o ego é essencialmente o representante do mundo externo, da realidade, o superego coloca-se, em contraste com ele, como representante do mundo interno, do id. Os conflitos entre o ego e o ideal, como agora estamos preparados para descobrir, em última análise refletirão o contraste entre o que é real e o que é psíquico, entre o mundo externo e o mundo interno. (FREUD, 1996b, p. 48).

O superego, instância proibitiva e reguladora, que é representante do mundo interno, inconsciente, "reteve características essenciais das pessoas introjetadas — a sua força, sua severidade, a sua inclinação a supervisar e punir" (FREUD, 1996b, p. 184). As pessoas introjetadas[18] são as figuras paternas, irmãos e irmãs e outros que ocupam papel importante na vida familiar, nos primeiros anos de vida da criança. Todas essas pessoas se constituíram na relação com a cultura de sua época e de sua história pessoal. Logo o superego se forma a partir de todo o mundo externo, tendo como referência a moral de seu tempo histórico.

No texto que nos norteia, para se referir aos significados que o indivíduo atribui (previamente) ao outro de sua relação, Freud irá se valer do termo "imago", que Laplanche e Pontalis (2008, p. 234) assim definem:

---

[18] Introjeção – "Processo evidenciado pela investigação analítica. O sujeito faz passar, de um modo fantasístico, de 'fora' para 'dentro', objetos e qualidades inerentes a esses objetos. A introjeção aproxima-se da incorporação, que constitui o seu protótipo corporal, mas não implica necessariamente uma referência ao limite corporal (introjeção no ego, no ideal do ego etc.). Está estreitamente relacionada com a identificação" (LAPLANCHE; PONTALIS, 2008, p. 248).

> Protótipo inconsciente de personalidade que oriente seletiva-
> mente a forma como o sujeito apreende o outro; é elaborado
> a partir das primeiras relações intersubjetivas reais e fantasís-
> ticas com o meio familiar... Define-se muitas vezes a imago
> como "representação inconsciente": mas deve-se ver nela,
> em vez de uma imagem, um esquema imaginário adquirido,
> um clichê estático através do qual o sujeito visa o outro. A
> imago pode, portanto, objetivar-se tanto em sentimentos e
> comportamentos como em imagens. Acrescente-se que ela
> não deve ser entendida como um reflexo do real, mesmo que
> mais ou menos deformado; é assim que a imago de um pai
> terrível pode muito bem corresponder a um pai real apagado.

Com relação às imagos, Freud (2006, p. 249) afirma o seguinte: "Todas as escolhas posteriores de amizade e amor seguem a base das lembranças deixadas por esses primeiros protótipos". Há um processo de transferência[19] dos padrões de relação estabelecidos na infância para os relacionamentos posteriores.

Todos os humanos se relacionam com centenas de pessoas ao longo de sua vida. Para cada uma dessas, será estabelecido um padrão específico de comportamento? Manter a vida requer um grande gasto de energia e nos manter vivos é uma das funções do cérebro. Para isso é fundamental "economia de energia". Se para cada pessoa tivéssemos que criar uma forma específica de nos relacionarmos, teríamos um alto gasto de energia psíquica, o que não condiz com a regra geral do aparelho psíquico, que é economia de energia. Por esse e por outros motivos (que não iremos abordar), o indivíduo "guardou" em seu inconsciente os padrões de comportamento já testados e que foram validados como "eficientes"[20]. Uma criança que conviveu com um adulto agressivo e, nessa relação, aprendeu a se calar, anular-se, conse-guindo um certo grau de proteção em relação ao adulto, poderá no futuro

---

[19] Estamos usando o conceito de transferência na perspectiva do texto que nos norteia, cujo argumento central é o de que relações estabelecidas pelos indivíduos têm como referência as imagos introjetadas em sua infância. Assim há uma transferência dos padrões de relações infantis para as relações futuras. O que condiz com a parte em negrito, que destacamos da conceituação de Laplanche e Pontalis (2008, p. 515), que traz a seguinte concei-tuação: "Designa em psicanálise o processo pelo qual os desejos inconscientes se atualizam sobre determinados objetos no quadro de um certo tipo de relação estabelecida com eles e, eminentemente, no quadro da relação analítica. **Trata-se aqui de uma repetição de protótipos infantis vivida com um sentimento de atualidade acentuada**". Porém com a seguinte ressalva: "Existe especial dificuldade em propor uma definição de transferência porque a noção assumiu, para numerosos autores, uma extensão muito grande, que chega ao ponto de designar o conjunto dos fenômenos que constitui a relação do paciente com o psicanalista e que, nesta medida, veicula, muito mais do que qualquer outra noção, o conjunto das concepções de cada analista sobre o tratamento, o seu objetivo, a sua dinâmica, a sua tática, os seus objetivos etc.".

[20] Eficiente aqui não significa que foi prazeroso, mas que atendeu à demanda do momento do conflito.

ser uma pessoa submissa em suas relações, pois aprendeu que assim estará protegida. Perceba que nesse exemplo um comportamento "vantajoso" de uma relação foi "transferido para outra". Desses argumentos, podemos inferir que haverá manifestação de transferências positivas e negativas nas relações escolares.

Temos clareza de que os conceitos de transferência positiva e negativa são utilizados, em Psicanálise, para explicar como se concretiza a relação entre paciente e terapeuta na clínica, na sessão de terapia. Porém nos apropriamos do sentido desses conceitos e os transportamos para relação professor(a)/estudante, com base em nosso texto de referência. Santos (1994, p. 24) corrobora a tese aqui apresentada quando afirma: "Transferir é uma capacidade humana por excelência, presente não somente na relação analítica, mas em inúmeras outras situações de interação social". Para esclarecer em que sentido estamos utilizando o conceito de transferência positiva e negativa, recorremos a Levinzon (2020, p. 162), que afirma o seguinte:

> A transferência invariavelmente reflete o amor e o ódio entrelaçados, e assim suas manifestações são frequentemente ambivalentes. É útil, porém, distinguir a transferência positiva da transferência negativa, segundo a qualidade dos afetos predominantes em cada momento da análise. Assim, fala-se em transferência positiva quando estão presentes em maior intensidade os afetos amistosos e afetuosos, e em transferência negativa quando o que impera é a agressividade e a hostilidade do paciente em relação ao analista. Para Freud, quando a transferência é positiva, ela "passa a ser verdadeira força motivadora da colaboração do paciente"; por outro lado, em certos momentos ou fases da análise "a transferência surge como a resistência mais poderosa ao tratamento.

A transferência que se manifesta de forma negativa se tornará oposição à ação pedagógica e ao docente. A dinâmica da sala de aula será influenciada por determinações anteriores, inconscientes, pois os estudantes trazem consigo uma "herança emocional, defrontam-se com simpatias e antipatias" que advêm das imagos e que são projetadas na figura de autoridade substituta.

Sobre as resistências presentes nas relações professor(a)/estudante, Adorno (1995, p. 111) nos apresenta a seguinte síntese:

> As resistências das crianças e dos jovens, igualmente institucionalizadas na segunda hierarquia, foram em parte certamente transmitidas pelos pais. Muitas baseiam-se em

estereótipos herdados; muitas, porém, como procurei mostrar, baseiam-se na situação objetiva do professor. A isto acrescenta-se algo essencial, bem conhecido da psicanálise. Na elaboração do complexo de Édipo, a separação do pai e a interiorização da figura paterna, as crianças notam que os próprios pais não correspondem ao ego ideal que lhes transmitem. Na relação com os professores este ego ideal se reapresenta pela segunda vez, possivelmente com mais clareza, e eles têm a expectativa de poder se identificar com os mesmos. Mas por muitas razões novamente isto se torna impossível para eles, sobretudo porque particularmente os próprios mestres constituem produtos da imposição da adequação, contra a qual se dirige o ego ideal da criança ainda não preparada para vínculos de compromisso.

De modo geral, os conflitos em sala de aula são fontes de intensa dor aos docentes. É muito comum encontrarmos professores(as) que, dias após (às vezes vários dias!) terem vivido uma situação de conflito com um estudante, têm muito presente em suas expressões a situação vivida. Isso revela a dor, o incômodo e a angústia que o conflito está causando ao docente. Porém, diante do exposto, precisamos ter clareza de que há uma construção psíquica, inconsciente, que se manifesta no cotidiano do ofício de ser professor, na relação com os estudantes, que não tem origem na situação objetiva relacionada ao momento vivido em sala de aula. Isso permite que ele tenha um maior controle emocional da situação, mantendo o diálogo com o estudante e, se possível, agindo como o analista o faz: "Para superar essa resistência, Freud enfatizava a necessidade de o analista interpretar para o paciente os afetos inconscientes presentes" (LEVINZON, 2020, p. 62), ou seja, falar com o estudante sobre as suas emoções, sentimentos e ajudá-lo a identificar a origem de seus conflitos. Isso pode parecer um exagero, uma atribuição indevida ao docente, contudo entendemos que um olhar de acolhimento para o estudante é sempre um caminho necessário ao ofício de ser professor(a).

Nesse ponto chamamos a atenção especial para os docentes que atuam na Educação Infantil e nos anos iniciais do ensino fundamental, pois há uma construção social que insiste que "há certos temas que não devem ser abordados com as crianças", como se estas não fossem capazes de entender. Discordamos completamente disso, pois, assim como Adorno (1995, p. 114), entendemos que "em geral é possível conversar com muito mais seriedade e maturidade com as crianças do que os adultos querem reconhecer".

Daí, na condição de professores, ser necessário voltarmos a reflexão para nós mesmos e termos a consciência de que "[...] é preciso evitar que as pessoas golpeiem para os lados sem refletir a respeito de si próprias. A educação tem sentido unicamente como educação dirigida a uma autor-reflexão crítica" (ADORNO, 1995, p. 121). Esse conclamar de Adorno também vale para os docentes. Daí precisarmos questionar o que é nossa responsabilidade nos conflitos na relação professor(a)/estudante e de que maneira poderemos manejar as transferências positivas.

A personalidade dos mestres

Em "A psicologia do escolar", as reflexões não estão centradas apenas no estudante, tangenciam questões importantes relacionadas à "personalidade do mestre", merecendo destaque três temas contidos no fragmento: "[...] estudáva-mos seus caráteres e sobre estes formávamos ou deformávamos os nossos. Eles provocavam nossa mais enérgica oposição e forçavam-nos a uma submissão completa [...]" (FREUD, 2006, p. 248). Sendo estes: o mestre que deseja dos estudantes a obediência irrestrita, o caráter do mestre como inspirador ou agente de bloqueio na formação dos estudantes e os sentimentos ambivalência/transferenciais. Sobre estes últimos já abordamos na seção anterior, porém é importante reforçar que os sentimentos ambivalentes e transferenciais não são apenas na direção de estudantes – professores(as) mas também na direção oposta. Pois o mestre já passou por toda a construção psíquica discutida até o momento e, portanto, traz consigo a história de sua infância.

> A psicanálise foi obrigada a atribuir a origem da vida mental dos adultos à vida das crianças e teve de levar a sério o velho ditado que diz que a criança é o pai do homem. Delineou a continuidade entre a mente infantil e a mente adulta e observou também as transformações e os remanejamentos que ocorrem no processo. Na maioria de nós existe, em nossas lembranças, uma lacuna que abrange os primeiros anos da infância dos quais apenas algumas recordações fragmentárias sobrevivem. Pode-se dizer que a psicanálise preencheu essa lacuna e aboliu a amnésia infantil do homem. (FREUD, 2006, p. 185).

As imagos e os processos transferenciais fazem parte da constituição psíquica dos(as) professores(as) e estão presentes na relação que eles esta-belecem com os estudantes. Logo, para atender à exigência de tratamento igualitário a todos os estudantes (exigência justa, porém nem sempre possível), o professor terá que criticar os seus próprios sentimentos. A tese do amor distribuído de forma igualitária a "todos os filhos" não é reforçada pela Psicanálise, pois uma relação afetiva passa por investimento libidinal, é o movimento do eu em relação a um objeto, e, portanto, mesmo não sendo aceito socialmente, o investimento libidinal dos pais em relação aos filhos/filhas tende a ser em intensidades diferentes.[21] Por análise semelhante, temos que aceitar que os professores(as) têm as suas "preferências" em relação aos estudantes. A negação de uma realidade não a modifica. A análise e o trazer a consciência dos limites de nossas relações podem modificar a realidade. Aceitar que fazemos investimentos amorosos de acordo com os nossos padrões de repetição e buscar perceber que parte dos sentimentos de antipatia, direcionados a estudantes específicos, não tem origem na relação atual, e sim na maneira que escolhemos os objetos amorosos, pode ser um bom caminho para o "tratamento igualitário".

Um dos desejos inconscientes que é transferido para a relação professor(a)/estudante, destacado por Freud, é "o desejo de obediência irrestrita" por parte do mestre. Esse desejo se tornou inconsciente por meio da introjeção das figuras de autoridade. Devemos lembrar que no conceito de introjeção temos o processo de identificação, ou seja, o indivíduo tende a introjetar as figuras com que se identificou. Como as personagens autoritárias aparentam força, há uma tendência à identificação com elas. Muitos docentes se identificam com as figuras de seus professores, aprenderam que se deve obedecer ao mestre e agora exigem dos estudantes o mesmo comportamento.

A escola tem sido uma instituição que ensina a obediência. É claro que obedecer é algo importante na vida social. Obedecemos às leis, por exemplo. Porém obedecer não pode significar o sufocamento do espírito crítico. Para permanecer no exemplo das leis, estas sofreram intensas modificações ao longo do movimento da história, e assim se fez pelas críticas a que foram submetidas durante esse processo. Se as leis fossem apenas obedecidas, seguidas sem a devida crítica, não teríamos evoluído "do olho por olho, dente por dente" até o direito atual. Ao falar de "obediência", Freud compara o estudante com o soldado, com atitudes corporais e mentais automatizadas.

> Mas obedecemos automaticamente, como o velho soldado que, à voz de 'sentido!', deixa cair o que tiver nas mãos e se surpreende com os dedos mínimos apertados de encontro às costuras das calças. É estranho como obedecemos às ordens

---

[21] Como a exigência social de "amor igualitário a todos(as) os filhos(as)" é dogmática, e não atender a essa exigência seria odioso, a diferenciação do amor a estes é quase sempre inconsciente, faz parte dos processos recalcados.

> prontamente, como se nada de particular houvesse acontecido no último meio século. (FREUD, 2006, p, 247).

Nessa passagem Freud imagina um encontro com um de seus mestres após algumas décadas e diz "é estranho como obedecemos às ordens prontamente", revelando a hierarquização e o ensino à obediência que se faz presente na relação professor(a)/estudante, em sua época. A analogia entre o estudante e o soldado é reveladora, pois ao soldado não cabe o questionamento à hierarquia e ao estabelecido, segue-se a tradição. Se nessa analogia o soldado equivale ao estudante, é claro que ao professor cabe o papel do oficial, que representa a personificação do que não deve ser questionado. Sabemos que a analogia freudiana já não se aplica inteiramente às escolas da contemporaneidade, mas ainda identificamos na escola um espaço que "ensina a obediência".

O que nos leva a obedecer? Uma primeira reposta para essa pergunta é o medo da "perda do amor". Todos que trabalham com crianças, ou são pais de uma criança, já presenciaram o seu desespero quando sabe que não poderá satisfazer uma exigência do(a) professor(a), algo que deveria levar para a sala de aula ou a tarefa que não conseguiu realizar. O desespero está relacionado ao seguinte raciocínio (inconsciente): "se não obedeço então não serei aceito (amado)". Não realizar o que foi determinado produz na vida psíquica um sentimento de culpa, pois soa à realidade psíquica como ter realizado algo mau, negativo, que irá afastar o objeto amado.

> Aqui, portanto, está em ação uma influência estranha, que decide o que deve ser chamado de bom ou mau. De uma vez que os próprios sentimentos de uma pessoa não a conduziriam ao longo desse caminho, ela deve ter um motivo para submeter-se a essa influência estranha. Esse motivo é facilmente descoberto no desamparo e na dependência dela em relação a outras pessoas, e pode ser mais bem designado como medo da perda de amor. Se ela perde o amor de outra pessoa de quem é dependente, deixa também de ser protegida de uma série de perigos. Acima de tudo, fica exposta ao perigo de que essa pessoa mais forte mostre a sua superioridade sob forma de punição. De início, portanto, mau é tudo aquilo que, com a perda do amor, nos faz sentir ameaçados. (FREUD, 1996a, p. 128).

Perder o objeto amado causa imensa dor, portanto a criança tenta de todas as formas atrair o olhar do(a) professor(a). O desejo de agradar, de ser aceito, leva à obediência sem nenhum questionamento. E isso é o contrário dos objetivos educacionais, que são, em síntese, a emancipação do homem, a sua autonomia. A qualquer docente que perguntarmos se o objetivo citado é coerente, teremos resposta positiva, porém as instituições escolares continuam se organizando de modo antagônico a esses fins. Adorno (1995, p. 141) nos chama a atenção para essa contradição:

> Em relação a esta questão, gostaria apenas de atentar a um momento específico no conceito de modelo ideal, o da heteronomia, o momento autoritário, o que é imposto a partir do exterior. Nele existe algo de usurpatório. É de se perguntar de onde alguém se considera no direito de decidir a respeito da orientação da educação dos outros. As condições — provenientes do mesmo plano de linguagem e de pensamento ou de não-pensamento — em geral também correspondem a este modo de pensar. Encontram-se em contradição com a ideia de um homem autônomo, emancipado, conforme a formulação definitiva de Kant na exigência de que os homens tenham que se libertar de sua autoinculpável menoridade.

O estudante não poderá atingir a sua "maioridade" em um contexto em que sua razão é tutorada e/ou seus instintos são reprimidos por meio da violência, mesmo que esta seja simbólica. Freud (2006, p. 191) faz referência aos "instintos socialmente imprestáveis ou perversos que surgem nas crianças", destacando que tentar reprimi-los pela força não tem resultados eficientes. Porém esses instintos podem ser "desviados de seus objetivos originais para outros mais valiosos, através do processo conhecido como sublimação"[22]. Relembrando sua vida escolar, Freud (2006, p. 248) fala da atitude dos escolares referente aos professores: "estudávamos seus caráteres e sobre estes formávamos ou deformávamos os nossos". O estudo a que o autor se refere não é o analítico e sistemático, mas a identificação com o mestre. Em Psicanálise, o outro é fonte do adoecimento, mas também é fonte da cura, e isso tem sido verdadeiro em toda a história das instituições escolares. Todos nós temos exemplos de mestres que foram fundamentais para a "formação do nosso caráter", por seu apego à ciência, sua ética, compromisso social, postura crítica em relação aos fatos cotidianos e históricos, a exigência e rigor nos trabalhos desenvolvidos e sua vocação para com seu ofício. Essas atitudes podem atrair para si o que temos nos referido como "transferências positivas".

---

[22] Sublimação: "Processo postulado por Freud para explicar atividades humanas sem qualquer relação aparente com a sexualidade, mas que encontrariam o seu elemento propulsor na força da pulsão sexual. Freud descreveu como atividades de sublimação principalmente a atividade artística e a investigação intelectual. Diz-se que a pulsão é sublimada na medida em que é derivada para um novo objetivo não sexual e em que visa objetos socialmente valorizados" (LAPLANCHE; PONTALIS, 2008, p. 494).

> A transferência positiva é um fenômeno que facilita o processo analítico. Torna o paciente mais suscetível à influência do analista por nutrir por ele um sentimento de empatia, respeito, admiração etc., que o faz baixar as resistências e se esforçar por associar livremente. (SANTOS, 1994, p. 19).

Existe uma dimensão subjetiva na relação professor(a)/estudante que transcende a relação com o saber, com o domínio do que é científico. Como nos chama a atenção Rios (2013, p. 85), "o gesto do professor fala. A atitude autoritária ensina a desprezar o outro, a desconsiderar direitos. De nada vale um discurso que pretende ensinar que é 'importante respeitar as diferenças', quando o gesto ensina a desrespeitá-las". O que se põe é que as ações ocupam um lugar proeminente nas identificações do estudante, o que não se consegue com discursos. São as ações que despertam as transferências positivas e facilitam o acesso do(a) professor(a) ao estudante. Nas transferências positivas, está presente o afeto, e o "gesto do professor" é fundamental para que este desperte. Como diz Freud (2006, p. 248), "No fundo, sentíamos grande afeição por eles, se nos davam algum fundamento para ela".

É significativo o complemento do autor, "se nos davam algum fundamento para ela", a afeição. O estudante não desenvolverá uma atitude positiva em relação ao mestre se não tiver um motivo para este. E aqui não estamos pedindo aos professores que amem os seus alunos, de modo que estes se sintam acolhidos e capazes de diminuir as resistências, projetando para os docentes transferências positivas. Sobre esse tema, nos esclarece Adorno (1995, p. 135): "O apelo a dar mais calor humano às crianças é artificial e por isto acaba negando o próprio calor. Além disto o amor não pode ser exigido em relações profissionalmente intermediadas, como entre professor e aluno". Note então que não estamos aqui defendendo a "pedagogia do amor", mas relembrando que o contrário do amor para a Psicanálise não é o ódio, é a indiferença, e esta o professor pode, e deve, extirpar de sua relação com os estudantes.

Considerações finais

Começamos este texto fazendo referência a momentos de conflitos em que professores e/ou estudantes perdem o controle emocional e, portanto, toda a racionalidade. Esses conflitos, em grau elevado como o citado ou os pequenos que se acumulam a cada dia, trazem profundo sofrimento psíquico aos docentes. O que é preciso reconhecer é que parte desses conflitos está marcado por processos inconscientes e que sua origem não é o fato objetivo que está posto na relação professor(a)/estudante. Dito de outra forma, nos momentos de transferência o professor não é o causador da manifestação do "instinto perverso" que se manifesta. Diante dessas manifestações, temos, como o analista, uma "pista" do conflito psíquico do estudante, e, portanto, é possível que possamos redirecionar essas manifestações para um campo produtivo e não desagregador.

As relações que um indivíduo estabelece com seus pares sofrem grande influência de seu convívio com os genitores, cuidadores, irmãos e irmãs. As construções psíquicas serão transferidas para a relação com os professores(as), sendo fontes de resistência ou facilidade para a aprendizagem. O conhecimento desses fatos, descobertos e esclarecidos pela Psicanálise, são fundamentais para que os docentes consigam lidar com seus sentimentos, abandonando as ações reativas quando enfrentam "os instintos perversos" que são manifestos por parte do estudante.

Para isso o professor precisa caminhar na direção contrária àqueles que "se convertem lenta, mas inexoravelmente, em vendedor de conhecimentos" (ADORNO, 1995, p. 105), e, portanto, em prático. Ou seja, alguém que repete ano após ano as folhas amarelas de seu planejamento, que transforma a experiência educativa em produto a ser fornecido por ele e consumido pelo estudante. Andar em caminho contrário a esse requer do docente um compromisso com a dimensão ética do ofício de ser professor. E, nesse sentido, trouxemos contribuições da Psicanálise e da Teoria Crítica frankfurtiana, pensamos ser de fundamental importância para aqueles que estão engajados em exercerem influência sobre os estudantes tanto pela ciência que ensinam quanto pela personalidade que têm. E que essas influências sejam positivas!

Referências

ADORNO, Theodor W. **Educação e emancipação**. 6. ed. Rio de Janeiro: Paz e Terra, 1995.

ADORNO, Theodor W.; HORKHEIMER, Max. **Temas básicos da Sociologia**. São Paulo: Cultrix, 1973.

COELHO, Ildeu Moreira. Qual o sentido da escola. *In:* COELHO, Ildeu Moreira. **Escritos sobre o sentido da escola**. Campinas: Mercado das Letras, 2012. p. 59-85.

FREUD, Sigmund. **O ego e o id e outros trabalhos (1923 - 1925)**. Rio de Janeiro: Imago, 1996a. (Coleção Standard Brasileira das Obras Psicológicas Completas de Sigmund Freud, v. XIX)

FREUD, Sigmund. **O futuro de uma ilusão, O mal-estar na civilização e outros trabalhos (1927 - 1931)**. Rio de Janeiro: Imago, 1996b. (Coleção Standard Brasileira das Obras Psicológicas Completas de Sigmund Freud, v. XXI)

FREUD, Sigmund. **Totem e tabu e outros trabalhos (1913 -1914)**. Rio de Janeiro: Imago, 2006. (Coleção Standard Brasileira das Obras Psicológicas Completas de Sigmund Freud, v. XIII).

GARCIA-ROZA, Luiz Alfredo. **O mal radical em Freud**. 5 ed. Rio de Janeiro: Jorge Zahar, 2004.

LAPLANCHE, Jean; PONTALIS, Jean-Bertrand Lefebvre. **Vocabulário da Psicanálise**. 4 ed. São Paulo: Martins Fontes, 2008.

LEITE, Julia Cristina Tosto. Dimensões do amor. **Ágora**: Estudos Em Teoria Psicanalítica, Rio de Janeiro, v. 8, 2005. Disponível em: https://doi.org/10.1590/S1516-14982005000100012. Acesso em: 28 jan. 2023.

LEVINZON, Gina Khafif. Transferência negativa e interpretação: com quem estamos nos comunicando? **Revista Brasileira de Psicanálise**, v. 54, n. 2, São Paulo abr./jun. 2020 Disponível em: http://pepsic.bvsalud.org/scielo.php?script=sci_arttext&pid=S0486-641X2020000200011#:~:text=Informar%20ao%20paciente%20o%20que,sentimento%20de%20desencontro%20e%20frustra%C3%A7%C3%A3o. Acesso em: 25 fev. 2023.

RIOS, Terezinha Azerêdo. A dimensão ética da aula ou o que nós fazemos com eles. *In:* VEIGA, Ilma passos (org.). **Aula:** gênese, dimensões, princípios e práticas. 2. ed. 3 reimp. Campinas: Papirus, 2013. p. 73-93.

SANTOS, Manoel Antônio dos. A transferência na clínica psicanalítica: a abordagem freudiana. **Temas e Psicologia**, n. 2, 1994. Disponível em: http://pepsic.bvsalud.org/pdf/tp/v2n2/v2n2a03.pdf. Acesso em: 28 jan. 2023.

Capítulo 4

ADORNO E A EDUCAÇÃO NO *ADMIRÁVEL MUNDO NOVO*

Antonia de Paula Ribeiro

A crítica à razão instrumental, ao positivismo lógico, aos mecanismos totalizantes e homogeneizantes dos meios de comunicação de massa e aos modelos de educação não fundados na formação de um pensamento crítico e na formação integral, emancipada, do ser humano, compõe alguns temas das obras de Theodor W. Adorno (1903-1969). O momento histórico inclui a 2ª Guerra Mundial (1939-1945) e o que se segue, quando o avanço do capitalismo passa a moldar as sociedades não apenas no plano econômico, mas conduz as vidas humanas em todas as suas dimensões, imiscuindo-se em todos os planos da vida social, interferindo na organização e modelagem dos sistemas educativos, na divulgação de publicações que reforçam e contribuem para melhorar as formas de controle social pelo embaçamento das mentes e tudo o que a "mão invisível do mercado" arrebata aos seus desígnios. Nesse período também, é publicado o romance *Admirável Mundo Novo* (1932), que antecipa, na ficção, a seleção genética e o condicionamento do comportamento dentro de um sistema social. Esse é o cenário em que Adorno vislumbrou a urgente necessidade de se centrar esforços na educação das novas gerações. Seus escritos sobre educação estão na base do trabalho que ora se apresenta.

Teoria crítica e educação

Neste texto pretendemos situar convenientemente o pensamento de Adorno (1903-1969) sobre uma educação — como elemento vital da sociedade na busca por uma consciência crítica — capaz de conduzir os seres humanos à emancipação, à compreensão crítica da história pelo uso sensível da razão e sua pertinaz insistência em se evitar o avanço da anticivilização, que foi caracterizada pela barbárie internalizada, que se expressa em genocídio (como na 2ª Guerra Mundial), mas também na violência aceita nas relações, nas instituições e nos costumes, com resultados desastrosos para a civilização[23].

Salientamos, também, que este estudo não pretende aprofundar-se nos temas postos em evidência no momento histórico no qual Adorno debate ou publica ensaios sobre Educação, senão compor um cenário de ideias que, de certa forma, possuem relação com a totalização do pensamento que Adorno desejaria evitar. Essa é a razão de mencionarmos a ficção — tão próxima da realidade — que se vislumbrava no horizonte do capitalismo em avanço. Ao referendar o sistema capitalista instaurado — pelo uso indevido ou desvirtuado das ideias, pela parcialidade conveniente ou pela conivência aderente —, à revelia ou não, as ciências, as teorias e as técnicas passaram a incorporar o *referendum* capitalista. *Admirável Mundo Novo* demonstra como as ciências poderiam ser utilizadas para produzir e condicionar tipos humanos específicos, destinados a funções específicas dentro de uma cadeia produtiva e programados para a aceitação plena dos desníveis sociais.

Procuramos conduzir o texto para as generalizações que estabelecem a relação entre os ensaios de Adorno sobre educação e o sistema social estruturado, uma vez que a teoria crítica, na perspectiva sócio-histórica ampla em que insere a educação, se atém à amplitude do que chamamos civilização. Educação para humanização, civilidade, para a autonomia de pensamento e reconhecimento da cultura da barbárie – a ser combatida.

Pela leitura da *Gênese da teoria crítica* (JAY, 2008), compreendemos como as preocupações filosóficas dos integrantes da Escola de Frankfurt – principalmente Marcuse (1898-1979), Benjamin (1892-1940), Horkheimer (1895-1972) e Adorno 1903-1969) — tenderam para "a certeza de que o papel do intelectual era continuar a pensar no que estava se tornando cada vez mais impensável no mundo moderno. [Assim] A Teoria Crítica passou a se dedicar exclusivamente ao exame da realidade social e cultural" (JAY, 2008, p. 126).

O mundo admirável: ficção capitalista

Para se forjar um modelo de sociedade cujos valores viessem a sobrepujar ou substituir os valores sociais historicamente construídos, seria necessário que houvesse adesão às novas ideias, à nova ordem, mas não pela

---

[23] "Civilização" utilizada nesse contexto como vida intelectual, formação humana, civilidade, como contrária à violência em todas as suas formas.

força, menos pela imposição pura e simples, e sim pela persuasão imperceptível, sub-reptícia — ao mesmo tempo objetiva quanto aos fins, porém disfarçada, e, até certo ponto, subjetiva quanto aos meios. Para a consecução desse projeto, todos os mecanismos sociais deveriam ser acionados para um constante e maciço bombardeio de inculcação dos novos paradigmas, sob as mais variadas formas, sob diversos aspectos e inocentes intenções, jamais declarando-os como impositivos. A promessa futura de bem-estar, como um paraíso almejado, representava um apelo poderoso: quem não gostaria de alcançar segurança material e felicidade?

As ciências se encontravam em pleno desenvolvimento, e as pestes, que tantas vezes assolaram as populações, estavam agora relativamente sob controle. Havia confiança na ciência. As técnicas geravam as fábricas ou modernizavam-nas, assim como proporcionavam mobilidade nos transportes e meios de comunicação.

A concepção de que o ser humano possui uma essência "divina", devendo, pois, cada um, individualmente, e todas as instituições, coletivamente, concentrarem esforços na condução do ser em busca de seus melhores ideais e no desenvolvimento de suas capacidades, para se apresentarem dignos diante de Deus, não se adequaria aos propósitos da moderna sociedade em transformação.

O "ser" dos homens, portanto, não proviria de origem divina, mas de sua razão, da sua capacidade de pensar em situações concretas e de agir em sociedade segundo princípios referendados pela própria civilização. A responsabilidade, assim, do uso adequado da razão é individual, e, embora sofra influências do meio, não há como responsabilizar a sociedade e, tampouco, a Deus, pelo fracasso ou sucesso dos indivíduos. Um ser historicamente constituído, dotado de razão, capaz, portanto, de agir sobre seu ambiente e alterar as suas condições materiais de vida, de vencer as adversidades e de elevar-se sobre os outros homens — para submetê-los aos seus propósitos, ou para guiá-los nos seus destinos sociais. Pois a cada cidadão caberia o sentido de utilidade dentro de seu posto de trabalho, em sua posição social, em prol da coletividade.

Certamente não seria tão fácil substituir Deus, mas se poderia enfraquecer as religiões existentes e multiplicar as opções religiosas cujas doutrinas fossem mais condizentes com a nova era. O medo, aliás, sempre foi um instrumento bastante eficiente de dominação e de contenção dos povos em todas as épocas e civilizações. Minimizando-se as noções sobre pecados, flexibilizando-se moralmente os costumes, alguns pecados poderiam ser transformados em leis, com severas punições, garantindo-se a ordem social, garantindo-se a inviolabilidade da propriedade e a estabilidade social na manutenção das classes subalternas confinadas à ignorância, ao trabalho degradante e no temor de perder o assistencialismo (a caridade da igreja e a benevolência do estado).

Dentro de tal modelo de sociedade, a filosofia deveria confrontar-se ou conformar-se com a ciência, e seus princípios não seriam exatamente desmentidos, mas distorcidos por reinterpretações adaptadas ao novo tempo. Se, por exemplo, se enfatizava a consciência humana como constitutiva do mundo, se havia contradições e oposições ao conceito de verdade, dado que a verdade poderia ser a verdade de um tempo histórico ou de uma cultura específica, ou mesmo se pudesse haver as verdades universais, essas também poderiam ser questionadas e, talvez, até desmitificadas ou destruídas por argumentações razoáveis.

Era preciso subverter o que, antes, levaria à análise, à condição de aceitação; questionar os benefícios que especulações e lucubrações propiciaram em termos de resultados em comparação com a racionalidade, a lógica objetiva do pensamento moderno; desqualificar as visões opostas sem negá-las de todo — pelo contrário, era necessário valer-se delas na formulação de ideologias que, na subjacência, homologa outras lógicas de ação sobre os homens.

Se é pelo trabalho que o homem se insere no meio social, transforma e amolda a natureza às suas necessidades e modifica seu meio no relacionamento com os demais seres humanos, produzindo subsistência, formas de vida em comunidade e criando cultura à medida que suas experiências se socializam, então o controle da oferta de trabalho, do tipo de trabalho, das condições de trabalho e do valor trabalho é ponto imprescindível para o sistema. Mas não basta que o homem trabalhe. É preciso que aprecie sua condição, mesmo que ela destrua o seu corpo e sua mente, pois, além do dever e da sobrevivência, há a autodeterminação de utilidade social.

Ao abolir a escravidão e instaurar-se o trabalho livre, seria preciso estabelecer-se outro processo de subserviência, agora baseado na necessidade, na legalidade e na manipulação das relações de trabalho, a partir do estabelecimento do valor de cada atividade, categoria ou natureza de operação, dentro de uma estrutura e da lei da oferta e da procura, isto é, do trabalho equivalente à mercadoria.

Os homens e mulheres pertencentes às categorias sociais "subalternas" e/ou às origens étnicas "inferiores", na perspectiva de superar as condições de vida presentes pelo esforço, empenho e sacrifícios, saindo da periferia social para a inserção na sociedade, pelo rigoroso cumprimento dos deveres para com a Pátria, para com Deus e para com a família, alçar-se-iam à condição respeitável de cidadania, sob a cobertura de direitos.

Convencidos de pertencerem a uma cultura inferior, proveniente de suas origens — em alguns casos — ou da indolência que os mantiveram em "atraso", deveriam desprezar doravante essa cultura, eliminando, aos poucos, os indícios de a ela pertencerem, livrando-se do preconceito que poderia prejudicá-los rumo à ascensão social desejável, dentro de padrões superiores de uma cultura superior. O progresso para todos se abre em possibilidades; as oportunidades são variadas; o poder de prosperar pela motivação e disciplina se constitui na vontade e no trabalho.

Ao proclamar o ser autônomo, cuja essência está na razão, um indivíduo socialmente responsável, particular, mas, ao mesmo tempo, universal pelo dever e compromisso com a coletividade, um ser condicionado pelo ambiente e situação socioeconômica, sujeito às leis e à ordem, com liberdade para trabalhar, liberdade para consumir e com oportunidades de ascender econômica e socialmente, faltaria, então, ao sistema garantir essas premissas, para permitir que "a mão invisível do mercado"[24] pudesse agir sem problemas.

A aridez da instrumentalidade e da racionalidade técnicas — imperativas e imperantes na divisão do trabalho e nas suas relações — seria suavizada pela subjetividade mediada, pelo consumo da diversão pública produzida pelos meios de comunicação de massa[25]. Substituindo a experiência de prazer pela homogeneização mimética produzida e consumida para gerar certas emoções programadas, previstas, reforçava-se a manipulação nos mesmos formatos e esquemas das fábricas. Nada a conduzir a relações de pensamentos, nada a fermentar ideias, apenas a repetição idiotizante sob esquemas e roteiros totalizantes: moldagem, modelagem, controle, estruturação, estímulos programados, repertórios compartilhados, controle de ambiente, respostas esperadas, efeitos previstos.

---

[24] Autorregulação do mercado; conceito de Adam Smith (1723-1790) em *A Riqueza das Nações*, publicado pela primeira vez em 9 de março de 1776.

[25] Meios de Comunicação de Massa para Adorno – instrumento do capitalismo para indução ao consumo, que concebe o indivíduo como consumidor, que falseia a realidade impedindo a formação consciente e a autonomia de pensamento.

As manifestações coletivas espontâneas, transformadas em espetáculos, desvirtuariam o sentido de raiz cultural, desmantelando-se o significado de pertencimento comunitário, identitário; assim como o mercado de arte absorveria a expressão autêntica, permanecendo o valor da arte relacionado apenas ao estabelecimento de preço. A mesma banalização da reprodução fotográfica se estende às obras de arte[26], perdendo-se o valor e a qualidade de unicidade. Tudo o que se constituía "sagrado" na civilização foi destronado, ou substituído.

Ao retomarmos a ficção literária, no intento anunciado no início deste texto, após todas as considerações anteriores, resta-nos fazer perguntas diante da "tragédia anunciada".

Seria, então, necessário se utilizar seleção de genes em laboratórios sofisticados para se determinar a classe a que pertenceria cada indivíduo e profissão no futuro?

Seria preciso alimentar diferentemente os embriões, ingerir-lhes substâncias tóxicas, retardar seu crescimento e sua inteligência, dar choques elétricos em bebês para que tivessem aversão eterna aos livros e às flores, para que desenvolvessem o horror ao conhecimento e à beleza como resultado da experiência dos choques?

Controlar cada fluxo de nutrientes por tubos ligados aos embriões com a finalidade de alimentar (ou não, ou não tão bem) seus corpos, de acordo com seus lugares determinados na escala social, aos tipos de trabalho em conformidade com suas aptidões ou capacidades programadas, dando tratamento diferenciado à formação dos embriões destinados à casta de líderes e administradores?

Certamente que não. Sem recorrer à seleção laboratorial, diferenciações ocorreriam mais lentamente — mas progressivamente — por mecanismos mais sutis, com resultados semelhantes.

Admirável Mundo Novo foi publicado pela primeira vez em 1932, entre duas grandes guerras, quando já se fermentavam os novos tempos contraditórios da Modernidade. Aldous Huxley (1896-1963) antecipou, na ficção, a pesquisa genética, a reprodução em laboratório e o condicionamento psicológico manipulatório. As castas exatas mantidas por diferenciações genéticas e manipulações mentais permitiram as identificações específicas

---

[26] A reprodutividade das obras de arte – para Adorno, a transformação da arte em simples mercadoria segundo o mesmo padrão dos demais produtos de mercado, e a mesma lógica de produção (homogeneização, padronização) industrial para um produto cultural — ideologicamente comprometido — a ser consumido. Além de um bombardeio (propaganda) que se constitui na principal estratégia de massificação pelo consumo acrítico.

de classe e as cores também exclusivas para cada uma: uniformes. A técnica de repetição, várias vezes, dia e noite, em larga escala no processo de inculcação. Outros esquemas de controle e compensação também aparecem na ficção: comportamentos previstos, controle emocional absoluto, contato afetivo desaconselhável, lazer planejado, eficiência total no trabalho, envelhecimento adiado...

A atualidade do pensamento de adorno

Com aguçada percepção do mundo e das ideias circulantes e predominantes, Adorno, pensador do século 20, filósofo, musicólogo, sociólogo, de formação sólida, culto e sensível à liberdade de pensamento, percebeu a trilha para o abismo — marcada com letras de neon — no caminho da civilização. Após um período de refúgio nos EUA, exilado durante a 2ª Guerra Mundial (1939-1945), ainda mais nitidamente, pelo adiantado estágio do capitalismo naquele país, as inovações dos meios de comunicação de massa e o gigantismo que já logravam alcançar, compreendeu que as forças de combate deveriam se concentrar na formação das mentes, no desenvolvimento crítico das inteligências e no refugo às formas homogeneizadoras e totalizantes que avançavam sobre as consciências, sutil e sorrateiramente, em todas as direções, utilizando-se das mais atraentes e sedutoras natureza e aparência de espetáculo, diversão, manifestação cultural.

Os horrores do holocausto[27], perpetrados por Hitler (1884-1945) e seus aliados na 2ª Guerra Mundial, nos campos de concentração e fora deles, nas formas de persuasão, submissão e, até certo ponto, concordância aos desígnios do ditador, os modelos de treinamento de tropas, a fidelidade e confiança no líder, a utilização de cientistas e estrategistas, preparação bélica etc. haviam apontado inconciliáveis inconsistências e dicotomias entre os altos ideais humanos e a barbárie[28] que o mundo testemunhou.

Como, então, resgatar o humano sensível, capaz de inteligência e de ações progressivas, éticas e civilizadas? O que poderia ser feito para que Auschwitz não se repetisse? (ADORNO, 1945). De que maneira, por que meios a civilização poderia encontrar seu caminho de evolução sem recair na violência e no obscurantismo? Uma das respostas estaria, talvez, na formação das novas gerações, e, para tanto, toda a sociedade humana

---

[27] Holocausto – perseguição, confinamento e assassinato de 6 milhões de judeus na Europa entre 1933 e 1945; genocídio motivado pelo antissemitismo.

[28] Barbárie – segundo Adorno "[...] uma regressão à violência física primitiva, sem que haja uma vinculação transparente com objetivos racionais na realidade".

deveria se engajar nesse projeto. Não se trataria de realizar um milagre, mas de compreender a história, a realidade, isto é, como os fatos e ideais em evolução chegaram ao estado em que a razão — enquanto compreensão objetiva e subjetiva do mundo — cedeu lugar a um racionalismo perverso e sombrio, com consequências gravíssimas para a humanidade.

> Não se deve esquecer que a chave da transformação decisiva reside na sociedade e em sua relação com a escola. Contudo, neste plano, a escola não é apenas objeto. A minha geração vivenciou o retrocesso da humanidade à barbárie, em seu sentido literal, indescritível e verdadeiro. Esta é uma situação em que se revela o fracasso de todas aquelas configurações para as quais vale a escola. Enquanto a sociedade gerar a barbárie, a partir de si mesma, a escola tem apenas condições mínimas de resistir a isso. Mas se a barbárie, a terrível sombra sobre a nossa existência, é justamente o contrário da formação cultural, então a desbarbarização das pessoas individualmente é muito importante. [...] Este deve ser o objetivo da escola, por mais restritos que sejam seu alcance e suas possibilidades. (ADORNO, 1995, p. 116).

Adorno (1945) produziu vários ensaios sobre educação, insistindo na necessidade da formação desde a primeira infância (a partir do texto *Educação após Auschwitz),* na solidez de um conceito educativo integral de desenvolvimento cultural civilizatório, amplos recursos para se alcançar a qualidade do ensino no enfoque que chamou de político, assim como a indispensável e urgente formação dos professores. O autor não trata a educação nas particularidades temáticas desta, mas dentro de uma perspectiva sociológica, indicando o caráter social ameaçador que persiste sem questionamento na civilização e se encontra no inconsciente ou consciente — freudianamente se expressando — das pessoas e, portanto, compõe o modelo de ensino institucionalizado. É justamente contra essa ameaça que deve atentar-se a educação.

Um dos aspectos principais é que, paralelamente ao avanço, a civilização produz o seu contrário, a anticivilização, isto é, a barbárie. A pressão social nasce dentro da própria estrutura em que se sustenta e se manifesta em atos individuais e coletivos de violência. É na leitura de Freud (1856-1939) que Adorno (1945) sustenta os argumentos a seguir:

> [O Mal-estar na Cultura] Ela é ainda mais abrangente do que ele mesmo supunha: sobretudo, porque, entrementes, a pressão civilizatória observada por ele multiplicou-se em uma

> escala insuportável. Por essa via as tendências à explosão a que ele atentara atingiram uma violência que ele dificilmente poderia imaginar. Porém o mal-estar na cultura tem seu lado social [...] É possível falar da claustrofobia das pessoas no mundo administrado, um sentimento de encontrar-se enclausurado numa situação cada vez mais socializada, como uma rede densamente interconectada. Quanto mais densa é a rede, mais se procura escapar, ao mesmo tempo em que precisamente a sua densidade impede a saída. Isto aumenta a raiva contra a civilização. Esta torna-se alvo de uma rebelião violenta e irracional (ADORNO, 1995, p. 122).

Adorno expressa a dúvida se apenas clamar aos valores humanitários possa conduzir eticamente uma civilização que destroça o ser humano individualmente, desagregando-o de suas qualidades intrínsecas e de seu potencial de resistência para se contrapor às tendências coletivas "desenvolvidas logo abaixo da vida civilizada e ordenada" (ADORNO, 1995, p. 122). Ao constatar que a mesma desagregação da sociedade é responsável pela facilidade com que adere a uma consciência exterior, assumindo atitudes subtraídas de qualquer reflexão moral ou crítica, Adorno aponta alternativas em dois pontos a se alcançar pela educação: a autorreflexão crítica como o sentido da educação e a formação a partir da primeira infância (ADORNO, 1995, p. 121). A seu ver, as raízes psicológicas e as tendências sociais que geram e alimentam o potencial autoritário da civilização devem ser explicitadas, de maneira a se expor os mecanismos de sua formação e penetração, embora nem todos sejam passíveis de eliminação apenas pela ação educativa. Nesta, porém, deve-se particularmente questionar os rigores da disciplina e o equívoco da severidade, assim como o papel da autoridade.

É pela leitura de Freud que Adorno (1995) destaca a formação do caráter autoritário das relações e da personalidade autoritária como alguns traços responsáveis pela geração de costumes e de conceitos a eles relacionados, que reforçam desvios de comportamento nos planos individual e coletivo. O excesso de severidade, o louvor à virilidade, a repressão do medo, a submissão à autoridade, a competitividade exacerbada e atitudes que se baseiam tanto na dominação quanto na sujeição, e que conduzem à incapacidade de experiências reais de contato social, canalizam as emoções tanto para o ressentimento e a fúria (reprimida) quanto ao prazer de exercer a dominação e causar sofrimento a outrem. O caráter narcísico e manipulador (bastante propenso a se manifestar em lideranças despóticas) possui características ainda mais perniciosas pela ausência total de experimentação de emoções verdadeiras que, ao mesmo tempo, coisifica a si e transforma os demais também em coisas.

É exatamente na civilização em que predominam os mecanismos de ajustamento, adaptação, moldagem, que os homens perdem a base de sua realidade histórica, a consciência de ser no mundo, principalmente porque o que deveria ter sentido e significado — o trabalho e as relações sociais e afetivas — são esvaziadas.

As possibilidades da educação

Um dos primeiros questionamentos de Adorno em *Educação – para quê?* (1995, p. 139-154) é sobre a expressão "modelo" de educação, ou "modelo ideal". Dado que a simples palavra remete a encaixe, amoldagem, conformação, ele a relaciona com o termo "heteronomia", "o que é imposto do exterior", justamente o contrário do que seria esclarecimento, emancipação a partir da linguagem e do pensamento interior de desenvolvimento da "consciência verdadeira" (ADORNO, 1995, p. 141). Essa concepção de Adorno induz às diferenças entre instrução — como transmissão de conhecimentos dentro de um processo de ensino ou treinamento — e educação — como formação intelectual e ética do ser humano, que também requer ensino, mas adquire, em relação às pedagogias práticas, um significado mais profundo (ou superior).

Conforme o seu conceito de educação, Adorno (1945) argumenta que a ideia de emancipação (referenciando-se em Kant) é abstrata, mas remete precisamente a dois pontos, sendo o primeiro o esclarecimento sobre a organização do mundo como se encontra e a ideologia (como falseamento da realidade e das formas de se pensar a realidade), ou ideologias que o sustentam, obscurecendo as consciências e pressionando as pessoas à adaptação — que se constitui no segundo ponto.

A adaptação tenderia à maneira pela qual as pessoas enfrentam a realidade, referindo-se mais ao discernimento do que ao ajustamento. Para compreender a desmesurada força que exerce a adaptação nos indivíduos, seria preciso desvendar o processo automático de sua ocorrência, que se dá em todos os contextos. Reiterando as possibilidades em apenas duas frentes, Adorno reforça a importância da compreensão da realidade histórica e a educação para todas as classes sociais, havendo chance de se permitir o desenvolvimento de uma consciência autônoma, "um comportamento interior" espontâneo, pela intermediação entre consciência e realidade (1995, p. 145-146).

A própria estruturação dos sistemas de ensino estabeleceu compartimentações que se relacionam, em parte, com os níveis de maturidade dos alunos em proposições que se referem a graus de desenvolvimento de capacidades relativas à complexidade dos conhecimentos a serem ministrados. As formas, fórmulas, métodos, dispositivos, mecanismos etc. compõem um aparato que nem sempre se apresenta adequado ao que se poderia esperar em termos de compreensão de conteúdos e suas relações, ou de desenvolvimento da inteligência — no sentido de inferir realidades a partir de um conhecimento, até certo ponto, abstrato. Há dificuldades, então, em perceber sentido no aprendizado e aversão àquilo que não se apreende.

Para Adorno (1945, p. 149), a aversão à educação é um "antagonismo em relação à esfera da consciência", uma recusa à experiência ou uma manifestação de hostilidade proveniente de ressentimentos anteriores, como forma reativa que gera inaptidão à experiência, preferindo exatamente o contrário do que levaria ao esclarecimento e à formação de uma consciência esclarecida.

> [...] aquilo que caracteriza propriamente a consciência é o pensar em relação à realidade, ao conteúdo — a relação entre as formas e estruturas de pensamento do sujeito e aquilo que este não é. Este sentido mais profundo da consciência ou faculdade de pensar não é o desenvolvimento lógico formal, mas ele corresponde literalmente à capacidade de fazer experiências intelectuais. Nesta medida e nos termos que procuramos expor, a educação para a experiência é idêntica à educação para a emancipação. (ADORNO, 1995, p. 151).

O perigo de um sistema totalizante é que ele mais conduz as pessoas à identificação com orientações programadas do que com estímulos reflexivos, aceitando melhor modelos e padrões apresentados, do que a busca por sentido e significado. A dificuldade em assumir-se enquanto indivíduo produz a propensão para coletivos, buscando mais semelhanças que diferenças, uma posição mais exterior que interior. A essa dificuldade em emancipar-se, Adorno (1945, p. 178) chama a atenção para o conceito de papel social — no qual "prolonga-se a não-identidade dos seres humanos consigo mesmos. Isto é, quando a função é convertida em um padrão social".

Isso nos retorna à estruturação do sistema capitalista e à menção que fizemos ao livro de Aldous Huxley (2014). A superestrutura — um conceito da Teoria Marxista é usado aqui como modos de pensar, as visões de mundo, os componentes ideológicos — que condicionam os indivíduos em massa e funciona de maneira a minar a capacidade de resistência com tal eficiência que, estando completo o processo, já não haverá nem o desejo de emancipação e nem mesmo a consciência de fazer parte de um esquema proposital de embotamento do entendimento. Apenas o incômodo, a insatisfação, o mal-estar, segundo Freud[29], que não chega à superfície e não provoca reação adversa. As representações exteriores progridem em frieza e indiferença nas relações sociais, na ausência de emoções verdadeiras.

Para atentar contra essa impotência, seria necessário explicitar justamente as contradições irreconciliáveis que o próprio sistema traz consigo e os efeitos perversos que progridem rapidamente. Embora não se constituindo em tarefa fácil, é preciso acender e ascender o sinal vital das consciências como condição *sine qua non* para a existência de uma porção humana na civilização admirável. Adorno (1945, p. 185) arremata em *Educação e Emancipação* que as ânsias de transformar encontram fortes oponentes, e são "submetidas à potência avassaladora do existente". Mas a história ainda não chegou ao fim.

O pensamento de Adorno (1945) apresenta-se com absoluta atualidade, pois as questões que fizeram as preocupações de seu tempo ainda fazem parte do nosso. Nossa sociedade progressivamente enreda-se nos fios condutores do sistema de organização social que agravam suas contradições e dificultam o pensamento crítico, dentro de uma ordem econômica que produz cada vez mais atração e consumo e, também, mais miséria e violência. E, mesmo agora, se nos perguntássemos se esta é uma época esclarecida, ainda obteríamos a mesma resposta: "não, mas certamente uma época de esclarecimento" (KANT *apud* ADORNO, 1995, p. 181).

A própria dialética social gera na ordem o seu contraponto, o contraste que nos obriga à reflexão e permite ainda pensar dentro de bases que buscam a compreensão, o entendimento do mundo e a inviabilidade de se seguir a trilha de neon que nos ofusca a consciência. Não estar de acordo, não se conformar, não aderir, mesmo que pareça pouco, é uma forma de resistência. Nossa ação alcança, talvez, pequena abrangência, mas o que não podemos é estabelecer o limite em nós mesmos, enquanto indivíduos e enquanto sociedade. É uma forma diferente de luta, porque lutamos por chances, por possibilidades de construir uma humanidade melhor. É preciso insistir.

---

[29] *O Mal-estar na Civilização* foi publicado pela primeira vez em 1930. Aqui, utilizamos uma edição de 2010.

Referências

ADORNO, Theodor W. **Educação e emancipação**. Tradução de Wolfgang Leo Maar. Rio de Janeiro: Paz e Terra, 1995.

ADORNO, Theodor W. **Palavras e sinais**: modelos críticos. Petrópolis: Vozes, 1995.

ADORNO, Theodor W. **Ensaios sobre psicologia social e psicanálise**. São Paulo: Editora Unesp, 1985.

ADORNO, Theodor W.; HORKHEIMER, M. **Temas básicos de sociologia**. 2. ed. São Paulo: Cultrix, 1978.

ADORNO, Theodor W.; HORKHEIMER, M [1947]. **Dialética do esclarecimento**: fragmentos filosóficos. Rio de Janeiro: Zahar, 1985.

FREUD, Sigmund. **O mal-estar na civilização**. São Paulo: Cia das Letras, 2010.

JAY, Martin. **A Imaginação dialética**: história da Escola de Frankfurt e do Instituto de Pesquisas Sociais 1923-1950. Rio de Janeiro: Contraponto, 2008.

KANT, Immanuel. Que significa orientar-se no pensamento? *In:* KANT, Immanuel. **Textos seletos**. 3. ed. Petrópolis: Vozes, 2005.

SCAREL, Estelamaris B. A cultura da violência e o processo formativo para a experiência: notas a partir da reflexão sobre a educação após Auschwitz. **Inter-Ação**, v. 43, n. 2, p. 325-340, maio/ago. 2018a.

SCAREL, Estelamaris B. A teoria crítica da sociedade e a educação para a formação humana: pontuações para se repensar os processos formativos na perspectiva emancipatória. **Rev. Sul-Americana de Filosofia e Educação**, n. 29, p. 56-70, nov. 2017/abr. 2018b.

Capítulo 5

A TRAJETÓRIA HISTÓRICA DO SETEMBRO AZUL PARA AS PESSOAS COM SURDEZ: UM OLHAR A PARTIR DE AUSCHWITZ

Eliane Batista de Souza Moreira
Divino de Jesus da Silva Rodrigues

Introdução

O partido nazista chegou ao poder na Alemanha em 1933, baseado em uma crença ariana de uma sobreposição racial que seria responsável pelo desenvolvimento da civilização humana, com uma elaboração de escala evolutiva racial, iniciando pelos negros, indígenas, asiáticos e, por último, os brancos. Nessa concepção as pessoas altas, brancas e de cabelos claros atendiam aos pré-requisitos dessa raça, excluindo os demais que não se encaixavam nesse perfil, inclusive as pessoas com deficiência.

Na chegada a Auschwitz, as pessoas eram surpreendidas por uma seleção comandada pelo jovem médico Dr. Josef Mengele (1911-1979), separando homens, mulheres e crianças, com a finalidade de escolher aqueles que apresentavam boas condições físicas para o trabalho. Nesse sentido, as pessoas com deficiência eram direcionadas imediatamente para as câmeras de gás para serem exterminadas, pois não atendiam às expectativas raciais e não estavam aptas para atividades laborais.

Em 1939 é criado o Programa Eutanásia. Inicialmente as pessoas consideradas irrecuperáveis eram encaminhadas para esses centros de eutanásia. Com o aumento de casos, passaram a usar as câmeras de gás, contudo isso gerou uma imagem negativa. Alguns membros da igreja católica receberam visitas da polícia secreta. Esse massacre de pessoas com deficiência gerou uma política segregacionista e eugenista, acarretando a eliminação de idosos e bebês de até 3 anos de idade. Uma equipe médica era responsável por decidir o destino dessas pessoas. Caso fossem inaptas, eram sacrificadas ou abandonadas à morte.

Após essa atrocidade cometida com as pessoas com deficiência durante o Holocausto[30], as pessoas com surdez criaram o Movimento Setembro Azul como forma de resistência ao nazismo, sendo os deficientes identificados por uma faixa azul no braço. O nazismo trouxe consequências marcantes para as pessoas com deficiências, causando segregação, ignorância e rótulos. Com isso, os surdos se mobilizaram para defender uma educação que atendesse à sua cultura e à sua língua.

Nesse sentido, o Movimento do Setembro Azul foi criado para demonstrar o descontamento que os surdos tinham com o modelo de educação ofertado, e para sepultar a influência negativa causada pelo nazismo, foi escolhida a cor preta simbolizada pelas camisetas, e as fitas azuis em formato de laço no peito próximo ao coração, para os presentes no evento. O projeto defendia a educação bilíngue. A cidade de São Paulo concentrou uma multidão de surdos, familiares de surdos e ouvintes que defendiam essa proposta. O Setembro Azul foi um marco para que as pessoas com surdez tivessem o direto a uma educação bilíngue, inaugurando direitos inéditos para a melhoria do convívio social e cultural das pessoas com surdez.

Pessoas com deficiência em Auschwitz

Com apoio da burguesia[31], Adolf Hitler (1889-1945) chega ao poder na Alemanha em 1933, a extrema-direita do Partido Nazista utilizou discursos nacionalistas para conquistar o povo alemão e teve como ferramenta o contexto da humilhação do Tratado de Versalhes e a grave crise econômica mundial durante a Grande Depressão (SECCO; LUNARDI, 2016), segundo as informações que se seguem:

> No contexto da humilhação alemã diante do Tratado de Versalhes e da grave crise econômica pela qual passava o mundo durante a Grande Depressão, o povo alemão foi conquistado pelos discursos nacionalistas de extrema direita do Partido Nazista. Com o apoio da burguesia — temerosa diante do

---

[30] "Holocausto ou Shoah (palavra hebraica que significa, literalmente, 'destruição, ruína, catástrofe') é o termo utilizado para denominar o fenômeno de destruição sistemática — perseguição, exclusão sócio-econômica, expropriação, trabalho forçado, tortura, ghetoização e extermínio de seis milhões de judeus da Alemanha e da Europa ocupada entre 1933 e 1945 pelo regime nacional-socialista, desempenhando o aprimoramento da técnica a favor do assassinato em massa um papel importante na dimensão e eficiência do extermínio. Essas seis milhões de vítimas representavam 65% da população judaica européia da época e 30% da população judaica no mundo. O Holocausto tornou-se o símbolo representativo da barbárie do século XX" (FFLCH DIVERSITAS, 2022, s/p).

[31] "Burguesia entende-se a classe dos capitalistas modernos, proprietários dos meios de produção social que empregam o trabalho assalariado" (MARX; ENGELS, 2008, p. 40).

> crescimento do socialismo — em 1933, Adolf Hitler chegou
> ao poder na Alemanha, logo instalando um regime totalitário.
> (SECCO; LUNARDI, 2016, p. 3).

Em sua obra *Mein Kampf* (Minha Luta), Hitler (1983) descrevia os principais elementos do nazismo com fundamentos na crença ariana de uma sobreposição racial, naturalmente superior e depositária do desenvolvimento da civilização humana, apontando "que em toda mistura de sangue entre o Ariano e povos inferiores, o resultado foi sempre a extinção do elemento civilizador" (HITLER, 1983, p. 186). Estava inclusa nessa obra, de acordo com Secco e Lunardi (2016), a sua teoria racial, afirmando que as características, habilidades e comportamentos humanos estavam diretamente ligadas *às* suas origens raciais e que eram transmitidas biologicamente de geração em geração de forma imutável.

> Os princípios que norteavam sua atuação e que exprimiam a ideologia nazista são expressos no seu livro *Mein Kampf*. Um dos mais importantes diz respeito à sua teoria racial. Baseado nos princípios pseudocientíficos do darwinismo social, Hitler afirmava que as características, habilidades e comportamentos dos seres humanos, bem como sua identidade étnica-nacional eram determinados por suas origens raciais, determinadas biologicamente, transmitidas de geração a geração de forma imutável. (SECCO; LUNARDI, 2016, p. 3).

Os nazistas elaboraram uma escala evolutiva entre as raças, iniciando pelos negros, vermelhos (indígenas), amarelos (asiáticos) e, por último, os brancos. Para os nazistas, as pessoas altas, brancas, de cabelos e olhos claros eram classificadas como "arianas". Nesse sentido o povo alemão e os germânicos, em geral, iriam descender dessa raça culminando em uma "seleção natural".

> Haveria uma escala evolutiva que começava com os negros, seguida pelos vermelhos (indígenas), amarelos (asiáticos) e, por fim, os brancos. Dentre estes, os nazistas acrescentaram os "arianos", representados como sendo pessoas altas, brancas, de cabelos e olhos claros. Os alemães e demais povos germânicos do norte da Europa descenderiam dessa raça superior. A história humana seria uma "seleção natural", baseada na constante luta racial, na qual sobreviviam apenas as raças mais fortes. (SECCO; LUNARDI, 2016, p. 3).

Nesse sentido, Neves (2018) destaca que a ideologia defendia a exlusão da comunidade nacional, com ações violentas do regime, daqueles que eram considerados como "outro", que eram os judeus, não arianos, homossexuais, negros e pessoas com deficiência, que deveriam ser exterminados de forma violenta.

> A ideologia nazista se baseava na "contraposição entre Volksgemeinschaft (comunidade do povo) e aqueles considerados como 'Outro' (judeus, não arianos, homossexuais, negros e pessoas deficientes) que deveriam ser combatidos e excluídos da comunidade nacional através de uma ação violenta do regime (NEVES, 2018, p. 22).

No relato do médico Dr. Miklos Nyiszli (1961), sobrevivente do campo de concentração de Auschiwitz, por meio da obra intitulada *Auschwitz: o testemunho de um médico*, é dito que, na sua chegada em Auschwitz junto com sua família, no primeiro contato os guardas pediram que eles fizessem um alinhamento ao longo dos trilhos. À frente estava posicionado um jovem médico uniformizado, portando uma braçadeira. "Mais tarde soube que era o médico-chefe do campo de concentração de Auschwitz. Como 'selecionador médico' para o campo, ele estava presente à chegada de todos os trens" (NYISZLI, 1961, p. 11). O Dr. Mengele era o médico "selecionador". Foi solicitado ao grupo uma divisão: o lado esquerdo era composto por velhos, pessoas com deficiências, doentes, as mulheres e as crianças menores de 14 anos; no lado direito, ficaram os homens e mulheres aptos para o trabalho (NYISZLI, 1961).

> O Dr. Mengele, o "selecionador" médico, fez um sinal. Dividíramos novamente em dois grupos. A coluna da esquerda incluía os velhos, os aleijados, os doentes, as mulheres e as crianças de menos de quatorze anos. A coluna da direita consistia somente de mulheres e homens de bom físico: aptos para o trabalho. Nesse último grupo notei minha mulher e minha filha de quatorze anos. Não tínhamos mais nenhum jeito de conversar, apenas podíamos fazer sinais um para o outro. (NYISZLI, 1961, p. 11-12).

As pessoas que eram levadas para Auschwitz desconheciam as atividades praticadas pelos nazistas. Nyiszli (1961) descreveu as condições precárias dos vagões de transporte, a falta de higiene, os crematórios imensos, a classificação de grupos e a surpresa em deparar-se com os procedimentos médicos adotados, na mutilação de corpos de gêmeos e de pessoas com deficiência que eram considerados aleijados, o grande número de pessoas que foram assassinadas, na busca de uma raça pura, dita ariana.

O massacre das pessoas com deficiência no Projeto Eutanásia

O princípio básico para a implantação do Projeto Eutanásia seria o comprometimento dos médicos de fazerem uma análise das fichas com uma classificação das deficiências, e posteriormente seria feita a captura e a prisão dessas pessoas. Secco e Lunardi (2016) afirmam que em 24 de agosto de 1941 o projeto foi encerrado, mas continuou ativo de forma sigilosa até 1945. Nesse período, de acordo com Barcelos (2021), foram assassinadas quase 300 mil pessoas com deficiência e doenças mentais pelos nazistas. A destruição dos documentos causou a obstrução na identificação das vítimas, resultando no último programa de extermínio em massa a ser admitido pelo governo alemão.

> De 1939 até 1945 entre 200 mil a 300 mil pessoas com deficiência e doenças mentais foram assassinadas pelos nazistas, não tem como se ter uma noção exata pois muitos documentos foram queimados, o que também dificulta o reconhecimento das vítimas, que apesar de ter sido o primeiro programa de extermínio em massa, foi o último a ser admitido pelo governo alemão. (BARCELOS, 2021, p. 67).

Os deficientes eram considerados inúteis para o projeto de sociedade de Hitler. Ele acreditva que essa mistura faria que seu projeto fracassasse, e a raça ariana iria se tornar imperfeita nos aspectos físicos e mentais. Nessa perpectiva o governo nazista inicia o projeto Aktion T4, apelidado eufemisticamente de "Eutanásia", nomenclatura que não deveria ser utilizada, pois se tratava de uma morte que causava muito sofrimento (GOLDIM, 1998).

Esse projeto foi criado em 1939: "o programa de eutanásia para doentes irrecuperáveis que estavam internados em hospitais, após Hitler receber uma carta dos pais de uma criança cega e doente pedindo uma 'morte misericordiosa' para o filho" (MEDEIROS, 2020, p. 7). As pessoas, como afirma Medeiros (2020), eram encaminhadas pelos médicos, no princípio, para os centros de eutanásia, onde recebiam injeções letais. Com o crescente aumento de pacientes, passaram a utilizar câmeras de gás.

> Estas, a propósito, foram utilizadas pelos nazistas pela primeira vez no Aktion T4, servindo de referência para as câmaras de gás dos campos de concentração onde morreram cerca de 6 milhões de judeus durante o Holocausto, entre 1941 e 1945. As famílias eram notificadas das mortes apenas após a cremação dos corpos. O programa foi encerrado em 1941, após padres denunciarem nas igrejas, durante as missas, o

> projeto de eutanásia. Por isso, alguns membros da Igreja Católica chegaram a ser visitados pela Gestapo, a polícia secreta do Terceiro Reich. (MEDEIROS, 2020, p. 7).

Após a definição dessa ideologia da sobreposição da raça ariana em relação às outras, emerge uma política segregacionista e eugenista. Secco e Lunardi (2016, p. 4) destacam que "atingiu grupos raciais, religiosos e políticos considerados inferiores, judeus, afro-alemães, ciganos, Testemunhas de Jeová, comunistas, os deficientes físicos e mentais, pervertidos e depravados (homossexuais, mulheres promíscuas, alcoólatras, mendigos)" Isso acarretou, como salientam os autores, a eliminação de pessoas idosas, deficientes e de bebês de até 3 anos, que passavam por uma equipe formada por três médicos. Caso fossem considerados inaptos, eram sacrificados por doses letais de medicamentos ou abandonados para morrerem de fome ou por falta de cuidados.

> A eliminação dos idosos, já que não serviam para a guerra e estavam incapacitados; dos deficientes que, como "incapazes" e "disformes", não podiam "contaminar" e enfraquecer a sociedade; e também dos bebês até 3 anos que eram analisados por uma equipe de 3 profissionais médicos e, se houvesse consenso quanto à sua inaptidão — "uma vida que não merecia ser vivida" — eram mortos por doses letais de drogas ou por abandono (fome e faltas de cuidados). (SECCO; LUNARDI, 2016, p. 4).

Algumas pessoas com deficiência que conseguiram sobreviver ao regime nazista foram testemunhas no julgamento dos crimes, não tiveram direito a indenizações e somente há pouco tempo receberam reconhecimento como vítimas. Friedlander (1995) destaca a dificuldade em discutir publicamente suas experiências. As publicações de pessoas mortas nessa operação começaram a partir da década de 1990. A história retratou diversos episódios de exclusão e segregação das pessoas com deficiência, e o Holocausto causou milhares de mortes e contribuiu para que esses indivíduos permanecessem apagados por décadas.

A representatividade do Setembro Azul para as pessoas com surdez

A Educação de Surdos no Brasil, segundo Bigogno (2010), foi implantada em 1857, pelo imperador D. Pedro II, com a colaboração do professor francês Ernest Huet, no dia 26 de setembro, o Imperial Instituto de Surdos Mudos atualmente conhecido pelo Instituto Nacional de Educação de Surdos (Ines). Os nazistas tentaram extinguir do mundo aqueles considerados "inferiores". A fita azul no braço indicava que a pessoa tinha deficiência, incluindo os surdos, marca registrada da Segunda Guerra Mundial. Essas pessoas eram enviadas para instituições na Alemanha e na Áustria. Décadas depois, no ano de 1999, a comunidade surda voltou a usar a fita azul simbolizando o orgulho de ser surdo e ser partícipe de população com uma história riquíssima (ALMIR, 2018).

> No Brasil, em 26 de Setembro de 1857, foi fundado pelo Francês Ernest Huet, e pelo imperador D. Pedro II, o Imperial Instituto de Surdos Mudos, no Rio de Janeiro; hoje Instituto Nacional de Educação de Surdos (INES). É comemorado o dia nacional do surdo, no Brasil nesta data, que é um dos fundamentos do movimento Setembro Azul. Azul era a cor do triângulo nazista que marcava o lugar das pessoas com deficiência nos campos de concentração, durante a Segunda Guerra Mundial. (BIGOGNO, 2010, p. 4).

A Língua Brasileira de Sinais (Libras) surgiu no Ines, "a partir de uma mistura entre a Língua Francesa de Sinais e de gestos já utilizados pelos surdos brasileiros" (COUTINHO, 2018, p. 32). Em 1880, com o Congresso de Milão, as línguas de sinais perderam espaço no mundo para o oralismo. Os surdos continuaram se comunicando por sinais, em sigilo. Isso contribuiu para o atraso da sua difusão no país. Para Coutinho (2018), somente em 2002 que a Libras foi oficialmente reconhecida como a segunda língua do Brasil. Apesar desse avanço, infelizmente a educação de surdos praticamente não passou por alterações significativas.

> Junto à criação do INES veio o desenvolvimento de uma linguagem de sinais. Tal linguagem foi pensada de modo que facilitasse a comunicação entre as pessoas que tinham essas limitações ou ausência total das funções auditivas. Foi a partir desse entendimento, que surgiu a LIBRAS. O método passou a ser extremamente utilizado, porém somente no ano de 2002 ela foi oficializada e reconhecida como a segunda língua do Brasil. Essa oficialização foi de fato um grande avanço para a comunidade surda, mas infelizmente representou pouco para a educação dos surdos. (COUTINHO, 2018, p. 32-33).

Entre os dias 28 de março e 1º de abril de 2010, foi realizado o Conselho Nacional de Educação (Conae), momento de elaboração do Plano Nacional de Educação 2011-2020. Teve um desfecho desfavorável no que se refe à educação de surdos (SILVA; ASSÊNSIO, 2011). Na carta elaborada pela Federação Nacional de Educação e Integração de Surdos (Feneis), em 19 de maio de 2011 para o

> Ministério da Educação, ativistas políticos da surdez, surdos e intérpretes, não tiveram suas demandas atendidas, suas reivindicações foram excluídas, bem como determinados agentes manejaram forças políticas para ter como resultado um posicionamento contrário às escolas especiais, somado ao fato de ativistas políticos da inclusão terem duvidado da idoneidade da atuação de intérpretes de língua de sinais. Tal episódio gerou repúdio e indignação entre os agentes mobilizados politicamente na surdez. Em segundo lugar, durante os anos de 2010 e 2011, o risco de fechamento do colégio de aplicação do Instituto Nacional de Educação de Surdos (INES) foi intensificado, o que causou consternação e mobilização nacional em sua defesa. (SILVA; ASSÊNIO, 2011, p. 1-2).

Com o possível fechamento do Ines, considerado Patrimônio Histórico e Cultural da Comunidade Surda Brasileira, dois eventos, isto é, o Conae e o Ines, impulsionaram uma organização nacional de caravanas que se concentraram em Brasília "entre os dias 19 e 20 de maio de 2011, no mesmo momento em que a FENEIS elaborou a carta citada, favorável à educação bilíngue para surdos, crítica à inclusão escolar e solicitando uma equiparação entre a educação de surdos e a educação indígena" (SILVA; ASSÊNIO, 2011, p. 2).

Esse processo político, de acordo com Silva e Assênio (2011), deu origem ao Movimento Surdo em Favor da Educação e da Cultura Surda, que organizou o Setembro Azul, composto por diversos eventos que defendiam as escolas bilíngues para as pessoas com surdez (SILVA; ASSÊNIO, 2011). Nesse movimento:

> [...] foram previstos seminários, palestras, apresentações teatrais, passeatas, audiências públicas e exposições em defesa das escolas bilíngües para surdos. Importante lembrar que o mês escolhido não foi arbitrário, visto que dia 26 do mês em questão é o Dia Nacional do Surdo, celebrado na data de fundação do citado INES. Ademais, o azul, ou mais especificamente o azul turquesa, de acordo com informes do movimento, foi escolhido para representar a comunidade surda em todo o mundo, gerando então o Setembro Azul. (SILVA; ASSÊNIO, 2011, p. 2).

A TEORIA CRÍTICA DA SOCIEDADE E A EDUCAÇÃO: MÚLTIPLOS OLHARES

Com adesão de 24 capitais e Brasília, Silva e Assênio (2011) ressaltam que os estados do Maranhão e Tocantins não participaram do movimento, que foi dividido em dois grandes eventos. Entre

> 09 e 16 de setembro, ocorreram seminários em defesa de escolas bilíngües, com a entrega de carta reivindicatória da educação bilíngüe para surdos aos deputados estaduais, nas Assembleias Legislativas dos respectivos estados. Além disso, no dia 26, ocorreram manifestações em diversas cidades. Como será demonstrado, o evento foi carregado de simbolismo. Acompanhamos esse movimento em eventos organizados na cidade de São Paulo. Foram etnografados o Seminário Estadual em Defesa das Escolas Bilíngues para Surdos no Plano Nacional de Educação (PNE), realizado na Assembleia Legislativa, no dia 12, posteriormente, a Caminhada do Dia do Surdo, realizada no centro da cidade, no dia 26. Consideremos primeiramente o evento realizado na Assembleia Legislativa. (SILVA; ASSÊNIO, 2011, p. 2).

O evento, que aconteceria às 14h no auditório Paulo Kobayashi da Assembleia Legislativa do Estado de São Paulo, foi organizado solicitando aos participantes que adotassem uma vestimenta padronizada, sugerindo-se aos participantes camisetas pretas, simbolizando o luto para demonstrar o descontentamento com a educação ofertada às pessoas com surdez. Usariam uma fita em formato de laço azul, que seria posta no peito na altura do coração, enfatizando o movimento em questão.

> O professor Fernando César Capovilla, do Departamento de Psicologia da USP, em sua fala, conceituou a diferença entre sujeitos classificados como surdo e deficiente auditivo. Para ele: surdo é aquele que possui como língua materna a libras, além de surdez profunda e pré-lingual (anterior aos dois anos de idade). De outro modo, deficiente auditivo é aquele que possui como língua materna o português, tendo adquirido a surdez posteriormente aos dois anos, sendo ela severa ou moderada. A libras, segundo o professor, deve ser ensinada para surdos desde o nível maternal até o quinto ano do ensino fundamental. (SILVA; ASSÊNIO, 2011, p. 4-5).

Encerradas as palestras, os participantes foram convidados para saírem do auditório e do lado de fora acenderam velas para a caminhada final ao prédio da Assembleia Legislativa, com objetivo simbólico de iluminar a educação para surdos. "Tal evento, foi uma forma dos presentes manifestarem a tristeza quanto às políticas educacionais de inclusão vigentes. Pais e alunos carregaram faixas e cartazes em defesa da escola especial para surdos" (SILVA; ASSÊNIO, 2011, p. 5).

A caminhada do dia do surdo, projeto em defesa das escolas bilíngues, estava marcado para as 13h30, em frente ao prédio da Prefeitura de São Paulo, no Viaduto do Chá, número 15. Com ampla divulgação, era possível observar um grande número de presentes. Muitas pessoas estavam vestidas com a camiseta azul-turquesa, e estavam sendo distribuídas pulseiras azuis com a inscrição "sou 100% surdo" (SILVA; ASSÊNIO, 2011). Foi possível identificar uma grande quantidade de jovens provenientes das escolas bilíngues para surdos:

> Instituto Santa Teresinha, Instituto SELI, EMEE Mário Bicudo, EMEE Hellen Keller, entre outras. Os cartazes, segurados e erguidos por alunos, davam maior projeção à passeata, explicitando o vínculo dessas escolas com o movimento: dois alunos seguravam um cartaz com o nome EMEE Mario Bicudo, duas alunas empunhavam um cartaz feito à mão que informava: Instituto Santa Teresinha Defende a escola Bilíngue para os Surdos, outro cartaz dizia A nossa língua é a libras. A bandeira do Instituto Santa Teresinha também foi segurada por alunos e sua coordenadora pedagógica, Marli Celada. Ademais, havia um banner apresentando a Brascri – Associação Suíço Brasileira de ajuda à criança, que possui ensino fundamental para crianças surdas. (SILVA; ASSÊNIO, 2011, p. 6).

Após aproximadamente uma hora e meia de concentração, em frente à Prefeitura, iniciou-se a caminhada, rumo ao Teatro Municipal, passando por ruas e calçadas. A multidão carregava faixas e cartazes. Estavam presentes professores, intérpretes, surdos e pais de alunos que defendiam o ensino bilíngue nas escolas. Alguns jovens

> [...] caminhavam expondo os cartazes que mencionavam os nomes de escolas especiais para surdos. Maria Inês Vieira e outra professora se revezavam com o microfone nas mãos, discursando a respeito da causa da caminhada e traduzindo o discurso de lideranças surdas, bem como passando o microfone para a fala de alguns pais de alunos surdos. Como já foi comentado, havia desde o início da concentração um carro de som pequeno onde estava ligado o microfone. Durante a caminhada, o fio que ligava a caixa de som ao microfone acabou, em muitos momentos, funcionando como um cor-

> dão de isolamento dos participantes em relação à rua. Um guarda da CET tentava liberar um espaço da rua que estava sendo ocupado pela caminhada. O mesmo pedia, oralmente, que as pessoas fossem para um dos lados da rua ou para a calçada. Uma pessoa que passava por ali comentou, rindo, que não adiantaria o guarda falar aquilo, já que os manifestantes eram surdos: eles não iriam ouvir. Por conta disso, durante toda a passeata, ouvintes ocuparam, sem dúvida, um papel importante no disciplinamento da multidão. (SILVA; ASSÊNIO, 2011, p. 8).

Ao passar pela Avenida São Luiz, a caminhada foi finalizada em um auditório ao ar livre, junto à Câmara Municipal de São Paulo. Várias lideranças falaram novamente. Foi realizado um minuto de silêncio para homenagear o jovem surdo falecido recentemente em um atropelamento. Os coordenadores do movimento lembraram a programação do Setembro Azul para o dia seguinte: "quando ocorreria uma votação do projeto de lei que impediria o fechamento das escolas especiais para surdos, na Câmara dos vereadores do município. O evento encerrou-se com a entrega de um projeto em defesa das escolas especiais para os vereadores" (SILVA; ASSÊNIO, 2011, p. 9). O Setembro Azul revelou

> [...] ser um movimento social bastante complexo, o qual conectou a Feneis, associações de surdos, intelectuais, intérpretes de língua de sinais, escolas especiais, alunos dessas escolas, bem como seus pais, em um nível nacional. Além disso, foi um evento chave para compreender como a mobilização política vinculada à surdez estabelece relações com o Estado. Foi possível identificar a ação desse movimento em instâncias tanto estadual, na Assembleia Legislativa, como em nível municipal, na Câmara dos Vereadores. (SILVA; ASSÊNIO, 2011, p. 9).

Com toda a luta por mais visibilidade e respeito, a Comunidade Surda conquistou alguns pontos importantes na garantia de seus direitos. Em 24 de abril de 2002, a Lei n.º 10.436 passa a fazer parte do conjunto de leis vigentes no Brasil, trazendo o reconhecimento da Libras como meio legal de comunicação e expressão (ALMIR, 2018).

No dia 22 de dezembro de 2005, a Comunidade Surda tem mais uma vitória com o Decreto n.º 5.626. O decreto é bastante lembrado por ser o ponto a partir do qual o ensino de Libras foi devidamente regularizado por meio da inclusão da Libras como disciplina a ser ensinada na formação de professores e instrutores competentes, além de garantir o direito ao uso de Libras para o acesso à educação e oficializar a formação do Tradutor Intérprete de Libras. Além disso, passa a ser garantido o direito à educação e à saúde de pessoas surdas ou com deficiência auditiva (ALMIR, 2018).

Já em primeiro de setembro de 2010, é assinada a Lei n.º 12.319, regulamentando assim a profissão de Tradutor e Intérprete da Língua Brasileira de Sinais – Libras. O profissional Intérprete de Libras é de extrema importância para a acessibilidade das pessoas surdas a todos os ambientes (ALMIR, 2018). A partir dessas conquistas, Coutinho (2018) destaca que surgiram outras leis e recomendações que buscaram regulamentar aspectos para as línguas de sinais com o objetivo de divulgar o seu uso e afirmar as garantias dos direitos da comunidade surda:

> 2004: Lei que determina o uso de recursos visuais e legendas nas propagandas oficiais do governo;
> 2008: Instituído o Dia Nacional do Surdo, comemorado em 26 de setembro, considerado o mês dos surdos;
> 2010: Foi regulamentada a profissão de Tradutor e Intérprete de LIBRAS;
> 2015: Publicação da Lei Brasileira de Inclusão (ou Estatuto da Pessoa com Deficiência), que trata da acessibilidade em áreas como educação, saúde, lazer, cultura, trabalho etc.;
> 2016: Anatel publica resolução com as regras para o atendimento das pessoas com deficiência por parte das empresas de telecomunicações. (COUTINHO, 2018, p. 33).

Retomando-se a história, se reitera que esta, em relação aos surdos, passou por diversos acontecimentos, e como representação das lutas travadas por esse grupo foi escolhida uma cor para representar o "Orgulho Surdo". A escolha da fita azul representa a opressão sofrida pelos surdos. O azul simboliza todos que morreram durante o "reinado" da Alemanha nazista (COUTINHO, 2018). Atualmente, "a fita azul representa as suas 'silenciosas vozes' em um mar de línguas faladas. A fita azul foi introduzida em Brisbane, na Austrália, em julho de 1999, no Congresso Mundial da Federação Mundial de Surdos" (COUTINHO, 2018, p. 34). Após esse evento, é instituída no Brasil a comemoração do Dia do Surdo no dia 26 de setembro, considerado um marco histórico importante, fazendo alusão à data de fundação do Ines.

> Durante o evento foi feita a sensibilização da luta dos Surdos e suas famílias ouvintes, através dos tempos. Após este evento foi instaurado que no dia 26 de setembro fosse comemorado o dia do Surdo, porque nesta data foi um marco histórico

> importante — foi fundada (como já dito anteriormente) a primeira escola de surdos no Brasil o atual INES, no Rio de Janeiro no dia 26 de setembro de 1857 pelo professor Francês surdo Eduard Huet. (COUTINHO, 2018, p. 34).

As pessoas com surdez sempre buscaram seu espaço social, e o contexto da Segunda Guerra Mundial, ao reforçar estigmas e rótulos de incapacidade e inaptidão para desempenhar tarefas comuns do cotidiano, possibilitou a reflexão sobre o estado regressivo. A cor azul usada pelos nazistas durante o Holocausto foi o símbolo encontrado pelos surdos como forma de resistência na luta pelos seus direitos, de aceitação social, quebras de barreiras e preconceitos construídos por anos de apagamento.

Apesar de muitas lutas, as pessoas com surdez conseguiram a inclusão do ensino bilíngue no meio educacional, por meio de sua língua materna, a Libras, constituindo-se objeto de luta para a autoafirmação social e garantia dos direitos da comunidade surda.

Considerações finais

O Holocausto foi um momento tenebroso para as pessoas com deficiência com o extermínio de milhares de deficientes, desrespeitando as condições humanas, negligenciando o direto à vida com a busca infundada de uma raça pura. Envoltas em experiências traumáticas de dor, angústia e sofrimento, as pessoas tinham seus destinos escolhidos por critérios infundados e suas vidas ceifadas sem nenhum direito de defesa.

Esses critérios seletivos causaram a segregação e a destruição da imagem das pessoas com deficiência. Atualmente, é comum encontrar pessoas que utilizam as mesmas nomenclaturas, incapazes e inaptos, fortalecendo o preconceito no meio social.

Esse texto demonstrou a necessidade de se conhecer o passado para entender o presente. As pessoas com surdez, silenciadas por séculos de exclusão, utilizaram a cor azul como forma de resistência ao alto número de mortos durante a 2ª Guerra Mundial, para lutarem pelo direito a uma educação que respeitasse sua língua e cultura.

O mês de setembro é marcado por diversas datas comemorativas pela comunidade surda. Destaca-se por ser o mês de inauguração do Ines, o precursor da Língua de Sinais no Brasil, marcado pelo movimento em defesa da educação bilíngue para as pessoas com surdez. O Setembro Azul é reconhecido por suas lutas e conquistas para toda a comunidade surda.

Referências

ALMIR, Cristiano. **Setembro Azul**. 2018. Disponível em: https://www.libras.com.br/setembro-azul. Acesso em: 27 out. 2022.

BARCELOS, Gabriela Madi Medeiros. **A eliminação dos indignos de viver**: a eugenia do Século XX e o Programa de Eutanásia Nazista. 2021. 75 p. Monografia (Graduação em Relações Internacionais) – Centro Universitário Curitiba, Curitiba, 2021.

BIGOGNO, Paula Guedes. Cultura, Comunidade e Identidade Surda: o que querem os Surdos? **Revista Científica Njinga & Sepé**, Juiz de Fora, 2010. Disponível em: https://www.ufjf.br/graduacaocienciassociais/files/2010/11/Cultura-Comunidade-e-Identidade-Surda-Paula-Guedes-Bigogno.pdf. Acesso em: 27 out. 2022.

COUTINHO, Amanda Carla da Silva. **A trajetória histórica da educação dos surdos no Brasil**: do Império aos dias atuais. Trabalho de Conclusão de Curso (Graduação em Pedagogia – Licenciatura) – Universidade do Estado do Amazonas, Manaus, 2018. Disponível em: http://repositorioinstitucional.uea.edu.br/bitstream/riuea/1700/1/A%20trajet%C3%B3ria%20hist%C3%B3rica%20da%20educa%C3%A7%C3%A3o%20dos%20surdos%20no%20Brasil%20-%20do%20imp%C3%A9rio%20aos%20dias%20atuais.pdf. Acesso em: 27 out. 2022.

CYTRYNOWICZ, Roney. **Segunda Guerra Mundial:** um Balanço Histórico. São Paulo: Ed. Xamã, 1995.

FFLCH DIVERSITAS. **Holocausto e Anti-semitismo**. Diversitas – Núcleo de Estudos das Diversidades, Intolerâncias e Conflitos. 2022. Disponível em: https://diversitas.fflch.usp.br/holocaustoantisemitismo#:~:text=Holocausto%20ou%20Shoah%20(palavra%20hebraica,de%20judeus%20da%20Alemanha%20e. Acesso em: 27 out. 2022.

FRIEDLANDER, Henry. **The origins of Nazi genocide**: from euthanasia to the final solution. Chapell Hill and London: The University of North Carolina Press, 1995.

HITLER, Adolf. **Minha luta**. São Paulo: Editora Moraes, 1983.

GOLDIM, José Roberto. **Eutanásia**: Alemanha nazista – 1939-1941. Porto Alegre: UFRGS, 1998. Disponível em: https://www.ufrgs.br/bioetica/eutnazi.htm. Acesso em: 26 out. 2022.

MARX, Karl; ENGELS, Friedrich. **Manifesto do Partido Comunista.** São Paulo: Editora Expressão Popular, 2008.

MEDEIROS, Gabriel Saldanha Lula de. A mentalidade hitlerista: como se formou o ideário político nazista. **Id on Line Rev. Mult. de Psic.**, v.14, n. 49 p. 615-633, fev./2020. Edição eletrônica. Disponível em: https://idonline.emnuvens.com.br/id/article/viewFile/2355/3656. Acesso em: 26 out. 2022.

NEVES, Priscilla Piccolo. **O holocausto judaico**. 2018. 74 f. Dissertação (Mestrado em História) – Universidade Estadual do Maranhão, São Luís, 2018. Disponível em: https://www.ppghist.uema.br/wp-content/uploads/2016/12/Holocausto-Judaico.pdf. Acesso em: 25 out. 2022.

NYISZLI, Miklós. **Médico em Auschwitz**. Tradução de Tibère Kremer. Rio de Janeiro: Editions Julliard, 1961.

SECCO, Erick; LUNARDI, Emy Francielli. A eugenia nazista e as pessoas com deficiência. *In:* **5º Simpósio de Integração Científica e Tecnológica do Sul Catarinense** – SICT-Sul, ISSN 2526-404457/ 1129. Instituto Federal de Santa Catarina, SC, 2016. Disponível em: file:///C:/Users/Eliane%20Souza/Downloads/1587-7770-1-PB%20(3).pdf. Acesso em: 26 out. 2022.

SILVA, César Augusto de Assis; ASSÊNIO, Cibele Barbalho. **Setembro Azul:** mobilização política nacional a favor das escolas bilíngues para surdos. **Ponto Urbe** [on-line], 9. 2011. Disponível em: http://journals.openedition.org/pontourbe/1966. Acesso em: 27 out. 2022.

ZIMMERMANN, Rafael; ANDRES, Ana Carolina. O Holocausto e os campos de concentração nazistas na Polônia: mortes em massa nos campos de Majdanek e Auschwitz. *In:* **XXVI Seminário de Iniciação Científica** – Universidade Regional Unijuí, Universidade de Passo Fundo (UPF), 2018. Disponível em: file:///C:/Users/Eliane%20Souza/Downloads/10488-Texto%20do%20artigo-41199-1-10-20181025%20(3).pdf. Acesso em: 21 out. 2022.

Capítulo 6

A BARBÁRIE DAS MÍDIAS NA SEXUALIDADE DAS MASSAS

Daniel da Silva Mendes
Divino de Jesus da Silva Rodrigues

Introdução

O principal objeto de estudo da Teoria Crítica da Sociedade, segundo Horkheimer e Adorno (1991), é o próprio ser humano, o qual por meio de suas diversas capacidades se torna agente produtor de suas formas de vida que se modificam historicamente. Para tanto, segundo essa teoria, deve haver uma leitura mais profunda a respeito das questões sociais, não podendo analisar e projetar situações efetivas de vida unicamente pelos determinismos da natureza e leis da probabilidade, mas deve-se considerar a atividade do poder e modificação do ser humano sobre esta natureza. Diferentemente do idealismo alemão, pautado nos pensamentos filosóficos de Hegel (1770-1831), a forma de pensamento crítico materialista nega as justificativas metafísicas e não atribui ao "Eu Absoluto" as capacidades de modificação da realidade concreta, e sim ao trabalho social, que tem as divisões das classes como norteadoras do pensamento em todas as formas de agir do ser humano.

O presente artigo objetiva pontuar como as diversas mídias podem contribuir para o processo de barbárie na compreensão da sexualidade pelas massas e as consequências desses impactos na atual sociedade contemporânea.

O trabalho incansável das mídias objetivando a permanência dessas massas na situação de inércia diante do caos que, por vezes, passa de maneira despercebida é atual, passível de discussão e urgente em seu tratamento. A escrita deste artigo justifica-se, portanto, pela necessidade de se compreender como as mídias podem ser cruéis e bárbaras na promoção de pensamentos que efetivamente contribuem para a alienação e o processo de pacificação das massas diante das atrocidades que são disseminadas e consumidas diariamente, impactando aspectos objetivos e subjetivos da vida em comunidade.

Conceitos essenciais

Adorno (1978, p. 288) afirma que "o termo *mass media*, que se introduziu para designar a Indústria Cultural, [...] não se trata nem das massas em primeiro lugar, nem das técnicas de comunicação como tais, mas do espírito que lhes é insuflado, a saber, a voz de seu senhor". Essa indústria impacta a forma de pensar e, consequentemente, de agir das grandes massas de maneira grotesca, perversa e inconsequente, ou seja, de maneira propositalmente tendenciosa à barbárie.

Adorno (1995) relata ainda que o conceito de barbárie está relacionado às formas de expressar e disseminar ideias com o objetivo de tornar homens e mulheres permanentemente dominados em seus corpos (aspectos objetivos) e suas mentes (aspectos subjetivos) de maneira que se tornem apáticos à crueldade explícita pelas diversas produções culturais. Para tanto, as mais variadas indústrias de produção e comunicação em massa contribuem diretamente com esse propósito.

A Teoria Crítica da Sociedade permanece no âmbito filosófico mesmo fazendo apontamentos essencialmente para a economia política e ao economicismo prático (HORKHEIMER; ADORNO, 1991) e busca apontar as injustiças sociais nas relações trabalhistas, os impactos do monopólio produtivo na economia mundial, o empobrecimento contínuo dos menos abastados, dentre outras questões, ao confrontar o conceito de liberdade adotado pelo liberalismo econômico, apontando suas contradições. Esse fato de maneira alguma é pensado aleatoriamente, pois, para Horkheimer e Adorno (1991 p. 74), a política e, consequentemente, seus impactos na economia são utilizados para "encobrir a realidade em todas as suas faces". Para a Teoria Crítica da Sociedade, o desenvolvimento do processo de barbárie só é impedido se ocorrerem mudanças radicais na política e economia em nível mundial, para que assim sejam impactadas as relações humanas no trabalho e na vida como um todo.

Destarte, Horkheimer e Adorno (1991, p. 70) argumentam que a Teoria Crítica da Sociedade

> [...] não é uma hipótese de trabalho qualquer que se mostra útil para o funcionamento do sistema dominante, mas sim um momento inseparável do esforço histórico de criar um mundo que satisfaça às necessidades e forças humanas. [...] não almeja de forma alguma apenas uma mera ampliação do saber, ela intenciona emancipar o homem de uma situação escravizadora.

Portanto, as massas populacionais se encontram em situação de dominação e aprisionamento de suas próprias ideias, pelas ideias de grupos hegemônicos que, a fim de se perpetuar, utilizam-se da barbárie para normalizar situações insustentáveis para a vida. Realizam apontamentos e críticas que levam homens e mulheres a se libertarem dessas relações ao conseguir apontar criticamente por si próprios a crueldade praticada de diferentes maneiras.

Ainda tratando-se a respeito dos conceitos básicos que colaborarão para a apreensão inicial do tema proposto, pontua-se que a Organização Mundial da Saúde (WHO, 2006), por meio de suas atribuições, define sexualidade como

> [...] um aspecto central do ser humano ao longo da vida que engloba sexo, identidades e papéis de gênero, orientação sexual, erotismo, prazer, intimidade e reprodução. A sexualidade é experimentada e expressa em pensamentos, fantasias, desejos, crenças, atitudes, valores, comportamentos, práticas, papéis e relacionamentos. Embora a sexualidade possa incluir todas essas dimensões, nem todas elas são sempre experimentadas ou expressas. A sexualidade é influenciada pela interação de fatores biológicos, psicológicos, sociais, econômicos, políticos, culturais, éticos, legais, históricos, religiosos e espirituais.[32]

Sendo assim, considera-se que a sexualidade é um aspecto central do ser humano ao longo de toda sua vida, a qual envolve tanto questões objetivas, como a corporeidade, reprodução e sexo, quanto subjetivas, como os desejos, orientação sexual, prazer, fantasias e outros.

Considera-se ainda que a sexualidade humana se apresenta como um tema permeado por discussões calorosas com altos níveis de complexidade por envolver questões filosóficas, religiosas, políticas, sociais e várias outras, de forma que percebem-se contradições e tensões, pela sua fluidez, subjetividade e impacto nos sentidos e significados de sua apreensão nos constantes movimentos históricos das sociedades.

Se verá mais adiante que a forma de se apreender a sexualidade é impactada de maneira bárbara por diversas vias, seja nas mídias digitais, pela linguagem, pelas indústrias audiovisual e fonográfica com suas pro-

---

[32] O texto na íntegra diz: "a central aspect of being human throughout life and encompasses sex, gender identities and roles, sexual orientation, eroticism, pleasure, intimacy and reproduction. Sexuality is experienced and expressed in thoughts, fantasies, desires, beliefs, attitudes, values, behaviors, practices, roles and relationships. While sexuality can include all of these dimensions, not all of them are always experienced or expressed. Sexuality is influenced by the interaction of biological, psychological, social, economic, political, cultural, ethical, legal, historical, religious and spiritual factors".

duções de filmes e músicas, pela produção e acesso a conteúdo adulto pela internet de maneira gratuita, sem restrições, nem contendo aparato legal que regulamenta ações de consumo e produção, e por outras vias as quais direta ou indiretamente colaboram na formação de uma mentalidade que justifica ou aceita os processos de violência sexual de maneira pacífica.

Normalização da barbárie

A fim de se compreender as nuances da atual sociedade contemporânea, faz-se necessário retroceder historicamente com o intuito de recapitular as bases filosóficas e epistemológicas que norteiam as ideias e práticas vigentes desde então.

Ao se tratar da sexualidade humana, deve-se necessariamente considerar a Revolução Francesa como um marco histórico que impulsiona novas formas de pensar e se comportar, as quais estão pautadas no discurso da liberdade absoluta. Nesse sentido, Rushdoony (2018) explica que com a queda da Bastilha no ano de 1789 e, consequentemente, o início da Revolução Francesa, houve não só a validação como a disseminação de ideias desenvolvidas pelo filósofo Marquês de Sade (1740-1814) que supervalorizavam os comportamentos naturais como os únicos pressupostos morais válidos. Considerando esse pressuposto, Sade (1999, p. 63) defendia a ideia de que

> A crueldade está impressa nos animais, em quem, como creio que dissestes, as leis da natureza se leem muito mais energicamente do que em nós; ela está, entre os selvagens, muito mais próxima da natureza do que entre os homens civilizados; logo, seria um absurdo estabelecer que é consequência da depravação. Este sistema é falso, repito. A crueldade está na natureza. Todos nascemos com uma dose de crueldade que só a educação modifica; mas a educação não está na natureza e prejudica tanto seus efeitos sagrados quanto o cultivo prejudica as árvores. [...] A crueldade não é outra coisa senão a energia do homem ainda não corrompida pela civilização; é uma virtude, portanto, e não um vício.

A ideia da normalização da violência e da crueldade ganha força com essa filosofia que dá origem às bases do sadismo e sadomasoquismo, o que pode ser percebido explicitamente nos dias atuais, sendo disseminadas para as grandes massas principalmente por meio das mídias de comunicação e relacionamentos virtuais.

Um dos principais aspectos que sofre impactos pela barbárie e consequentemente modifica o significado das coisas com o passar do tempo é a própria linguagem. O discurso sexual nos dias de hoje é muito presente em diversas vias, seja na televisão aberta, na internet ou na produção artística, fazendo com que as massas sejam impactadas e afetadas por esses conteúdos. Direcionando às graves consequências que a linguagem pode proporcionar à apreensão da sexualidade humana, Rushdoony (2018) explica que costumeiramente o ato sexual é descrito por meio do termo "foder", o qual é utilizado atualmente como uma forma de expressar violência e agressão, dominação e hostilidade. Essa ideia coloca principalmente a mulher em uma posição de submissão, por esta encontrar-se passiva na relação.

Zanello (2018, p. 253) também esclarece que a linguagem sexual é impactada de tal maneira que se passa a associar por vezes o ato sexual a um cenário de guerra, poder e dominação, pela utilização de termos como "foder, dar uma bombada, dar uma pistolada, bater o bife, passar a vara". Pode-se ainda identificar que esses termos enaltecem a figura do penetrador (ativo) e reduzem à humilhação o penetrado (passivo). A relação sexual, portanto, passa a ser vista sob a ótica da dominação e do exercício do poder da figura do ativo sobre a do passivo na dicotomia constante "dominador-dominado, amo-escravo, ganhador-perdedor, forte-fraco, poderoso-submisso" (ZANELLO, 2018, p. 261).

A indústria cinematográfica, por sua vez, apropria-se de sua liberdade de produção artística para desenvolver estórias que promovem explicitamente relacionamentos fictícios (obviamente) que exprimem a ideia de que o excesso de capital, os corpos perfeitos, o consumo desenfreado de bens e serviços e a excitação e prazer sexual pleno e constante são os únicos aspectos de uma realidade (inalcançável) que podem trazer liberdade e felicidade plena.

Carvalho (2015) exemplifica que o filme *50 Tons de Cinza*, dirigido pela diretora Sam Taylor-Johnson e lançado no ano de 2015, apresenta um relacionamento pautado no sadismo e masoquismo como pilares da promoção do prazer e satisfação. A autora explicita que o primeiro livro escrito por Johnson foi um sucesso mundial e que o lançamento de seu filme no Brasil em 36 horas gerou a venda de mais de 10 mil ingressos de cinema. O sucesso de seu lançamento foi tamanho que permitiu a produção de outro filme, baseado na segunda obra da trilogia. Rigotti (2017) revela que o filme *50 Tons Mais Escuros* rendeu mais de R$ 22,6 milhões de reais só no Brasil, levando por volta de 1,4 milhão de pessoas às salas de cinema.

Sendo assim, abre-se a possibilidade da constante normatização e aprovação da violência moral e sexual pela produção e consumo de outros filmes como o polonês "365 DNI", dirigido por Tomasz Mandes e Barbara Białowąs. O filme em questão, classificado no gênero romance, conta a história de uma mulher que é sequestrada por um mafioso italiano que lhe concede um prazo de um ano para que esta se apaixone por ele. Durante esse intercurso, o filme aponta diversos tipos de violência sofridos pela jovem, desde a moral até a sexual, resultando que os atos de sadismo e masoquismo, a exaltação da virilidade sexual masculina e da valoração dos bens materiais façam a protagonista se apaixonar pelo gângster, a qual passa a viver feliz e satisfeita com seu relacionamento forçado.

A indústria fonográfica também pode servir de exemplo de como as mídias de massas são impactadas na apreensão sobre questões relacionadas à sexualidade humana. No contexto brasileiro, percebe-se, por exemplo, a música criada pela funkeira Mc Carol de Niterói, intitulada *Adoro vagabundo*. O refrão do funk em questão enfatiza e estimula o alto nível de violência sofrida pela mulher com a estrofe: "Cospe na minha cara, me esculacha, vem por cima. Puxa meu cabelo me chamando de bandida. Me mete a porrada, diz que eu sou piranha. Pode admitir, eu sou a melhor na cama" (DANINHO; NITERÓI, 2021).

Em 2020 o funk intitulado *Sadomasoquista* foi produzido, mas recebeu maior visibilidade em 2021, conforme aponta Françoza (2021). A letra foi criada pela funkeira Deize Tigrona, e sua produção recebeu mais de 150 mil visualizações em 24 horas no YouTube. Ao enfatizar as práticas sado-masoquistas de maneira natural, a cantora se expressa:

> Sou Tigrona chapa quente. Adoro uma pressão. Gosto de ser acorrentada. E levar tapão no popozão. Quixadão vem de chicote. Querendo me algemar. Botando em posição. Pronto pra martelar. Vem de chicote, algema, corda de alpinista. Daí que eu percebi que o cara é sadomasoquista, vem! (TIGRONA, 2021).

Diversas canções do gênero atingem amplo público e em especial crianças e adolescentes por meio de uma plataforma digital chamada TikTok. Para melhor engajamento das músicas produzidas, são desenvolvidas coreografias envolvendo jovens de ambos os sexos. Outro exemplo de música que viralizou no ano de 2021 nessa plataforma e que passou a ser coreografada pelo público infantil foi a criação dos funkeiros Mc Reizin,

Mc Gw e Mc Jhenny (2021), a qual relata: "vai, mete com força, mete com força. Chamo teu vulgo malvadão. Tu é um moleque faixa preta. Vai, vai socando, vai socando, [...]".

Para ganhar ainda mais engajamento, vale ressaltar que artistas e profissionais de diferentes áreas como atores e atrizes, jogadores de futebol, influenciadores digitais, apresentadores/as de programas de TV e diversos outros, também por meio das plataformas digitais de relacionamento, gravam e compartilham coreografias com as músicas citadas, dando caráter de aprovação ao disseminarem tais comportamentos.

Vale acrescentar que o estilo musical do funk, por vezes marginalizado, não é o único a sofrer o impacto dos processos de barbárie, normalizando a violência principalmente contra mulheres e crianças. Um novo estilo de *hit* identificado como brega ganhou visibilidade no ano de 2021, com letras que ressaltam essas características de pedofilia, agressão e violência. O cantor Japãozin (2021) ressalta: "Sabe por que é que tu me tem? É porque tu senta com carinha de neném. É porque tu senta com carinha de neném" (música com mais de 60 milhões de visualizações no YouTube até a escrita deste artigo). E os Mc's Abalo, Metal e Nick (2018), que cantam "mete com força e com talento, estou ofegante e você percebendo, bate e maltrata essa puta safada, quero jatada de leite na cara", a qual possui mais de 2.5 milhões de visualizações no YouTube.

Outra grave consequência do poder excessivo das diversas mídias na maneira com que as massas apreendem questões relacionadas à sexualidade de forma bárbara, conforme expressa Zanello (2018), está no ato de legitimar questões relacionadas ao que é considerado muito ou pouco masculino, ou seja, as mídias exemplificam, validam e disseminam um tipo de masculinidade inalcançável, pautada na constante competição e consequentemente reafirmação de um tipo de masculinidade hegemônica. Nesse sentido, a masculinidade perfeita promovida pelas mídias correlaciona a virilidade laboral com a virilidade sexual do homem, imputando competência e valor no número de parceiras com que este consegue relacionar e na duração (desempenho e performance) de seu ato sexual.

Os exemplos citados são poucos considerando a totalidade na qual a população brasileira está inserida. Percebe-se, portanto, que as ações promovidas pelas mídias revelam em diversas instâncias que a cultura é pautada na centralidade falocêntrica, que exalta a superioridade e virilidade sexual masculina e promove e incentiva a violência sexual, naturalizando esses aspectos, que são aceitos sem questionamento, impactando, inclusive, diretamente o comportamento de crianças e adolescentes, que são expostos a tais conteúdos deliberadamente por meio das mídias de relacionamentos digitais, como TikTok, Instagram e Facebook.

Outro importante ponto a ser tratado diz respeito ao fácil acesso a sites pornográficos. Atualmente, conforme apontado por Uliano (2021), a indústria pornográfica gera um valor estimado em aproximadamente US$ 100 bilhões anuais, ultrapassando os lucros da produção de filmes hollywoodianos, que gira em torno de US$ 15 bilhões. Relata ainda que, em um ano de funcionamento, um único site de compartilhamento de conteúdo adulto pode receber cerca de 30 bilhões de visitas de pessoas de todas as idades de maneira gratuita pela internet, superando, em números, empresas como Netflix, NBA e NFL.

Outro ponto a se considerar nesta análise está no fato de que a lei brasileira não estabelece nenhuma previsão de regulação para essa indústria. Conforme expresso pela Lei n.º 13.718, de 24 de setembro de 2018, pelo artigo 218-C (BRASIL, 2018, p. 1-2), é crime passível de pena de 1 a 5 anos

> Oferecer, trocar, disponibilizar, transmitir, vender ou expor à venda, distribuir, publicar ou divulgar, por qualquer meio — inclusive por meio de comunicação de massa ou sistema de informática ou telemática —, fotografia, vídeo ou outro registro audiovisual que contenha cena de estupro ou de estupro de vulnerável ou que faça apologia ou induza a sua prática, ou, sem o consentimento da vítima, cena de sexo, nudez ou pornografia.

Sendo assim, considera-se que não há uma legislação que delimita a ação do pornógrafo, podendo este produzir e comercializar conteúdo adulto desde que com o consentimento das vítimas.

Entretanto, de maneira contraditória ao que é praticado nas mídias de massas, o Estatuto da Criança e do Adolescente (BRASIL, 1990, p. 72) estabelece que é proibido "aliciar, assediar, instigar ou constranger, por qualquer meio de comunicação, criança, com o fim de com ela praticar ato libidinoso", e ainda que todo aquele que comete essas práticas "com o fim de induzir criança a se exibir de forma pornográfica ou sexualmente explícita" comete crime sujeito à pena de reclusão de um a três anos, e multa. Mas percebe-se que, mesmo previsto em lei, nada é feito diante da exposição constante de crianças e adolescentes às músicas, filmes e diversas outras formas de promoção dessa cultura de sexualização extrema, normalização da agressão sexual, estupro e exposição de crianças a tais conteúdos.

Consequências da barbárie

Compreendendo parte dessa totalidade, faz-se necessário explicitar as consequências da exposição da sexualização violenta pelas mídias, tendo em vista que se pode perceber que diretamente estão relacionadas aos crescentes registros das denúncias de agressões cometidas principalmente contra crianças, adolescentes e mulheres, conforme expresso na tabela a seguir:

Tabela 1 – Denúncias de violências em 2020 (de 01/01/2020 a 31/12/2020) e em 2021 (de 01/01/2021 a 15/12/2021)

Tipo de Violência	Violência contra a Mulher			Violência Doméstica e Familiar contra a Mulher			Violência contra Criança ou Adolescente		
Ano	2020	2021	Des. %	2020	2021	Des. %	2020	2021	Des. %
Abuso sexual físico	1.152	931	-19,1	1.186	1.520	28,1	1.688	2.319	37,3
Estupro	1.484	705	-52,4	2.148	2.395	11,7	10.631	12.080	13,6
Exploração sexual	148	151	2,0	74	140	89,1	1.665	2.659	59,6
Abuso sexual psíquico	1.519	1.334	-12,1	889	1.093	22,9	3.871	6.789	75,3
Assédio sexual	1.558	1.414	-9,2	1.031	562	-45,4	4.741	4.654	-1,8
Total	5.861	4.535	-22,6	5.328	5.710	7,1	22.596	28.501	26,1

Fonte: Governo Federal (2021)

A Tabela 1 revela que os índices de denúncias envolvendo violência e abusos de cunho sexual sofrida por mulheres, crianças e adolescentes não possuem perspectivas de redução. Ao contrário, as quantidades dessas denúncias aumentam e podem ser relacionadas aos vários exemplos dados anteriormente no que diz respeito à normalização da violência, as quais se tornam cada vez mais explícitas e são aceitas passivamente pelas grandes massas, que são influenciadas por esse processo de barbárie.

Nas análises levantadas, devem-se considerar algumas questões importantes: os números apresentados não expressam efetivamente a quantidade de casos de violência que se efetivaram nesses períodos, tendo em vista que muitas violências não são denunciadas por diversos motivos, seja pelo medo das vítimas de serem descobertas ou pela natureza dos agressores, podendo ser estes membros, amigos ou conhecidos das famílias das vítimas. Outro ponto a se considerar está no fato de que os dados expressam as denúncias sem que se apresente a conclusão dos casos e seus devidos direcionamentos, o que significa dizer que nos casos de denúncias de estupro contra crianças e adolescentes, por exemplo, não se pode afirmar que mesmo diante dos 13,6% de aumento das denúncias de estupro contra crianças e adolescentes, os acusados foram investigados e presos quando comprovado tal crime, nem que as vítimas deixaram de ser estupradas e passaram a viver em segurança longe de seus agressores.

É possível identificar que as crianças e adolescentes são as vítimas que mais são afetadas pelas práticas de violências, e que o nível de desempenho das violências sofridas entre os anos de 2020 e 2021 é o mais expressivo entre os citados. Esses dados reiteram a falta de políticas públicas e o cumprimento das leis direcionadas à preservação dessa parcela da sociedade.

Considerações finais

O presente trabalho teve o objetivo de pontuar como as diversas mídias podem contribuir para o processo de barbárie na compreensão da sexualidade pelas massas e as consequências desses impactos na atual sociedade contemporânea. Percebeu-se, portanto, que as mídias, com maestria, reduzem tanto homens quanto mulheres aos seus órgãos sexuais, naturalizando por meio da arte, música, cinema, livros e tantos outros meios de comunicação a barbárie e violência apontada pela Teoria Crítica da Sociedade.

Com o processo de barbarização cada vez mais intenso, o sexo passa a ser percebido como um gesto de agressão e repressão, e várias outras consequências surgem na sociedade contemporânea de maneira normalizada e aceita passivamente, como a sexualização de crianças perante sua exposição às mídias digitais e acesso facilitado a conteúdos adultos; objetificação de mulheres e perpetuação da violência, bem como a promoção de ações que as façam se sentir sempre na necessidade de consumir produtos e serviços que as tornem mais belas e atraentes; produção e consumo de pornografia em alta escala, gerando bilhões anualmente para a indústria; impacto na linguagem e disseminação da masculinidade que se sustenta na violência.

Os dados apresentados revelam que há níveis elevados de erotização precoce na atual sociedade, e entende-se que o tema proposto não foi levado à exaustão, carecendo de pesquisas mais aprofundadas a fim de que possam

A TEORIA CRÍTICA DA SOCIEDADE E A EDUCAÇÃO: MÚLTIPLOS OLHARES

ser esclarecidos de maneira mais assertiva os processos de barbarização acometidos contra a sexualidade, de forma a promover educação sexual efetivamente emancipatória.

Referências

ABALO, Mc; METAL, Mc; NICK, Mc. **Jatada de leite.** (2:19 min.) 2018. Produção: RM produções. Disponível em: https://www.youtube.com/watch?v=CaD164IkS6U. Acesso em: 24 jan. 2022.

ADORNO, Theodor W. A indústria cultural. Tradução de Amélia Cohn. *In:* COHN, Gabriel (org.). **Comunicação e indústria cultural.** 5. ed. São Paulo: T. A. Queiroz, 1987. p. 287-295.

ADORNO, Theodor W. **Educação e emancipação.** Rio de Janeiro: Paz e Terra, 1995.

BRASIL. **Lei 13.718, de 24 de dezembro de 2018**. Tipifica os crimes de importunação sexual e de divulgação de cena de estupro. Disponível em http://www. planalto.gov.br/ccivil_03/_ato2015-2018/2018/lei/L13718.htm. Acesso em: 29 dez. 2021.

BRASIL. Lei 8.069, de 13 de julho de 1990. Dispõe sobre o Estatuto da Criança e do Adolescente e dá outras providências. **Diário Oficial da União**, Brasília, 13 jul. 1990. Disponível em: http://www.planalto.gov.br/ccivil_03/leis/l8069.htm. Acesso em: 21 dez. 2021.

CARVALHO, Luciana. "50 tons de cinza" é sucesso de bilheteria antes de estrear. **Exame**, 29 jan. 2015. Disponível em: https://exame.com/casual/50-tons-de-cinza-e-sucesso-de-bilheteria-antes-de-estrear/. Acesso em: 18 dez. 2021.

DANINHO, Mc; NITERÓI, Mc Carol de. **Adoro vagabundo.** Produção Musical: Deto na Base. 2021. (2:40 min). Disponível em: https://www.youtube.com/watch?v=svZLbagkGVs. Acesso em: 24 jan. 2022.

FRANÇOZA, Douglas. "**Sadomazoquista**": Mashup de Deize Tigrona e Rihanna viraliza no TikTok. **Popline**, 23 jul. 2021. Disponível em: https://portalpopline. com.br/sadomasoquista-mashup-de-deize-tigrona-e-rihanna-viraliza-no-tiktok/. Acesso em: 29 dez. 2021.

GOVERNO FEDERAL. Ministério da Mulher, da Família e dos Direitos Humanos. **Painel de dados da Ouvidoria Nacional de Direitos Humanos.** Disponível em: https://www.gov.br/mdh/pt-br/ondh/paineldedadosdaondh. Acesso em: 27 dez. 2021.

HORKHEIMER, Max; ADORNO, Theodor W. **Textos escolhidos**. 5. ed. São Paulo: Nova Cultural, 1991. p. 79-105. (Os Pensadores)

JAPÃOZIN. **Carinha de Neném.** Piseiro. 2021. (2:20 min.) Álbum: Brabo dos paredões. Disponível em: https://www.youtube.com/watch?v=aIFcLQFPWYI. Acesso em: 24 jan. 2022.

REIZIN, Mc; GW, Mc; JHENNY, Mc. **Chamo teu vulgo malvadão.** Movimenta - Remix BregaFunk (TikTok). 2021. (2:12min.) Produção executiva: Hugo Bassi. Disponível em https://www.youtube.com/watch?v=Ld8S2qqrYCE. Acesso em: 24 jan. 2022.

RIGOTTI, Carolinne. Filme "50 Tons Mais Escuros", com Jamie Dornan e Dakota Johnson, lidera bilheterias no Brasil. **Purebreak**,14 fev. 2017. Disponível em: https://www.purebreak.com.br/noticias/filme-50-tons-mais-escuros-com-ja-mie-dornan-e-dakota-johnson-lidera-bilheterias-no-brasil/52212. Acesso em: 18 dez. 2021.

RUSHDOONY. Rousas John. **A política da pornografia**. Brasília: Moner-gismo, 2018.

SADE, Marquês de. **A filosofia na alcova ou os preceptores imorais**. São Paulo: Iluminuras, 1999.

TIGRONA, Deize. **Sadomasoquista/ vem de chicote (André Pinho S&M remix)**. 2021. (4:03min). Editora: Link Records. Disponível em: https://www.youtube.com/watch?v=Z0XkhYzjg1g. Acesso em: 4 ago. 2022.

ULIANO, André Borges. Pesquisadores publicam monografia sobre "os custos sociais da pornografia". **Gazeta do Povo**. Disponível em: https://www.gazeta-dopovo.com.br/instituto-politeia/pesquisadores-custos-sociais-pornografia/. Acesso em: 29 dez. 2021.

WHO, World Health Organization. **Defining sexual health**: report of a techni-cal consultation on sexual health. p. 28-31 January 2002, Geneva. Geneva, 2006. Disponível em: https://www.who.int/teams/sexual-and-reproductive-health--and-research/key-areas-of-work/sexual-health/defining-sexual-health.Acesso em: 09 dez. 2021.

ZANELLO, Valeska. **Saúde mental, gênero e dispositivos**: cultura e processos de subjetivação. Curitiba: Appris, 2018.

Capítulo 7

EDUCAÇÃO ESCOLAR: EMANCIPAÇÃO PARA A DEMOCRACIA

Marco Antônio Oliveira Lima
Estelamaris Brant Scarel

Introdução

O humano é um ser pensante, e historicamente essa condição lhe permitiu não apenas contemplar o mundo em que vive, mas também interferir nele, fato que gerou/gera diferentes transformações tanto no meio natural e social em que está inserido como em sua própria vida.

Essas transformações vão desde a criação de técnicas de trabalho sobre a terra possibilitando-lhe o plantio e a colheita do próprio alimento e permitindo-lhe a passagem de um estilo de vida nômade para uma vida sedentária e fixa em certo espaço geográfico. Isso fez com que estabelecesse novas formas de relações sociais no grupo, no que concerne ao cotidiano produtivo, com base em tarefas atribuídas aos indivíduos a partir de sua condição de macho ou fêmea, homem ou mulher (ADORNO; HORKHEIMER, 2006; MARX, 1985).

Ao se reconhecer como ser dotado de raciocínio e que pelo trabalho seria/é capaz de alterar as condições naturais da paisagem onde se encontra, bem como o relacionamento com os demais indivíduos que partilham o mesmo lugar, o humano compreendeu que esse processo poderia/pode facilitar sua vida, adaptando as condições do meio natural às suas necessidades existenciais.

Foi na Modernidade[33], contexto marcado pela exaltação da capacidade racional humana, por meio do uso da razão, que os indivíduos, destituindo o mundo de uma condição sacra, intervieram nele para descobrir seus mistérios, explicá-los pela ciência e dominarem a natureza.

---

[33] No texto, a Modernidade é situada historicamente por intermédio de Cambi (1999, p. 195) quando afirma que: "Com o fim do Quatrocentos (tomando 1453 como ano-chave e ano-símbolo, com a queda do Império do Oriente, ou 1492, com a descoberta da América, a morte de Lorenzo, o Magnífico, e a expulsão dos mouros de Granada, ou 1494, com o início das dominações estrangeiras na Itália), fecha-se um longo ciclo histórico e prepara-se outro, igualmente longo e talvez ainda inconcluso, que é geralmente designado como Modernidade".

Com o advento do capitalismo e sua firme imposição como modo de produção em fins do século 18 e início do 19, momento da primeira Revolução Industrial, ocorreu a exacerbação da produção com vistas ao excedente e o lucro, dividiu-se e especializou-se a mão de obra, separaram--se as pessoas em dois grupos distintos sendo a burguesia[34] e os operários, e ampliou-se a intervenção junto à natureza com objetivos econômicos.

Do contexto mencionado até a atualidade, percebeu-se que a atuação dos humanos sobre o mundo tem-se balizado por uma perspectiva de progresso[35], amparada na ciência, que ao invés de cumprir com a promessa de melhores condições de vida tem amplificado a intervenção sobre o meio natural através de uma ótica predatória, fato que domina e destrói a natureza; logo o humano, haja vista que ele ao necessitar da natureza faz parte dela. Assim, ao controlar a natureza, ele também controla a si e se distancia de um modelo de vida sustentável, coletivo e que respeita as diversidades culturais, étnicas e de gênero (ADORNO; HORKHEIMER, 2006).

Observa-se que a razão, exaltada como categoria ímpar que diferencia os humanos dos demais seres viventes, ao se tornar instrumentalizada por uma ciência pragmática, esvaziada de humanidade, que não está ilesa das investidas do capital, contribuiu/contribui tanto para o domínio da natureza como para o estabelecimento da barbárie[36] materializada nos totalitarismos políticos europeus e nas grandes guerras mundiais.

---

[34] No presente capítulo, a burguesia é compreendida segundo a definição de Engels, que está presente em nota de rodapé, na obra *Manifesto Comunista*. Assim: "Por burguesia entende-se a classe dos capitalistas modernos, proprietários dos meios de produção social que empregam o trabalho assalariado" (MARX; ENGELS, 2007, p. 40).

[35] Em Adorno, o progresso não se traduz necessariamente em avanços, benefícios e conquistas democráticas para o mundo. Ao contrário, o progresso é ambivalente uma vez que em pleno desenvolvimento tecnológico há penúria, fome e miséria. Cabe recorrer a Adorno para conceituar o progresso. Diz o referido filósofo: "O conceito de progresso, mais ainda que outros, desfaz-se com a especificação daquilo que propriamente se quer dizer com ele: o que progride e o que não progride. [...] Como qualquer termo filosófico, o de progresso tem seus equívocos; como quaisquer outros, estes também remetem a algo em comum. O que, no momento, deve entender-se por progresso, sabe-se, de forma vaga, mas segura: por isso mesmo não se pode empregar o conceito de forma suficientemente grosseira. [...] Somente são verdadeiras aquelas reflexões sobre o progresso que mergulham nele, mantendo, contudo, distância e que evitam os fatos paralisadores e os significados especializados. Hoje, tais reflexões culminam na consideração sobre se a humanidade será capaz de evitar a catástrofe" (ADORNO, 1995, p. 37-38).

[36] Para Adorno a barbárie é compreendida como: "Entendo por barbárie algo muito simples, ou seja, que, estando na civilização do mais alto desenvolvimento tecnológico, as pessoas se encontrem atrasadas de um modo peculiarmente disforme em relação a sua própria civilização — e não apenas por não terem em sua arrasadora maioria experimentado a formação nos termos correspondentes ao conceito de civilização, mas também por se encontrarem tomadas por uma agressividade primitiva, um ódio primitivo ou, na terminologia culta, um impulso de destruição, que contribuiu para aumentar ainda mais o perigo de que toda esta civilização venha a explodir, aliás uma tendência imanente que a caracteriza" (ADORNO, 2012, p. 155).

Todavia esse diagnóstico, ainda que desanimador, ao invés de estimular a apatia política, deve servir para despertar nos indivíduos a busca pela reorganização de seu pensamento, de sua teoria. Tendo em vista a necessidade da constituição de outra forma de razão, que ao invés de instrumental e pragmática seja sensível ao estabelecimento de relações colaborativas e cooperativas entre humanos e natureza, isso se desdobraria para a relação dos humanos com seus semelhantes.

Nesse sentido, acredita-se que rever a razão, a teoria, passa por um processo formativo — o qual fundamenta a prática de forma dialética e não estanque — que acompanha os indivíduos em diferentes fases da vida e nos diversos ambientes aos quais este frequenta, dentre eles a escola. Então, educar é preciso. Entretanto, a partir de paradigma filosófico (da práxis) que estimule a resistência, a crítica, a coletividade e a emancipação. Que seja contra a barbárie e a favor da democracia (ADORNO, 2012).

Educação no centro das tensões da razão com o progresso e da emancipação com a democracia

A vida é marcada por uma série de experiências concretas na realidade material envolvendo o humano e o contexto no qual ele se insere e prolifera sua existência. Nessa relação humano/contexto, ficam evidentes tanto vivências de caráter natural quanto outras de caráter cultural e social.

No que tange às primeiras, destacam-se as experiências do humano com a natureza, sendo esta o meio natural que o circunda e de onde ele retira os mantimentos necessários a sua sobrevivência. No que se refere às segundas, essas experiências fazem alusão aos processos humanos do diálogo, da política, da educação que os indivíduos estabelecem entre si. Diz Marx (1985, p. 66-67, grifo do autor):

> Quando os homens, finalmente, se fixam, a maneira como esta comunidade original se modifica vai depender de várias condições externas — climáticas, geográficas, físicas etc, bem como de sua constituição específica, isto é, de seu caráter tribal. A comunidade tribal espontânea ou, se preferimos dizer, a horda (laços comuns de sangue, língua, costumes, etc) constitui o primeiro passo para a apropriação das condições objetivas de vida, bem como da atividade que a reproduz e lhe dá expressão material, tornando-a objetiva *(vergegenstandlichenden)* (atividade de pastores, caçadores, agricultores, etc.)

> A terra é o grande laboratório, o arsenal que proporciona tanto os meios e objetos do trabalho como a localização, a *base* da comunidade.

Diferentemente dos demais seres vivos, os humanos não se orientam pelo instinto de sobrevivência, mas pela capacidade de raciocínio, o que lhes permite estabelecer diferentes sentidos às vivências recorrentes em seu cotidiano. Mediante essa condição de seres pensantes é que os indivíduos são capazes de constituir experiências que dialeticamente mudam tanto a realidade em que estão inseridos quanto a si próprios e aos demais humanos envolvidos nesse complexo processo existencial.

Devido ao fato de pensar, o humano produz cultura[37] e, por sua vez, conhecimentos que ao longo da história lhe permitiram/permitem desvelar diferentes camadas do mundo, tido por objeto a ser conhecido. O indivíduo se exaltou/exalta a ponto de se considerar superior às demais formas de vida, aos demais animais, pelo fato de estes serem instintivos, e os humanos, racionais. E essa razão concederia, interpretada de forma maniqueísta, uma espécie de aval para o humano dominar a natureza configurada na sua biodiversidade. Dito de outro modo, seria/é tarefa do indivíduo pensante conhecer a natureza para que esta responda às suas demandas e atenda às suas necessidades. Adorno e Horkheimer (2006, p. 201) dizem o seguinte:

> Na história europeia, a Ideia do homem exprime-se na maneira pela qual ele é distinguido do animal. A ausência da razão no animal prova a dignidade do homem. Essa oposição foi matraqueada com tanta insistência e unanimidade pelos predecessores do pensamento burguês, os antigos judeus, os estoicos e os padres da Igreja e, depois, pela Idade Média afora e os Tempos Modernos adentro, que ela passou a pertencer ao patrimônio básico da antropologia ocidental.

---

[37] O conceito de cultura apresentado no texto está fundamentado em Freud (*apud* ADORNO; HORKHEIMER, 1978, p. 97), que o compreende como: "A cultura humana — entendendo por isto toda a ascensão ocorrida na vida humana desde as suas condições animais e pela qual se distingue da vida dos animais, e abstendo-me da insípida distinção entre cultura e civilização — mostra claramente dois aspectos a quem a observa. Por um lado, abrange todo o saber e capacidade que os homens adquiriram para dominar as forças da natureza e obter os bens que satisfazem as necessidades humanas; e, por outro lado, todas as instituições necessárias para reger as relações dos homens entre si e, mormente, a distribuição dos bens obtidos. Estes dois sentidos da cultura não são mutuamente independentes, primeiro, porque as relações recíprocas dos homens se modificam profundamente, na medida em que a satisfação dos impulsos se torna possível através dos bens disponíveis; segundo, porque o próprio indivíduo humano pode estabelecer com outro uma relação de homem a coisa, quando o outro utiliza sua força de trabalho ou é adotado como objeto sexual; terceiro, porque cada indivíduo é, potencialmente, um inimigo virtual dessa cultura que, entretanto, há de ser um interesse humano universal".

A TEORIA CRÍTICA DA SOCIEDADE E A EDUCAÇÃO: MÚLTIPLOS OLHARES

Em diferentes momentos da história, propagou-se essa visão de humano, que por ser racional não estaria em pé de igualdade com os demais animais pertencentes à natureza. Ao contrário, o humano representaria a primazia, o topo do processo evolutivo, e isso lhe garantiu o direito à exploração e completo domínio sobre a natureza e os animais.

Tal visão ganhou maior legitimidade e fundamento na Modernidade, contexto marcado pelo desejo de desvelar o mundo, que, ao perder sua sacralidade para o antropocentrismo, tornou-se objeto de pesquisa e investigação científica, e nesse ínterim os humanos e a natureza como pertencentes ao mundo tornaram-se também passíveis de estudo. Aqui, para além de mero discurso, a afirmação do humano dotado de razão, e por isso superior ao meio natural em que estava inserido e aos animais, foi amparada pela ciência (ADORNO; HORKHEIMER, 2006).

O humano moderno e racional foi defensor de que pela razão e a ciência a humanidade alcançaria um mundo justo e melhor para se viver. Essa crença amparou-se no discurso do progresso, que seria o resultado de uma sociedade iluminada pela razão e consolidada sobre os princípios da ciência. Sem as barreiras do mito e os empecilhos culturais e políticos da Idade Média, não haveria limites para o que se poderia conquistar ao sujeitar o mundo e a natureza aos experimentos científicos.

A ideia era facilitar a vida humana à medida que os mistérios do mundo fossem descobertos e explicados pelo método científico. Para Adorno (1995, p. 38): "[...] A penúria material que, durante tanto tempo, pareceu zombar do progresso está potencialmente afastada: tendo-se em conta o nível alcançado pelas forças produtivas técnicas, ninguém mais deveria padecer fome sobre a face da terra".

Das diferentes fases da Modernidade, marcadas pela primeira Revolução Industrial inglesa, pela adoção do capitalismo como modo de produção da vida material e de orientação das ideias políticas, até o contemporâneo, o que se pôde visualizar é que o humano racional, amparado por uma ciência pragmática positivista é propagador de um ideário de progresso que estabelece laços com o capital, não foi capaz de transformar o mundo em um lugar justo para que as pessoas vivessem com dignidade.

Ao contrário, a razão, a ciência e o progresso se transformaram em odes instrumentais, e em conjunto com a exploração capitalista não impediram a concretização dos regimes totalitários e do Holocausto na Europa, na primeira metade do Século 20, e muito menos da materialização das duas guerras que assolaram o mundo com a morte e executaram as pessoas sem piedade. E, ainda, há fome disseminada pelo mundo e destruição ambiental.

Mas o que marca o processo de destruição ambiental da atual época se comparada às demais é o fato de que ela segue todo um processo de planejamento arquitetado pela ciência, que sistematiza conhecimentos não para a vida, porém para o excedente, ao lucro e ao acúmulo de capital.

E não importa se para isso seja necessária a disseminação de produtos químicos que não respeitam o tempo da natureza e aceleram o processo que se desdobra da fase do plantio, passando pela colheita e chegando até os mercados consumidores. Não se questiona a qualidade e os possíveis danos à saúde. Não há preocupação com o desequilíbrio ambiental, que gera a morte de diferentes espécies animais que têm seus *habitats* destruídos pela monocultura. Segundo Adorno e Horkheimer (2006, p. 202):

> A falta de razão não tem palavras. Eloquente é a sua posse, que estende seu domínio através, de toda a história manifesta. A terra inteira dá testemunho da glória do homem. Na guerra e na paz, na arena e no matadouro, da morte lenta do elefante, que as hordas primitivas dos homens abatiam graças ao primeiro planejamento, até à exploração sistemática do mundo animal atualmente.

O humano necessita da natureza e do que ela oferece no que se refere a bens naturais para a manutenção da sua vida, da família e de seu grupo. Em demais épocas, houve intervenções humanas junto à natureza para extrair seu sustento, criar vestuários e calçados, construir abrigos e casas, alimentar-se, encontrar ervas medicinais ou criar remédios etc. Tudo isso representa formas de intervenção junto à natureza, contudo a diferença marcante das épocas passadas para a Modernidade chegando aos dias atuais é o fato de haver toda uma engenharia científica e industrial, criada com o intuito de conhecer a natureza, sua biodiversidade vegetal e animal e dominá-la até as últimas consequências visando ao bem-estar humano.

Mas, ao se dominar a natureza, os tentáculos do poder se estendem até o humano porque ele integra a natureza, sendo parte dela. É nítido o domínio do humano sobre o seu semelhante quando se observam as divisões de classe presentes nos processos produtivos do trabalho, bem como na concentração da riqueza material junto a uma minoria, enquanto a maioria vive de forma paupérrima com o básico para a manutenção da sua vida ou mesmo em condição de plena miséria.

O poder que um indivíduo exerce sobre outro possui diferentes matizes que vão desde estratégias de cunho econômico até medidas que se desdobram em atitudes que inferiorizam as pessoas por questões de etnia e gênero. Isso pode ser visto tanto nos processos históricos do racismo, Holocausto e nas diferentes formas de menosprezo enfrentadas pelas mulheres, relegadas à condição de seres fracos, com funções meramente biológicas, dentre elas a de procriação, sendo comparadas aos demais seres viventes que estão agregados ao meio natural, contudo instintivos ao invés de reflexivos. A partir dessa visão preconceituosa, é como se a mulher fosse um ser secundário e inferior ao homem. De acordo com Adorno e Horkheimer (2006, p. 203):

> Para o ser racional, porém, a solicitude pelo animal desprovido de razão é uma vã ocupação. A civilização ocidental deixou-a ao encargo das mulheres. Estas não tiveram nenhuma participação independente nas habilidades que produziram essa civilização. É o homem que deve sair para enfrentar a vida hostil, é ele que deve agir e lutar. A mulher não é sujeito. Ela não produz, mas cuida dos que produzem, monumento vivo dos tempos há muito passados da economia doméstica fechada. A divisão do trabalho imposta pelo homem foi-lhe pouco favorável. Ela passou a encarnar a função biológica e tornou-se o símbolo da natureza, cuja opressão é o título de glória dessa civilização.

Essa visão que recaiu sobre a mulher, resultante da razão que controla a natureza e se justifica cientificamente, impede-a de constituir sua existência em plenitude uma vez que, ao ser vista como um ser inferior, com funções meramente biológicas e ligadas aos afazeres domésticos, é privada do debate, do fazer político, do trabalho criativo, condições importantes para a emancipação humana.

Ao invés de ente com possibilidades de fruição, crítica e de atuação cultural, simbólica, filosófica e reflexiva, a mulher é tida como um ser menor, inferior, frágil, passível de domínio sistematizado, assim como as demais expressões de vida presentes na natureza, esta última tendo por função responder aos estímulos de uma ciência desumana criada em uma sociedade de desigualdades, patriarcal e que beira ao colapso ambiental e à barbárie social.

Falar em controle da natureza e da mulher é falar em domínio da humanidade, porque não existe separação entre ambos, uma vez que se relacionam de maneira dialética, e a mulher, em sua condição de pessoa, de humana, necessita da natureza e do que esta produz para a sua sobrevivência. A manutenção dessa condição de domínio impede o estabelecimento de relações sociais de colaboração e de respeito mútuo no campo econômico, étnico e de gênero, e desgasta, destrói, ao invés de preservar o meio ambiente natural.

Esse formato de mundo, que não considera os quesitos do capitalismo que explora a força de trabalho operária, é marcado pelo ritmo das engrenagens industriais, pela exacerbação da técnica e da tecnologia que alienam os indivíduos, não deixando espaço para a sensibilidade, a criatividade, a espontaneidade, a contemplação e admiração do belo, da arte. Ao contrário, como a vida já está praticamente programada, cabe a cada humano a função de coadjuvante subalterno que apenas repete o que a sua função lhe exige. E ainda, por meio da ciência, tendo em vista o domínio de uma nação sobre outra, não se medem esforços, não há constrangimentos no que tange a dizimar a vida seja ela humana, animal, natural. Para Adorno e Horkheimer (2006, p. 206, grifo do autor):

> [...] A grande girafa e o sábio elefante são *oddities* que não divertem mais sequer um escolar sabido. Eles constituíram na África — o último canto da terra que procurou em vão proteger suas pobres manadas da civilização — um obstáculo para o pouso dos bombardeiros durante a última guerra. Agora, estão em vias de serem completamente dizimados. A terra que se tornou racional não carece mais do reflexo estético.

Dominar a natureza de maneira racional, técnica e sistematizada representa também o fim da estética, porque em um mundo industrial não há que se perder tempo com minúcias que distraiam o processo produtivo, que atrapalhem as intervenções visando à manutenção do controle e que inclusive possam chocar as pessoas e talvez despertá-las de sua letargia na dimensão do pensamento, da consciência.

Neste mundo sem estética, em que foi decretado o fim da sensibilidade, da capacidade de se humanizar mediante o ato criativo presente em diferentes linguagens culturais, que comunicam outras formas de ver, sentir e de se relacionar com a realidade, também não existe arte, a contradição foi solapada, já não se demora no pensamento e na reflexão crítica e o caráter de resistência pertinente à negatividade filosófica foi aniquilado. Mencionam Adorno e Horkheimer (2006, p. 207-208):

> [...] A natureza é uma porcaria. Só a força astuciosa capaz de sobreviver tem razão. Ela própria, por sua vez, é pura natureza; toda a maquinaria sofisticada da moderna sociedade industrial é a pura natureza se dilacerando. Não há mais nenhum meio capaz de exprimir essa contradição. Ela se

> realiza com a seriedade obstinada do mundo do qual desapareceram a arte, o pensamento, a negatividade. Os homens se tornaram tão radicalmente alienados uns dos outros e à natureza que a única coisa que ainda sabem é: para que precisam uns dos outros e o que se infligem mutuamente. Cada um é um fator, o sujeito ou o objeto de uma prática qualquer, algo com quem se conta ou não se precisa mais contar.

A vida tornou-se sem graça, sem sentido humanista. E meramente, unicamente, utilitarista, em que os humanos exacerbam, extrapolam a prática irrefletida em busca de resultados rápidos para as demandas produtivas, ou mesmo para a explicação de fenômenos, presentes em diferentes circunstâncias e elementos cotidianos, elencados e estabelecidos como objetos, com funcionalidade descartável. Assim, visa-se facilitar a existência esvaziada de significado simbólico, político, ético e estético. Nesses moldes sociais, não há espaço para a filosofia, para os saberes que questionam o mundo.

Entretanto nem tudo está perdido, uma vez que enquanto pulsar vida sobre o mundo existem alternativas para que se possam recorrer com o objetivo de instigar e ventilar a esperança. O diagnóstico filosófico não tem por objetivo disseminar a impossibilidade da ruptura.

Ao contrário, identificadas as condições históricas e sociais em que a realidade concreta se firma, urge a necessidade de se encontrarem vias, brechas, frestas que incentivem investidas rumo a problematizar a atual configuração do cenário, a firmeza do pensamento crítico e autocrítico, a resistência e a coragem para não se entregar.

Nesse sentido, é preciso manter-se obstinado no processo de reflexão demorada e contemplativa, de fundamentação teórica — que dialeticamente se vincula à prática —, observando atentamente as possíveis contradições que suscitam fragilidades no sistema arquitetado pela razão científica e pelo capital que domina humano e natureza.

Ante as possibilidades que representam esperança e ameaçam o que está estabelecido, o status quo, Adorno e Horkheimer (2006, p. 209) destacam: "[...] O perigo que ameaça a prática dominante e suas alternativas inevitáveis não é a natureza — a natureza, muito ao contrário, coincide com ela —, mas sim o fato de recordar a natureza".

Em acordo com a passagem, vê-se que há caminhos para a resistência visando desconstruir e alterar a racionalidade pragmática que controla a natureza com a justificativa de que o humano possui esse direito uma vez que sua razão o coloca em condição de superioridade em comparação aos demais seres viventes, aos animais que fazem parte da natureza.

Esse ponto de refúgio, de inflexão, não seria necessariamente a natureza em si, mas a atitude de recordar, de rememorar a natureza. O resgate da memória permite identificar que a realidade é construção, é movimento, e que nem sempre ela foi da maneira que se apresenta, sendo, por isso, passível de ser alterada.

Então, trazer à memória dos indivíduos o modo de vida anterior ao domínio racional, científico e sistematizado nas modernas sociedades industriais sobre a natureza permite gerar reflexões que apontem para outras formas de relação entre humanos e meio ambiente natural, bem como com os demais humanos. Nessa lógica rememorar[38] é resistir. E resistir é um dos princípios para a consecução do pensamento crítico e autônomo.

Ao se falar em pensamento crítico, é preciso ter a clareza de que ele se dá mediante processos formativos que ocorrem no âmbito educacional. A educação, tida como recurso utilizado pelos humanos para transmitir às novas gerações os conhecimentos sistematizados e historicamente acumulados pela humanidade, passa-se em diferentes lugares, e entre eles a casa, espaço informal educativo, e a escola, espaço formal educativo.

Em ambos os lugares ocorrem o fenômeno educacional, mas os objetivos estabelecidos para a educação nestes distintos contextos se diferenciam tanto no que se refere aos conteúdos a serem aprendidos quanto no que tange à função proposta destes mesmos conteúdos.

Todavia a casa, o ambiente familiar, por se constituir no primeiro lugar de formação dos indivíduos logo em seus primeiros anos de vida, sobretudo a partir da convivência dos mais novos com os mais velhos sendo os seus pais, irmãos, irmãs, entre outros, acarreta experiências emocionais que marcam suas existências pelas demais fases da vida, interferindo na maneira como estes se relacionam com outras pessoas, que não necessariamente se configuram aquelas pertencentes ao seu núcleo familiar, podendo ser os professores e colegas de sala de aula, quando os mesmos se inserirem no universo escolar. Ressalta Freud (2012, p. 420-421):

---

[38] No que tange à memória, à história e ao passado, cabe citação de Adorno (2012, p. 45) quando diz que: "Nem nós somos meros espectadores da história do mundo transitando mais ou menos imunes em seu âmbito, e nem a própria história do mundo, cujo ritmo freqüentemente assemelha-se ao catastrófico, parece possibilitar aos seus sujeitos o tempo necessário para que tudo melhore por si mesmo. [...] o esclarecimento acerca do que aconteceu precisa contrapor-se a um esquecimento que facilmente converge em uma justificativa do esquecimento, seja por parte de pais que enfrentam a desagradável pergunta acerca de Hitler por parte de seus filhos e que, inclusive para se inocentar, remetem ao lado bom e que propriamente não foi tão terrível assim". Portanto, ao invés de esquecer é preciso retomar o passado e reelaborá-lo. Para que a barbárie totalitária de Auschwitz não aconteça novamente.

> [...] as posturas afetivas em relação a outras pessoas, tão relevantes para a conduta posterior do indivíduo, são estabelecidas surpreendentemente cedo. [...] As pessoas a que ele se fixa dessa maneira são os pais e os irmãos. Todos os indivíduos que vêm a conhecer depois tornam-se sucedâneos desses primeiros objetos dos sentimentos [...] todas as futuras escolhas de amizade e amores sucedem a partir de traços mnemônicos deixados por aqueles primeiros modelos.

Identifica-se que a formação não escolar, que os indivíduos recebem nos processos educacionais que se passam junto às suas famílias, será determinante na maneira como eles se constituirão psicologicamente e emocionalmente no futuro, em demais fases de suas vidas.

Logo, compor-se psicologicamente de maneira saudável e equilibrada, tendo a clareza de quem se é e estando seguro das próprias emoções, é fundamental para a constituição e a consolidação de outras, de posteriores, relações sociais que se darão em demais lugares e entre eles a escola. Contudo não se pode desconsiderar a importante tarefa da família nesse processo de formação psicossocial dos indivíduos.

Nessa perspectiva, passando por uma saudável experiência formativa — ocorrida no meio familiar — que contribuiu para o amadurecimento emocional, psicológico e social do indivíduo, acredita-se que ele não apresentará dificuldades para estabelecer relações sociais de cordialidade, cooperação e solidariedade, importantes para a criação de um ambiente favorável ao ensino e aprendizado na escola.

Mas, não apenas para isso, e sim também para se posicionar contra toda forma de violência, seja ela verbal ou física, que impede as pessoas de viverem em plenitude, ameaça a vida, e abrem-se brechas para o domínio de um indivíduo sobre outro, para o cerceamento da liberdade e a ausência do direito ao diálogo, evitando-se a barbárie. Adorno (2012, p. 165) ressalta:

> [...] Com a educação contra a barbárie no fundo não pretendo nada além de que o ultimo adolescente do campo se envergonhe quando, por exemplo, agride um colega com rudeza ou se comporta de um modo brutal com uma moça; quero que por meio do sistema educacional as pessoas comecem a ser inteiramente tomadas pela aversão a violência física.

É função da escola ministrar aos estudantes conteúdos vinculados ao seu potencial histórico, cultural, sociológico, político, filosófico, estético, ético e humanístico com o objetivo de despertar a consciência dos indivíduos para a crítica e autocrítica. Trata-se de um fator fundamental no quesito formação para problematizar e refletir sobre o mundo, suas complexidades e contradições.

E dentre estas tanto o histórico domínio que o humano tem empreendido sobre a natureza, fato que gera formas de domínio também sobre os humanos, pois fazem parte da natureza, quanto a violência física impedem a consecução de relações de cooperação, solidariedade e coletividade. Por essa via, a escola acerta, uma vez que é caminho, posicionamento contra a barbárie que possui potencial destrutivo, tal como nos regimes totalitários que se constituíram na Europa, bem como nas duas guerras mundiais, conforme já se afirmou anteriormente.

É preciso ter olhar filosófico e reflexão fundamentada teoricamente a ponto de saber que a barbárie é uma espécie de linha tênue, frágil e que está à espreita. Por isso a necessidade de uma educação que também contemple a contradição e a resistência, a sensibilidade e a negatividade filosófica. Porque nem toda síntese se traduz em processos evolutivos, que se concretizam em benefícios para a humanidade. Vide o progresso.

Então, uma educação contra a barbárie está na direção da emancipação[39]. Para tanto, afirma Adorno (2012, p. 183): "[...] a única concretização efetiva da emancipação consiste em que aquelas poucas pessoas interessadas nesta direção orientem toda a sua energia para que a educação seja uma educação para a contradição e para a resistência".

Esse viés educativo contribui para a formação de indivíduos questionadores, que compreendem a histórica e a problemática relação do humano com a natureza quando este a domina, considerando-se — por ser racional — como superior aos demais seres, aos animais, descartando ou mesmo não tendo a clareza, por estar alienado, de que dominar e destruir a natureza representa o seu próprio domínio, autodestruição e fim, uma vez ser ele também integrante da natureza e dependente dela para manter-se vivo.

O indivíduo emancipado não assume posição fatalista da história, identifica as contradições do sistema que tem operado no mundo, contempla possibilidades de resistência e alimenta a esperança de que é possível desconstruir o que está posto, confrontando a razão instrumentalizada, a

---

[39] "Emancipar" é adotado no texto como um processo intelectual de ousadia e coragem para o exercício do pensamento autônomo. Tal processo é o esclarecimento que para Kant (2005, p. 63-64, grifo do autor): "[...] é a saída do homem de sua menoridade, da qual ele próprio é culpado. A menoridade é a incapacidade de fazer uso de seu entendimento sem a direção de outro indivíduo. [...] Tem coragem de fazer uso de teu próprio entendimento, tal é o lema do esclarecimento [*Aufklärung*]". Desse modo, emancipação é esclarecimento e vice-versa.

ciência pragmática que controla e ameaça a vida humana e animal, procurando fundamentar teoricamente seu pensamento para refletir sobre o mundo e sobre as possíveis brechas passíveis de intervenção.

Para tanto, primeiro é preciso se formar e informar, conscientizar-se de que a realidade é complexidade, processo construtivo, passível de desconstrução e não se acomodar, não desistir, porém resistir e não se conformar com o status quo. E, para tal, a escola é um ambiente educacional capaz dessa formação cujo centro é a emancipação.

E na luta contra a barbárie, para o estabelecimento e fortalecimento da democracia, que considera e respeita a diversidade cultural, social, étnica e de gênero, bem como a heterogeneidade e pluralidade de ideias críticas, uma educação que tenha como eixo, norte formativo, a emancipação se faz necessária. Portanto, destaca Adorno (2012, p. 169): "[...] A exigência de emancipação parece ser evidente numa democracia".

Considerações finais

Nesse ponto do trabalho, acredita-se já ser possível estabelecer certas considerações que se fazem de grande importância, tendo em vista constituir linhas de reflexão que gerem posicionamentos vinculados à resistência contra a barbárie e a favor da democracia.

A partir dos argumentos apresentados no decorrer do texto, identificou-se que historicamente o humano tem se relacionado com a natureza, no contexto espacial e geográfico, e com os demais humanos, no contexto cultural e social, por meio de uma perspectiva de disputa, controle e domínio.

Isso se deu em diferentes momentos históricos com seus respectivos modos de produção, todavia intensificou-se na Modernidade, tida como o momento de dessacralização da vida, da natureza e do mundo, uma vez que o humano, visto como ser racional, tornou-se o centro das discussões, dos debates, fundamentados na ciência.

Esse ser racional, que se gabou/gaba por se considerar acima dos demais seres viventes, os animais, devido ao fato de guiar-se pelo pensamento, logo pela razão, com a criação do capitalismo e amparado pela ciência de cunho positivista, passou a interferir na natureza de forma predatória para o excedente, visando ao acúmulo da produção ao invés de extrair do meio natural os mantimentos necessários para seu sustento, para a manutenção e desenvolvimento da vida.

Então, na contemporaneidade visualiza-se que a razão tornada instrumento de um indivíduo que se julga sujeito conhecedor de objetos, entre eles a natureza, não foi capaz de tornar o mundo um lugar melhor para se viver bem como para praticar a filosofia, a política, a solidariedade e a coletividade. Ao contrário, o que se percebeu foi a existência tornar-se pragmática orientada segundo o ritmo das máquinas, da produção nas sociedades industriais.

Esse modelo de vida, além de consumir os recursos naturais, aliena os humanos por meio dos sutis mecanismos da indústria cultural[40], que, ao destituir o trágico, o negativo filosófico e a contradição, outrora vias de resistência, impede a compreensão crítica de que o humano faz parte da diversidade biológica, geográfica e complexa da natureza, e que a destruição dela representa a própria destruição humana.

Considera-se também que, uma vez o humano sendo natureza, pois é dela que retira os meios naturais necessários à sua vida, ao dominar a natureza ele está dominando a si próprio bem como seus demais semelhantes. Isso ficou evidenciado, por exemplo, nas desiguais relações de gênero construídas cultural e socialmente nas quais são relegadas às mulheres funções secundárias se comparadas às exercidas pelos homens no processo produtivo, do trabalho e da economia, na cultura, política, religião e sociedade como um todo (ADORNO; HORKHEIMER, 2006).

Tal paradigma cultural, sociológico, político e filosófico impede a constituição de relações entre humanos e natureza pautadas pela responsabilidade ambiental e pelo processo de preservação, e também implica a não vivência de relações humanas que tendam à colaboração, cooperação, coletividade e partilha entre os indivíduos em suas diversas possibilidades e condições de cultura, etnia e gênero[41].

---

[40] A indústria cultural é o processo pelo qual toda a produção simbólica humana, sendo a cultura, desde a linguagem oral e escrita até a artística, submetida ao mercado nas sociedades industriais. Ela é destituída da sua capacidade de formar humanos civilizados, para reduzi-los à condição de consumidores. Nessa lógica, a cultura está sujeita à técnica e racionalidade que é empregada na fábrica. Tal como enlatados repetidos e empilhados nas prateleiras, a cultura se torna uma mercadoria à espera de ser adquirida, comprada, consumida e digerida. Sobre a indústria cultural, dizem Adorno e Horkheimer (2006, p. 103): "[...] Desde o começo do filme já se sabe como ele termina, quem é recompensado, e, ao escutar a música ligeira, o ouvido treinado é perfeitamente capaz, desde os primeiros compassos, de adivinhar o desenvolvimento do tema e sente-se feliz quando ele tem lugar como previsto".

[41] Em diálogo com o parágrafo, cabe mencionar Adorno (2015, p. 232, grifo do autor) ao dizer que: "[...]. Se alguma vez não houver mais monopólio, então se verá de forma suficientemente rápida que as massas não 'precisam' do lixo que lhes é fornecido pelo monopólio cultural". Compreende-se que o processo histórico de quebra do monopólio capitalista é fundamental para resistir-se à indústria cultural, fato capaz de instaurar demais formas de organização social que não sejam pautadas pelo consumo desenfreado de mercadorias. Fato que no presente domina os humanos e o meio natural, logo a natureza em sua totalidade.

A racionalidade perversa pela qual os humanos vêm historicamente construindo suas relações com a natureza e com os demais humanos tende à repetição da barbárie que está à espreita, que disseminou o preconceito, xenofobia, racismo e antissemitismo materializado no Holocausto e demais sistemas políticos totalitários que rondaram a Europa; e que fez a morte pairar, sobrevoar o mundo, concretizada nas duas guerras mundiais que exterminaram vidas sem misericórdia.

Para tanto, ao invés de pânico e pessimismo, o diagnóstico apresentado possui o potencial de denúncia com vistas a despertar as pessoas para o fato de que ainda há tempo para impedir com que totalitarismos e guerras voltem à tona, ao cotidiano das manchetes dos jornais, sufocando a esperança da existência em dias que não sejam assolados pelo horror da barbárie.

Acredita-se no potencial formativo da educação compreendendo--se que ela ocorre em diferentes espaços, sendo estes não formais como a casa, junto à família, e que esta possui singular relevância na formação de indivíduos psicologicamente equilibrados e emocionalmente saudáveis, contribuindo no processo de amadurecimento psicossocial fundamental para o estabelecimento das relações sociais humanas (FREUD, 2012).

E dentre essas relações, as que se passam na escola, que também é um ambiente educacional, contudo formal, com currículo estabelecido e disciplinas que o tornam concreto, cujo objetivo é apresentar e permitir que os estudantes possam assimilar, aprender e sistematizar os diferentes conteúdos e temas de ensino que possibilitarão desvelar a vida, o contexto e o mundo em que se vive.

Contudo, ao se falar em escola, para além da tarefa de aprender de forma pragmática, acredita-se que os conteúdos de ensino precisam ser discutidos de maneira contextualizada com a complexidade histórica e em processo de movimento e transformação pelo qual o mundo passa. A formação escolar deverá despertar nos discentes a curiosidade, a criatividade e a sensibilidade para que estes se tornem críticos e capazes de autocrítica com vistas a refletirem sobre o mundo e os problemas que os atingem, entre eles as relações de domínio do humano sobre a natureza e sobre o próprio humano.

Pensar em uma educação escolar por esse viés é ter em mente que a formação é capaz de emancipar os indivíduos, tornando-os seres autônomos e potencialmente conscientes da sua tarefa neste mundo, que é a de torná-lo um lugar em que as relações entre humano e natureza se pautem pela perspectiva da responsabilidade ambiental e os relacionamentos entre os humanos se amparem em laços de cooperação, solidariedade e respeito mútuo às diversidades sociais, étnicas e de gênero que se materializam na realidade.

Reitera-se que isso implica também ter a sapiência de se posicionar contra toda forma de preconceito, xenofobia, racismo e violência — verbal, física etc. —, contra tudo que explore a vida e o direito à palavra, ao diálogo, à existência com humanidade e dignidade (ADORNO, 2012).

Uma educação emancipatória precisa instigar o olhar sobre o contraditório por meio de perspectiva filosófica da negatividade, que diagnostica, inspira a resistência e se ampara teoricamente — em busca da dialética com a ação que abram ares para a práxis —, e no campo do pensamento tem como esperança o vindouro anúncio de que outra realidade e mundo são possíveis. Na defesa da democracia e contra a barbárie, espera-se que a escola eduque para a emancipação (ADORNO, 2012).

Referências

ADORNO, Theodor W. **Palavras e sinais**: modelos críticos 2. Petrópolis: Vozes, 1995.

ADORNO, Theodor W. **Educação e emancipação**. 7 reimp. São Paulo: Paz e Terra, 2012.

ADORNO, Theodor W. **Ensaios sobre psicologia social e psicanálise**. São Paulo: Editora Unesp, 2015.

ADORNO, Theodor W.; HORKHEIMER, Max. **Temas básicos da sociologia**. 2. ed. São Paulo: Cultrix, 1978.

ADORNO, Theodor W.; HORKHEIMER, Max. **Dialética do esclarecimento**: fragmentos filosóficos. 20 reimp. Rio de Janeiro: Jorge Zahar, 2006.

CAMBI, Franco. **História da pedagogia.** São Paulo: Fundação Editora da UNESP (FEU), 1999.

FREUD, Sigmund. Sobre a psicologia do colegial. *In:* FREUD, Sigmund. **Totem e tabu**: contribuição à história do movimento psicanalítico e outros textos (1912-1914). São Paulo: Companhia das Letras, 2012. p. 418-426.

KANT, Immanuel. Resposta à pergunta: O que é esclarecimento (*Aufklärung*)? *In:* KANT, Immanuel. **Textos Seletos**. 3. ed. Petrópolis: Vozes, 2005. p. 63-71.

MARX, Karl. **Formações econômicas pré-capitalistas**. 4. ed. São Paulo: Paz e Terra, 1985.

MARX, Karl; ENGELS, Friedrich. **Manifesto Comunista**. 5 reimp. São Paulo: Boitempo Editorial, 2007.

Capítulo 8

A DIALÉTICA NEGATIVA ADORNIANA E A PRECARIZAÇÃO DO TRABALHO DOCENTE: ALGUMAS REFLEXÕES

Nelma Roberto Gonçalves Mendes
Estelamaris Brant Scarel

Os problemas ligados à precarização do trabalho docente não são recentes no Brasil, mas se intensificaram com a entrada da política neoliberal que alimentou ainda mais a indústria do consumo com reflexos em diferentes contextos, incluindo o educacional. Neste trabalho faremos algumas reflexões sobre essa ideologia que tem tido influência na jornada de trabalho docente, na trajetória de formação dos professores levando a consequências nas condições materiais de subsistência das escolas, nos atendimentos escolares e na organização curricular do ensino. Aliado a isso, refletiremos criticamente sobre a desvalorização profissional docente à luz da *Dialética Negativa*, adorniana, desvalorização que tem sido legitimada pela ordem social vigente, confrontando a classe educadora. Para Adorno (2009), afinal

> [...] Se nos restringíssemos às reações passivas, então permaneceríamos, segundo a terminologia mais antiga, junto à receptividade: nenhum pensamento seria possível. Se a vontade só existe por meio da consciência, então só há consciência, correlativamente, onde há vontade. (ADORNO, 2009, p. 183).

Dessa forma, analisar as condições do trabalho docente na educação, tendo como parâmetro a ideologia do capital, implica reconhecer que a realidade atual se encontra cada vez mais afetada e, portanto, tendo como referência a citação acima, faz-se necessária a reflexão por parte do sujeito, a fim de que não apenas rompa com esse estado regressivo instalado nas instituições educacionais, em face da dominação política, cultural e econômica da classe dominante, mas, também, resista para que esse espaço não se transforme em reprodução dos interesses da classe detentora do poder, principalmente econômico.

Com efeito, as reflexões adornianas contidas na *Dialética Negativa* possibilitam o processo de confronto às condições atuais do trabalho docente precarizado. Segundo estudos desenvolvidos por Scarel (2016, p. 42):

> Esse processo contraditório de identificação e, consequentemente, de adaptação e cegueira diante dos mecanismos extremistas e de sujeição das consciências só podem ser confrontados, [...] pelo exercício crítico, isto é, mediante a tensão dialética contínua entre particular e universal, sujeito e objeto, mito e esclarecimento, identidade e não identidade, indivíduo e sociedade, teoria e práxis, diferenciação e indiferenciação, buscando apontar que o cativeiro em que o indivíduo recaiu está calcado, historicamente, em pressupostos objetivos.

Nesse sentido, inferimos que o que vem dificultando tanto o oferecimento de divergências como de embates críticos a esse contexto é o processo cada vez maior de adaptação dos sujeitos à ideologia subjacente ao neoliberalismo. Nesse processo de exploração cada vez maior, o enfrentamento e a resistência à passividade e à incapacidade de reflexão são inevitáveis para a sobrevivência, seja pessoal, seja profissional.

Partindo dessa perspectiva e tendo em vista a realidade brasileira, podemos afirmar que com a chegada do neoliberalismo no Brasil, segundo Antunes (2004, p. 131), que "começou com a eleição de Collor, em 1989, foi, entretanto, no Governo FHC, entre 1994 e 2002, que ele de fato deslanchou", a economia reforçou os espaços do mercado privado em prol do lucro, tendo entre tantos retrocessos o aumento da precarização do trabalho docente com o aumento da carga horária de trabalho, com as perdas de direitos trabalhistas, com a baixa remuneração, com a desvalorização profissional, com o baixo investimento na carreira profissional e, ainda, com o enfraquecimento do movimento sindical.

Assistimos, em decorrência desse desmonte, ao processo de mercantilização da educação com vistas à formação para o mercado de trabalho, fortalecendo os princípios da ideologia do lucro em detrimento da formação humana ampla e profissional. Nessa perspectiva, para Freitas (2018, p. 29), há a seguinte consequência no campo educacional:

> A educação, vista como um 'serviço' que se adquire, e não mais como um direito, deve ser afastada do Estado, o que justifica a sua privatização. Do ponto de vista ideológico, a privatização também propicia um maior controle político do aparato escolar, agora visto como 'empresa', aliado à padronização promovida pelas bases nacionais comuns curriculares.

A TEORIA CRÍTICA DA SOCIEDADE E A EDUCAÇÃO: MÚLTIPLOS OLHARES

Reiteramos que é nesse cenário de imposição ideológica à educação que se faz necessária a autorreflexão crítica, no sentido da *Dialética Negativa* adorniana, pelos profissionais da educação e pela sociedade, contradizendo a política de padronização e de meritocracia educacional, cujos resultados determinam os caminhos dos investimentos no setor educacional, nos salários dos professores, bem como nos rumos da vida escolar, aumentando as diferenças sociais. Segundo Freitas (2018), isso desqualifica o exercício profissional culminando no seguinte:

> [...] desvalorização profissional que é apresentada ao magistério pelo seu contrário, ou seja, como se fosse valorização. A lógica novamente está no mercado: segundo ela, é preciso motivar as pessoas a trabalhar mais, e aumento de salários iguais para todos não estimulam, sendo necessário sua ligação com resultados, no caso, com o desempenho dos estudantes medido em testes, permitindo uma complementação salarial variável e personalizada. (FREITAS, 2018, p. 109).

A educação, como política pública, deve romper com a lógica do capital, uma vez que a desvalorização está intrinsicamente condicionada aos resultados de avaliações externas, aumento da carga horária de trabalho e aceitação das condições impostas pelo Estado. Esse processo regressivo[42], segundo a visão freudiana, e alienante demanda esforço da classe trabalhadora da educação no que tange à necessidade do exercício da autorreflexão crítica com vistas à emancipação e resistência às imposições da classe que detém o controle pelo capital.

Tendo em vista esse cenário, podemos deduzir que se trata de um verdadeiro processo de barbarização sobre o trabalho exercido atualmente pelos professores. Adorno (1995) define a barbárie como

> [...] algo muito simples, ou seja, que, estando na civilização do mais alto desenvolvimento tecnológico, as pessoas se encontrem atrasadas de um modo peculiarmente disforme em relação a sua própria civilização — e não apenas por não terem em sua arrasadora maioria experimentado a formação nos termos correspondentes, mas também por se encontrarem tomadas por uma agressividade primitiva, um ódio primitivo

---

[42] "Num processo psíquico que contenha um sentido de percurso ou de desenvolvimento, designa-se por regressão um retorno em sentido inverso desde um ponto já atingido até um ponto situado antes desse [...] A regressão é uma noção de uso muito frequente em psicanálise e na psicologia contemporânea; é concebida, a maioria das vezes, como um retorno a formas anteriores de desenvolvimento do pensamento, das relações de objeto e da estruturação do comportamento" (LAPLANCHE; PONTALIS, 2001, p. 440).

ou, na terminologia culta, um impulso de destruição, que contribui para aumentar ainda mais o perigo de que toda civilização venha a explodir, aliás uma tendência imanente que a caracteriza. (ADORNO, 1995, p. 155).

Com efeito, resistir e contrapor-se a esse estado de extremismo instalado no contexto educacional torna-se não só necessário, mas fundamental, para que os profissionais da área da educação possam atuar num cenário diferente do atual, isto é, mais humanizante. Nesse sentido, reconhecer o processo de coisificação do sujeito cujo trabalho é submetido às exigências impostas pela ideologia dominante é ao mesmo tempo romper com esse processo de dominação. Na análise de Scarel (2016, p. 48), para o confronto a esse estado de alienação impõe-se

[...] a necessidade de haver a reflexão por parte do sujeito, a fim de que ele não apenas rompa os grilhões de sua dependência, mas também do outro. Pois, entende-se que não há possibilidade de o indivíduo realizar-se somente no plano individual, porque a 'independência' do mundo circundante, isto é, do mundo das coisas, da natureza, da história, impedi-lo-á de romper com o seu mundo abstrato, consequentemente, de realizar-se como sujeito, enfim de constituir a sua identidade concreta.

Daí a urgência de refletirmos sobre a realidade desse sujeito histórico, que deve ser capaz de resistir à coisificação da sua consciência e instrumentalização do seu trabalho, submetendo-o à cultura alienante e à política de dominação. E, por isso, romper com essa educação reprodutivista, meritocrática, mercadológica e alienante torna-se, nas palavras de Adorno (1995, p. 143), acima de tudo, a preparação do sujeito para se orientar num modelo de sociedade de maneira consciente e emancipada. Na sua visão, a

[...] emancipação significa o mesmo que conscientização, racionalidade. Mas a realidade sempre é simultaneamente uma comprovação da realidade, e esta envolve continuamente um movimento de adaptação. A educação seria impotente se ignorasse o objetivo de adaptação e não preparasse os homens para se orientarem no mundo. Porém ela seria igualmente questionável se ficasse nisto, produzindo nada além de *well adjusted people,* pessoas bem ajustadas, em consequência do que a situação existente se impõe precisamente no que tem de pior.

Como podemos observar, no cenário atual, constitui-se um desafio para os educadores criticar os processos educacionais alienantes, a fim de não somente tensioná-los, mas, acima de tudo, opor-se à realidade social vigente de forma reflexiva e resistente, não sucumbindo aos retrocessos de submissão do trabalho profissional docente à alienação, proporcionando condições de autonomia, o que, segundo Adorno (1995), consiste no seguinte:

> [...] começar despertando a consciência quanto a que os homens são enganados de modo permanente, pois hoje em dia o mecanismo de ausência de emancipação é o *mundus vult decip* em âmbito planetário, de que o mundo quer ser enganado. A consciência de todos em relação a essa questão poderia resultar dos termos de uma crítica imanente, já que nenhuma democracia normal poderia se dar ao luxo de se opor de maneira explícita a um tal esclarecimento. (ADORNO, 1995, p. 183).

A necessidade de esclarecimento, a partir de uma educação crítica e autorreflexiva, impõe que não recuemos ante os desafios que nos são impostos; pelo contrário, é preciso se contrapor ao idealismo e ao objetivismo em prol da superação dessa realidade cada dia mais alienante imposta por uma estrutura ideológica sustentada pela camada do poder, que coisifica o trabalho docente em favor do capital.

Retomando a reflexão sobre a precarização do trabalho docente, salientamos que outro ponto importante que nos chama a atenção é a falta de eficácia no que tange às garantias contidas na legislação política educacional brasileira. Um ponto relevante contido no art. 67 da Lei de Diretrizes e Bases da Educação Nacional – LDB n.º 9.394/1996, que trata a respeito da valorização dos profissionais da educação e garante "condições adequadas de trabalho", tornou-se uma realidade negada ao docente ante as precárias condições de trabalho atuais, como: intensificação das atividades no campo de atuação, ausência de investimentos financeiros e de adaptações tecnológicas, falta de programas de formação continuada, ausência ou instabilidade no plano de carreira com perdas de direitos trabalhistas e remuneração via meritocratização, entre outros graves e sérios problemas enfrentados pela classe, conforme já exposto anteriormente, que levam ao limite da aceitação tanto individual como coletiva, culminando, inclusive, no adoecimento de muitos profissionais. Nessa perspectiva, essa realidade, segundo Freitas (2018, p. 109), tem se apresentado da seguinte maneira:

> A reforma empresarial da educação concebe o magistério da mesma forma que concebe a escola, inserido em um livre mercado competitivo, e neste cenário, os salários são tornados dependentes dos resultados esperados, sem direito à estabilidade no emprego e tanto quanto possível sem sindicalização.

> Estabilidade, salários iguais, previdência e sindicalização são condições que impediriam o mercado de produzir "qualidade" na escola. Em sua visão, o professor trabalhará mais se estiver com sua cabeça a prêmio todo dia.

Por isso a necessidade de o sujeito refletir criticamente acerca da sua condição enquanto docente no contexto vigente, a fim de exercer resistência e confronto à realidade que vem insistindo em torná-lo cada vez mais separado da autorreflexão crítica. Nesse sentido, Scarel (2016, p. 98): "[...] evidencia a necessidade de o sujeito não estar alheio ao objeto, pois, o entendimento dialético só se viabiliza na medida em que o sujeito se compromete com o objeto. Na sua concepção, esta é, verdadeiramente, a condição que se abre para o exercício da experiência".

No entanto, contrariando essa perspectiva, na sociedade contemporânea, diante da insistente ideologia neoliberal, da imposição da indústria dos bens de consumo sobre os bens culturais, da padronização de modelos, da mercantilização da educação e da individualização cada vez mais frequente, reiteramos cada vez mais urgente a necessidade do exercício da autorreflexão crítica para rompermos com a idealização de uma educação "igualitária" e "transformadora", velando o que realmente precisa de esclarecimento e de posicionamento para o enfrentamento.

Nesse sentido, vemos constatadas nas palavras de Adorno (1986, p. 67) o quanto precisamos urgentemente desse posicionamento crítico, afinal "a dominação sobre os seres humanos continua a ser exercida através do processo econômico", e romper com essa dominação implica resistir às imposições da classe dominante, que, por meio do controle político e econômico, interfere diretamente nas condições educacionais e, portanto, no trabalho docente.

E, assim, ainda com características que reforçam a dominação do sistema de políticas públicas educacionais, vemos a educação sendo subordinada aos critérios de mercado financiados por empresas nacionais e internacionais, que criam regras com vistas à formação e qualificação docente cada vez mais técnica e precarizada.

Uma sociedade não alienante questiona a realidade e acredita na educação e nos educadores como sujeitos capazes de realizar com consciência e criticidade o seu trabalho empenhando-se em apontar possibilidades de possíveis mudanças a partir do movimento de resistência à realidade vigente, buscando superá-la. Refletindo sobre a educação na lógica contrária a vivenciada atualmente, Freitas (2018, p. 129-130) afirma o seguinte:

> Temos que abrir espaço para pensarmos a educação com outra concepção, que nos permite exercitar uma responsabilização horizontada e participativa, na qual estudantes, professores, pais e gestores em todos os níveis se abram para uma gestão democrática da escola, com a perspectiva de uma escola pública de gestão pública. Não se trata apenas de "corrigir" as distorções econômicas e culturais evidenciadas nas tentativas postas em prática pela reforma empresarial na educação. Trata-se de uma outra proposta educacional baseada em outra concepção de sociedade e educação, com a intencionalidade de propiciar uma igualdade de condições para todos.

Nesse sentido, resgatamos a importância da participação de todos os envolvidos no processo educativo visando ao enfrentamento à realidade antidemocrática, a fim de alcançarmos avanços contra essa ideologia mercadológica educacional, que mantém a desigualdade social, desfavorecendo a valorização do profissional e aumentando a precarização do trabalho docente. Nesse sentido, a autocrítica deve ser constante por parte de todo sujeito da educação, a fim de confrontar todo o processo que envolve a ideologia capitalista, resistindo ao processo regressivo em que a sociedade atual se encontra. Segundo Adorno (1986, p. 66-67),

> [...] a economia de mercado já está tão questionável que ela zomba de qualquer confrontação desse gênero. [...] A perspectiva de que a condução do processo econômico acabe levando ao poder político de fato deriva da dinâmica deduzível do sistema, mas tende simultaneamente para a irracionalidade objetiva.

Diante do exposto, reforça-se que se faz necessário o enfrentamento ao processo ideológico atual, que coloca a educação nos moldes da política neoliberal, isto é, permeadas por condições desfavoráveis, reprodutivistas das condições de manutenção das classes detentoras do poder, visando restringir as condições de autonomia dos sujeitos. Por isso, a resistência às políticas ditadas pela reforma educacional empresarial é uma alternativa que necessita ser defendida com veemência pela classe trabalhadora da educação e, consequentemente, por toda a sociedade.

Retomando a questão da valorização da profissão docente e a realidade atual das condições de trabalho nas instituições educacionais, inferimos que uma das formas de enfrentamento e consequentemente superação dessa ideologia que ainda nos aprisiona e coisifica como produto em prol do capital é pensar a educação, segundo as considerações de Sader (2008), no Prefácio do livro *A Educação para Além do Capital,* afinal

> [...] pensar a educação na perspectiva da luta emancipatória, não poderia senão reestabelecer os vínculos tão esquecidos — entre educação e trabalho, como que afirmando: digam-me onde está o trabalho em um tipo de sociedade e eu te direi onde está a educação. Em uma sociedade do capital, a educação e o trabalho se subordinam a essa dinâmica, da mesma forma que em uma sociedade em que se universalize o trabalho – uma sociedade em que todos se tornem trabalhadores —, somente aí se universalizará a educação. (SADER, 2008, p. 17).

E, nesse contexto, como trabalhadores da educação, somos tensionados a buscar a autorreflexão como meio capaz de romper com uma realidade educacional que prepara os indivíduos para o trabalho, mantendo a ordem vigente, ou seja, pensar na educação a partir de uma visão crítica, humanizada e autônoma de compreensão do mundo e das relações sociais superando as imposições da política neoliberal nos contextos políticos e econômicos que barbariza as condições de trabalho docente. Nas palavras de Scarel (2016, p. 55): "É exatamente contra esse sujeito abstrato que a dialética deve incidir e não se rendendo ao abstracionismo, à conciliação, à barbárie, pois, tal conduta não somente aliena, mas, sobretudo, viola qualquer princípio de liberdade, de humanização, enfim, de autonomia do sujeito".

Inferimos que uma educação que serve aos interesses do capital continuará atendendo cada vez mais à lógica dominante, portanto confrontar essa realidade implica a participação ativa e crítica dos sujeitos envolvidos no processo educativo e da sociedade como todo. O trabalho docente deve embasar uma perspectiva de educação que supere a visão mercadológica e meritocrática, conduzindo o sujeito de maneira autônoma no sentido contrário à lógica do consumo e do lucro, haja vista a realidade que se encontra atualmente sob o domínio do neoliberalismo.

Nesse sentido, a ausência de autorreflexão crítica para confrontar a realidade da condição precarizada de trabalho em que os professores se encontram atualmente nos remete a permanência de baixos e inadequados salários recebidos pelo tempo de dedicação às suas funções, imposições curriculares, turmas com grande quantitativo de alunos e pouco reconhecimento profissional de suas funções. Segundo Freitas (2018), culmina no seguinte:

> Essa desqualificação, tanto na formação quanto no exercício profissional, é acompanhada pela desvalorização profissional que é apresentada ao magistério pelo seu contrário, ou seja, como se fosse valorização. A lógica novamente está

> no mercado: segundo ela, é preciso motivar as pessoas a trabalhar mais, e aumento de salários iguais para todos não estimulam, sendo necessário sua ligação com resultados, no caso, com o desempenho dos estudantes medido em testes, permitindo uma complementação salarial variável e personalizada. (FREITAS, 2018, p. 109).

Portanto, ao consideramos o exposto, percebemos as características do neoliberalismo trazidas para o setor educacional, que, além de contribuir com o desestímulo ao exercício profissional, mercantiliza cada vez mais esse setor, meritocratizando o desempenho e atuação docente nas escolas, causando afastamentos temporários, abandono da carreira do magistério, adoecimento e até a falta de condições físicas e emocionais para reflexão dessas condições que estão expostos e, consequentemente, a superação. Na visão de Adorno (1995, p. 43), a ausência de posicionamento e de enfrentamento nos remete

> [...] a organização econômica, continuam obrigando a maioria das pessoas a depender de situações dadas em relação às quais são impotentes, bem como a se manter numa situação de não-emancipação. Se as pessoas querem viver, nada lhes resta senão se adaptar à situação existente, se conformar; precisam abrir mão daquela subjetividade autônoma a que remete a ideia de democracia.

O desafio atual que buscamos no contexto educacional tem como ponto de partida a resistência às imposições capitalistas no que tange à precarização das condições do trabalho docente. Para que isso ocorra, faz-se necessário e urgente ampliar o pensamento crítico e reflexivo contribuindo com o processo de emancipação dos sujeitos na educação.

Portanto, buscamos superar esse posicionamento ausente de autorreflexão crítica confrontando a realidade em que nos encontramos atualmente enquanto educadores e apontando possíveis mudanças no contexto do trabalho docente.

Inferimos, portanto, que existe, sim, a possibilidade de os professores atuarem de forma crítica e reflexiva sobre a prática docente e as condições de trabalho atual, bem como as causas e as consequências que interferem nas sua vida pessoal, econômica, social e profissional. Para isso, torna-se fundamental confrontar o atual modelo baseado na lógica da ideologia neoliberal, causando a precarização das condições de trabalho, conforme mencionados ao longo do trabalho. Afinal, devemos nos impor constantemente contra a ordem que nos domina por meio da contradição e da resistência. Nas palavras adornianas, "[...] hoje o indivíduo só sobrevive enquanto núcleo impulsionador da resistência" (ADORNO, 1995, p. 154).

Concluímos que o contexto político, social, histórico e ideológico se relaciona e interfere diretamente no processo de precarização do trabalho docente. Os impactos da atual ideologia neoliberal que vem há décadas causando transtornos na atuação docente e consequentemente na educação precisam ser confrontados pela classe trabalhadora da educação a fim de mudar o cenário de dominação das instituições educacionais.

Referências

ADORNO, Theodor W. Capitalismo tardio ou sociedade industrial? *In:* COHN, Gabriel (org.). **Sociologia**. São Paulo: Ática, 1986. p. 62-75.

ADORNO, Theodor W. **Educação e emancipação**. Tradução de Wolfgang Leo Maar. Rio de Janeiro: Paz e Terra, 1995.

ADORNO, Theodor W. **Dialética negativa**. Tradução de Marco Antônio Casanova. rev. Eduardo Soares Neves Silva. Rio de Janeiro: Zahar, 2009.

ADORNO, Theodor W.; HORKHEIMER, Max. **Dialética do esclarecimento**: fragmentos filosóficos. Tradução de Guido Antônio de Almeida. 2. ed. Rio de Janeiro: Jorge Zahar, 1985.

ANTUNES, Ricardo. **A desertificação neoliberal no Brasil**: Collor, FHC e Lula. Campinas: São Paulo: Autores Associados, 2004.

BRASIL. Ministério da Educação. **Lei n. 9.394, de 20 de dezembro de 1996**. Estabelece as diretrizes e bases da educação nacional. Brasil: MEC, 1996.

FREITAS, Luiz Carlos de. **A reforma empresarial da educação**: nova direita, velhas ideias. São Paulo: Expressão Popular, 2018.

LAPLANCHE, Jean; PONTALIS, Jean-Bertrand. **Vocabulário da psicanálise**. Tradução de Pedro Tamen. 4. ed. São Paulo: Martins Fontes, 2001.

SADER, Emir. Prefácio. *In:* MÉSZÁROS, István. **A educação para além do capital**. Tradução de Isa Tavares. São Paulo: Boitempo, 2008.

SCAREL, Estelamaris Brant. **Dilemas inerentes ao potencial formativo entre conhecimento e Dialética Negativa**. Goiânia. 2016. 158 f. Tese (Doutorado em Educação) – Faculdade de Educação, Universidade Federal de Goiás, 2016.

Capítulo 9

O ENSINO REMOTO E A INDÚSTRIA CULTURAL EM GOIÁS

Nívea Oliveira Couto de Jesus
Maria Zeneide Carneiro Magalhães de Almeida

Introdução

A educação brasileira e todos os envolvidos no meio educacional têm sofrido nos últimos dois anos com a pandemia da Covid-19. No Brasil, foi constatado, oficialmente, o primeiro caso de infecção em março de 2020, resultando na urgência do distanciamento social, em que, entre outras restrições, as escolas tiveram que ser fechadas. Segundo dados da Organização das Nações Unidas para a Educação (UNESCO, 2020), o fechamento das escolas afetou mais de 1 bilhão e meio de estudantes no mundo; no Brasil, esse número foi superior a 52 milhões (SILVA; SILVA; MONTANARI, 2020).

O Ministério da Educação (MEC) publicou no dia 18 de março de 2020 a Portaria n.º 343, que autorizava em caráter excepcional a substituição das aulas presenciais por aulas na modalidade on-line. Diante da mudança, estudantes, escolas, faculdades e universidades precisaram adaptar a rotina e as aulas à nova realidade, a fim de não comprometer o cronograma escolar no período de isolamento social.

Nesse contexto, foi configurado um novo modelo de processo de ensino-aprendizagem denominado ensino remoto, ou seja, práticas pedagógicas mediadas por plataformas digitais, como aplicativos com os conteúdos, tarefas, notificações e/ou plataformas síncronas e assíncronas como o Teams (Microsoft), Google Class, Google Meet, Zoom (GOMES, 2020), essas últimas entrando em uma competição acirrada para ver quem conseguiria pegar a maior fatia do mercado. A verdade em tudo isso é que o poder da indústria cultural[43] provém de sua identificação com a necessidade produzida (ADORNO; HORKHEIMER, 1985, p. 113).

---

[43] A indústria cultural (*Kulturindustrie*), termo cunhado por Theodor Adorno (1903-1969) e Max Horkheimer (1895-1973), membros da Escola de Frankfurt, refere-se à produção cultural no capitalismo industrial e, especialmente, à produção artística que, nesse contexto, torna-se mais um instrumento para que o capitalismo se fortaleça cada vez mais na sociedade. Disponível em: https://filosofiadoinicio.com/2021/07/industria-cultural.html. Acesso em: set. 2022.

As aulas foram suspensas, levando em consideração a Resolução 02/2020, de 17 de março de 2020, fundamentada na declaração feita pela Organização Mundial de Saúde no dia 11 de março de 2020 como pandemia a infecção humana pelo novo Coronavírus (Covid-19), que estabelece em seu art. 1º o regime especial de aulas não presenciais no âmbito de todo o Sistema Educativo do Estado de Goiás, definido essencialmente pela manutenção das atividades pedagógicas sem a presença de alunos e professores nas dependências escolares, devendo se efetivar por meio de regime de colaboração entre os entes federados e autoridades do Sistema Educativo do Estado de Goiás, ação importante que garante o isolamento social de grande parcela da sociedade.

O Ministério da Educação (MEC) foi responsável por homologar uma série de diretrizes sobre o ensino durante a pandemia, aprovado pelo Conselho Nacional de Educação (CNE). Um despacho de 29 de maio de 2020 autorizava a reorganização do calendário escolar e a possibilidade de cômputo de atividades não presenciais, para fins de cumprimento da carga horária mínima anual, em razão da pandemia do novo coronavírus. O MEC flexibilizou os 200 dias letivos que compõem a obrigatoriedade do ensino básico, mas não flexibilizou as 800 horas de atividades, o que exigiu uma readequação de todos os envolvidos para o cumprimento das metas.[44]

O texto aborda reflexões acerca do ensino remoto nas escolas da rede pública de Goiás durante o período pandêmico e sua relação com uma das variáveis presentes no meio escolar que cada dia ganha mais espaço nas áreas sociais: a indústria cultural. O recorte temporal corresponde aos anos 2020-2021. O trabalho consiste num estudo bibliográfico, de cunho crítico-reflexivo, sendo utilizados depoimentos dos professores que atuam na educação básica por meio dos pressupostos da História Oral.

O ensino remoto nas políticas da rede estadual de ensino de Goiás e sua relação com a indústria cultural

O ensino remoto foi amparado legalmente por resoluções e normas técnicas, que direcionaram as atividades propostas para o período pandêmico. O quadro a seguir apresenta as principais:

---

[44] Parecer CNE/CP n.º 15/2020. http://portal.mec.gov.br/pec-g/33371-cne-conselho-nacional-de-educacao/85201-parecer-cp- 2020#:~:text=Parecer%20CNE%2FCP%20n%C2%BA%2015,n%C2%BA%206%2C%20 de%2020%20deAcesso em: set. 2022.

Quadro 1 – Resoluções e normas técnicas que fundamentaram o REANP[45]

Resoluções e normas técnicas que fundamentaram o REANP
Resolução CEE/CP n.º 03 de 16 de fevereiro de 2018
Resolução CEE/CP n.º 02, de 17 de março de 2020
Nota pública CEE 01/2020
Nota pública CEE 02/2020 COCP CEE 18461: Esclarecimento sobre o funcionamento das unidades escolares no período de isolamento social pelo coronavírus, Covid-19.
Nota pública CEE 02/2020 COCP CEE 18461: Nota à imprensa.
Nota pública CEE 03/2020 COCP CEE 18461: Nota pública aos pais e responsáveis.
Nota pública CEE 04/2020 COCP CEE 18461: Educação Infantil.
Nota pública CEE 05/2020 COCP CEE 18461: Educação Especial.
Nota pública CEE 08/2020 COCP CEE 18461: Educação em Tempo Integral.
Resolução CEE/CP n.º 04, de 25 de março de 2020
Resolução CEE/CP n.º 05, de 01 de abril de 2020
Resolução CEE/CP n.º 15, de 10 de agosto de 2020
Resolução CEE/CP n.º 4/2021, de 1º de julho de 2021
Nota Técnica nº: 9/2021 – GAB- 03076

Fonte: a autora (dezembro, 2021)

Sabe-se que uma realidade que cerca a estrutura escolar é a política. Os interesses políticos e as práticas pedagógicas, historicamente, mantêm uma relação que visa à dominação. Portanto, não se pode ignorar as questões políticas envolvidas no processo educativo, pois a relação entre política e educação é legitima, sendo que a última tem por fim formar o sujeito para exercício da cidadania. Nesse sentido a escola é espaço de exercício político colaborando diretamente na formação do cidadão.

Outra realidade que se faz cada dia mais presente é a Indústria Cultural, que ganha espaço dentro das mais variadas áreas sociais. Chega e invade também a Escola, sem a reflexão crítica de seus perigos e influências. O termo foi criado em 1947, por meio de Adorno e Horkheimer, com o lançamento da obra *Dialética do Esclarecimento*, a qual denuncia que, nas

---

[45] REANP – Regime de Aulas Não Presenciais. Nota da autora.

relações de troca de mercadorias a que são reduzidas todas as relações sociais, o produto cultural perde seu brilho, sua unicidade, sua especificidade de valor de uso, transformando-se em valor de troca e dissolvendo-se a verdadeira arte ou cultura.

Segundo afirma Crochík (2008, p. 304), "[...] certamente Adorno escreveu em outro tempo e em outros lugares, mas a regressão individual como fruto do avanço da sociedade da administração prossegue". O capitalismo continua a arrasar não só com o trabalho, mas com o trabalhador, e, para além disso, a criação de necessidades supérfluas vem se expandindo.

A publicidade é um braço da Indústria Cultural. Ela cria necessidades com o objetivo de conduzir o consumidor a comprar produtos de que ele não necessita com o dinheiro que ele não tem, bem como implantar ideologias do capitalismo atendendo à classe dominante.

Um dos principais instrumentos da Indústria Cultural é a televisão, que cria necessidades que muitas vezes não se têm por meio dos mais diversos recursos visuais, com efeitos especiais e publicidade, com uma linguagem de sedução e convencimento, despertando o desejo de consumo (MEDRANO; VALENTIM, 2001, p. 71). No entanto, na última década, a internet tem feito esse papel com muita eficácia, principalmente nos últimos dois anos devido à pandemia da Covid-19. A publicidade como forma de garantir o sucesso e o investimento feito pelo Governo de Goiás em relação ao ensino remoto é notória, fortalecendo a indústria cultural no sentido de transmitir mensagens, ideologias, valores e comportamentos, e potencializar o processo informativo e formativo dos sujeitos envolvidos, levando em consideração a preparação dos estudantes para as avaliações externas como Saego[46] e Saeb[47]. Para Adorno e Horkheimer (1985), essa indústria promove o sujeito autômato, moldado e condicionado pelo sistema. O indivíduo é condicionado a enxergar somente as características comuns nas várias situações que lhe apresentam.

---

[46] O Sistema de Avaliação Educacional do Estado de Goiás (Saego) foi criado em 2011 com o objetivo de fomentar mudanças na educação oferecida pelo estado, vislumbrando a oferta de um ensino de qualidade. Disponível em: https://saego.caedufjf.net/o-sistema/o-saego/. Acesso em: jan. 2022.

[47] O Sistema de Avaliação da Educação Básica (Saeb) é um conjunto de avaliações externas em larga escala que permite ao Inep realizar um diagnóstico da educação básica brasileira e de fatores que podem interferir no desempenho do estudante. Por meio de testes e questionários, aplicados a cada dois anos na rede pública e em uma amostra da rede privada, o Saeb reflete os níveis de aprendizagem demonstrados pelos estudantes avaliados, explicando esses resultados a partir de uma série de informações contextuais. A partir de 2019, a avaliação contempla também a educação infantil, ao lado do ensino fundamental e do ensino médio. Disponível em: https://www.gov.br/inep/pt-br/areas-de-atuacao/avaliacao-e-exames-educacionais/saeb. Acesso em: jan. 2022.

No período pandêmico, ficou evidente a desigualdade social no meio escolar e a tentativa dos governantes em distorcer a real situação. Uma pesquisa da Fundação Getúlio Vargas Social (FGV Social)[48], com base nos dados da Pesquisa Nacional por Amostra de Domicílios (Pnad) e Instituto Brasileiro de Geografia e Estatística (IBGE), de agosto de 2020, mostrou que a falta de acesso à internet foi uma das principais barreiras ao ensino remoto no país. Para reverter esse quadro, 11 estados brasileiros ofertaram aulas pela televisão, entre os quais se inclui Goiás. Segundo a pesquisa, a falta de atividades escolares entre os estudantes foi mais relacionada à falta de oferta de conteúdo pedagógico por parte das redes escolares do que a problemas de interesse por parte dos alunos. Enquanto 13,5% dos estudantes não receberam materiais dos gestores educacionais e professores, apenas 2,88% não utilizaram os materiais que receberam por alguma razão pessoal. Estratégias desenvolvidas pelo Governo de Goiás, em um ano atípico da Educação, colocam o Estado na vanguarda do atendimento aos estudantes para garantir ensino-aprendizagem em 2020. De acordo com pesquisa da Fundação Getúlio Vargas Social, alunos goianos de 6 a 15 anos tiveram uma média de tempo de estudo 2,6 horas por dia útil, índice acima da média nacional, de 2,37 horas diárias, e segundo melhor resultado do país. Perante o exposto, acredita-se relevante ouvir as narrativas dos professores da Educação Básica durante o período pandêmico por meio da história oral.

Meihy e Holanda (2014, p. 17) estabelecem a relação da história oral com o tempo presente: "Ela é sempre uma história do tempo presente e reconhecida como história viva", pois seu recorte temporal está ligado ao tempo da vida e exposto à inconstância do que está por vir. Vale ressaltar que os entrevistados assinaram o Termo de Autorização na Declaração de Consentimento Livre Esclarecido – TCLE, bem como na Carta de Autorização para a publicação, reconhecidos em cartório, sendo arquivados no caderno de campo da pesquisadora. Por esse prisma, a narrativa a seguir aponta o contexto escolar vivenciado durante a pandemia da Covid-19.

> *Uma grande dificuldade que temos é principalmente com relação aos alunos do Ensino Médio que estão trabalhando. A gente até conversa com eles sobre a importância de fazer as atividades, de participar das aulas on-line. E muitos respondem que estão fazendo as atividades a noite, no sábado, no domingo, mas que estão trabalhando devido as condições financeiras da família. Então não tem como falar para esses alunos ficarem assistindo as*

---

[48] Disponível em: https://cps.fgv.br/pesquisas/tempo-para-escola-na-pandemia. Acesso em: jan. 2022.

> *aulas on-line síncronas, porque precisam trabalhar. Esta tem sido nossa maior dificuldade, além do contato e diálogo para fazer com eles participem das atividades e consigam aprender pelo menos o básico.* (Entrevista, Maria de Fátima Sousa Godoi. 2021)

A narrativa da professora Maria de Fátima, que atua como coordenadora pedagógica no Colégio Estadual Manoel Ayres, indica uma divergência com os dados da pesquisa da Fundação Getúlio Vargas Social, visto que a maior dificuldade vivenciada pela escola é o fator econômico e social dos estudantes, e não o fato de não estarem recebendo materiais dos gestores educacionais e professores.

Sabe-se que a Secretaria de Estado da Educação (Seduc) criou algumas estratégias para minimizar os danos causados pela ausência de aulas presenciais. Entre elas o programa de videoaulas produzido na Televisão Brasil Central (TBC) e nas rádios Brasil Central AM e FM, e o Seduc em Ação veicula aulas ao vivo de segunda a sexta-feira, para todas as séries do ensino fundamental e ensino médio. Para as superintendentes do ensino fundamental e ensino médio,

> *Utilizar o grande poder de alcance das emissoras de rádio e TV do Estado foi a melhor forma encontrada pelo Governo de Goiás para continuar prestando atendimento educacional aos alunos da rede, neste período de afastamento social.*[49] (Giselle Faria. Superintendente de Educação Infantil e Ensino Fundamental SEDUC GOIÁS. 2021)

> *O cronograma de aulas será encaminhado antecipadamente às Coordenações Regionais de Educação (CREs) e unidades escolares para que as videoaulas sejam aproveitadas pelos professores em suas aulas não presenciais para alinharem com as videoaulas do Seduc em Ação. O objetivo é que toda a rede trabalhe de forma alinhada e que todos os materiais produzidos pela Seduc sejam aproveitados da melhor maneira, dando subsídios ao professor.*[50] (Osvany Gundim. Superintendente do Ensino Médio SEDUC GOIÁS. 2021).

Nesse sentido, a aceitação sem resistência não provém das necessidades intrínsecas do indivíduo, já que seria uma explicação muito banal. Prescreve-se o que sincronicamente consente ser prescrito. Todavia não se cria o produto e se joga para o consumidor. Pelo contrário, estuda-se

---

[49] Disponível em: https://site.educacao.go.gov.br/noticias/542-programa-seduc-em-acao-retoma-transmissao-de-aulas-ao-vivo-na-tbc.html. Acesso em: jan. 2022.

[50] Disponível em: https://site.educacao.go.gov.br/noticias/897-estudantes-de-ensino-medio-em-goias-sao-ouvidos-pela-seduc-em-rodas-de-conversa.html. Acesso em: jan. 2022.

o consumidor e se lança a mercadoria, sugerindo necessidades. Não há puramente uma questão de autonomia, mas um jogo entre quem sabe as regras e quem não as conhece ou não quer conhecer. "A verdade em tudo isso é que o poder da indústria cultural provém de sua identificação com a necessidade produzida" (ADORNO; HORKHEIMER, 1985, p. 113).

O público se satisfaz com a reprodução do que é sempre o mesmo. Essa mesmice regula também as relações com o que passou. O que é novo na fase da cultura de massas em comparação com a fase do liberalismo avançado é a exclusão do novo. A máquina gira sem sair do lugar (ADORNO; HORKHEIMER, 1985, p. 113). A indústria cultural consiste, portanto, na repetição do idêntico. Logo, a utilização de novas tecnologias, incorporadas ao processo formativo pela educação, não está imune ao ciclo vicioso da alienação do indivíduo, visto que a potencialidade inerente à utilização das novas tecnologias de acesso à informação, pelos aparatos tecnológicos, também se esvai perante essa contradição essencial, por meio da qual todo pensamento tende a ser reduzido à dimensão do fetiche.

> A relação com a técnica é tão ambígua quanto aquela, aparentada, com o esporte. [...] Cada período produz aqueles tipos de caráter de que necessita socialmente – os chamados tipos de distribuição de energia psíquica. Um mundo como o atual, em que a tecnologia ocupa posição-chave, produz pessoas tecnológicas, afinadas com a tecnologia. [...] Por outro lado, a atual atitude para com a tecnologia contém algo de irracional, patológico, exagerado. [...] As pessoas tendem a considerar a tecnologia como algo em si, como fim em si mesmo, como uma força com vida própria, esquecendo-se, porém, que se trata do braço prolongado do homem. Os meios — e a tecnologia é a essência dos meios para a autopreservação da espécie humana — são fetichizados, porque as finalidades — uma existência digna do ser humano — são encobertas e arrancadas do consciente humano (ADORNO, 2010, p. 132).

Dessa forma, a sociedade tecnológica molda os indivíduos à rapidez das relações sociais. O processo educacional formativo está voltado para o desenvolvimento de competências relacionadas às novas demandas da sociedade, ou seja, para o mundo do trabalho. Cria-se a ilusão de que esse processo formativo por meio da educação vai melhorar a vida dos estudantes e trabalhadores. A narrativa da professora Elizabeth, que atua como coordenadora de turno no Colégio Estadual Manoel Ayres, expõe uma realidade de desafios, em que as redes sociais, como o Facebook, são usadas como distração, atendendo às exigências do capitalismo, e não para fins educativos. É a civilização de um mundo onde o primeiro lugar na tabela de valores vigente é ocupado pelo entretenimento, onde divertir-se, escapar do tédio, é a paixão universal. Tal afirmação valida os estudos de Adorno e Horkheimer (1985) acerca da Indústria Cultural.

> Das ligações que faço para as famílias, 80% dos alunos têm telefone, acesso à internet. Tem alunos que eu localizo no facebook e escrevo que quero falar com eles ou com o responsável. Eu fico acionando-os pelas sociais. Se eles acessam o facebook então podem acessar os conteúdos escolares também. Falta a base familiar para os alunos do Ensino Fundamental, compromisso dos pais com filhos, dizer eu mando e você faz, vamos estudar porque você tem meios. No Ensino Médio é diferente, muitos sentem-se na obrigação de contribuir com a família financeiramente. Com a pandemia muitas famílias estão passando necessidades e os esses alunos começaram trabalhar. Deixarem de fazer a parte escolar para irem trabalhar. Alguns conseguem e veem a necessidade de responderem a frequência, fazer as atividades, mas fazem no período em chegam em casa, a noite ou no final de semana. Isto aumentou muito a ausência deles na escola. A frequência é boa, tirando aqueles alunos que já eram problemáticos. É assim que vejo, no Ensino Fundamental falta o pai presente e ativo e no Ensino Médio é a necessidade financeira que fala mais alto. (Entrevista, Elizabeth Maria Fermino. 2021).

Figura 1 – Educação em Goiás avança em 2020 e ganha destaque dentro e fora do estado

Fonte: Seduc-GO (janeiro de 2021)

A Figura 1 apresenta Goiás como o 1º lugar no Índice de Desenvolvimento da Educação Básica (Ideb) de 2019, ressaltando uma série de medidas orçamentárias e investimentos[51] no sentido de garantir os mesmos resultados no ano pandêmico de 2021. O Sindicato dos Trabalhadores em Educação de Goiás (Sintego) publicou em seu site, no dia 15 de setembro de 2020, que a rede estadual repetiu o feito e, assim como em 2017, foi um dos dois únicos estados brasileiros que cumpriu as metas de aprendizagem e aprovação no ensino médio público em 2019, de acordo com o Índice de Desenvolvimento da Educação Básica (Ideb), no entanto denunciou, mais uma vez, a falta de valorização e reconhecimento dos/as profissionais que proporcionam e possibilitam tais resultados, mesmo com tantas dificuldades impostas por quem deveria oferecer oportunidades para a melhor qualidade de ensino. O Sintego cobra respeito aos direitos dos profissionais da Educação. "Nossa parte estamos fazendo, com dedicação e compromisso, comprovado pelo Ideb, agora falta o governo fazer a sua parte e pagar o que nos deve: Piso, carreira e Data Base!", afirma a presidente do Sintego, professora Bia de Lima.[52]

Conforme os resultados do Saego 2021[53], é certo que o Ideb 2021 não alcançará resultados anteriores. Visto que muitos estudantes não tiveram acesso às aulas remotas por diversos motivos, sendo que os fatores econômico e social, principalmente, forçaram vários alunos do ensino médio a se inserir no mercado de trabalho para ajudar nas despesas da família, entre outros. As retaliações às Coordenações Regionais de Educação e Unidades Escolares já foram iniciadas por tais resultados negativos, visto que foram feitos vários investimentos em infraestrutura, não correspondendo ao que se era esperado. É necessário encontrar um responsável por tal dano, seja a escola, o professor ou qualquer outro envolvido no processo, menos o sistema. Se avaliar de um modo geral estava difícil, imagina diante de tanta diversidade.

Adorno (1995) afirma que a tecnologia precisa ser compreendida tendo como parâmetro de análise o seu caráter político, pois, por meio dela, é possível refletir acerca das ideologias predominantes no contexto atual. Sendo assim, a escola precisa ressignificar sua função pedagógica, no sentido de se distanciar cada vez mais de um ensino marcado pela memorização e repetição servil do conhecimento.

---

[51] Disponível em: https://www.goias.gov.br/servico/44-educacao/123823-educa%C3%A7%C3%A3o-em--goi%C3%A1s-avan%C3%A7a-em-2020-e-ganha-destaque-dentro-e-fora-do-estado.html. Acesso em: jan. 2022.

[52] Disponível em: http://sintego.org.br/noticia/5951-goias-cumpre-meta-do-ideb-mas-governo-caiado--nao-respeita-os-direitos-dos. Acesso em: jan. 2022.

[53] Disponível em: https://saego.caedufjf.net/resultados/. Acesso em: jan. 2022.

Figura 2 – Educação se reestruturou para novas demandas do ensino

Fonte: https://www.jornalopcao.com.br/reportagens/educacao-se-reestruturou-para-novas-demandas-do-ensino-354343/. Acesso em: 15 set. 2021

A Figura 2 divulga os investimentos em tecnologia para possibilitar ensino híbrido e ajudas de custo para professores comprarem dispositivos tecnológicos durante a pandemia. Segundo o *Jornal Opção*, o investimento do atual mandato na área chegou a R$ 1,7 bilhão, incluindo reformas, construções de unidades, compra de equipamentos, uniformes e alimentação. Além do funcionamento regular dos programas de governo, a aplicação de recursos na área foi intensificada pela necessidade da retomada das aulas presenciais. Também foi criado o programa Internet Patrocinada, para garantir acesso de alunos carentes à rede, com investimento de R$ 4,3 milhões. "O programa Internet Patrocinada consiste em um sistema de cobrança reversa, no qual o Governo de Goiás irá custear o consumo de dados móveis dos estudantes no aplicativo NetEscola. Dessa forma, os estudantes poderão acessar gratuitamente conteúdos didáticos, videoaulas e listas de atividades no aplicativo, avaliações, entre outros", diz Fátima Gavioli, secretária de Educação de Goiás.

Algumas reflexões são indispensáveis em relação às figuras 1 e 2. Observa-se que por meio das mídias, inseparável da indústria cultural, o Governo de Goiás mascara a realidade vivenciada pela comunidade escolar, em especial de estudantes e de professores. Muitos docentes adoeceram durante o período pandêmico devido à sobrecarga de trabalho e às condições de trabalho não adequadas ao ensino remoto. As escolas não estavam equipadas, e os professores tiveram que investir em internet de qualidade e equipamentos para a realização das aulas on-line. Em janeiro de 2022, houve corte nas horas extras dos professores, sendo exigido um processo seletivo para a complementação da carga horária com a geração de um novo vínculo empregatício, ou seja, com descontos abusivos que reduzem o salário que já não era suficiente. Isso porque alguns professores/as que fizeram 60h nos últimos cinco anos entraram na justiça para requererem o devido pagamento de horas extras; assim, a partir de agora, todos serão punidos e não terão mais o direito às horas extras, visto que a Assembleia Legislativa de Goiás (Alego) aprovou a medida. Além disso, há a questão do piso salarial.

> De acordo com o sindicato, a secretária de Educação de Goiás, Fátima Gavioli, informou, durante audiência, que o Governo não pagará o novo percentual divulgado e autorizado pelo Governo Federal e, junto com a Economia, estudariam uma contraproposta. Bia de Lima afirma, entretanto, que não irá abrir mão do direito legítimo.
> O SINTEGO afirma entender que, o direito legítimo, do cumprimento da Lei 11.738, a Lei do Piso, na sua forma de reajustar é pelo custo aluno, e isso vinha sendo desrespeitado por parte do governo federal, que finalmente compreendeu isso. "É pelo custo aluno, não é pelo INPC ou qualquer outro índice", explica Bia de Lima. (Disponível em: https://diariodegoias.com.br/sintego-luta-por-aplicacao-de-reajuste-de-3323-ao-piso-salarial-dos-professores/. Acesso em: 31 jan. 2022).

Os mecanismos de divulgação em massa[54] são recursos técnicos da Indústria Cultural (ADORNO; HORKHEIMER, 1985). Para que haja difusão de tais recursos, o processo de formação cultural (*Bildung*) é convertido em semicultura (*Halbbildung*), de modo a fragmentar e corromper a possibilidade de desenvolvimento de consciências críticas nos indivíduos. Segundo Adorno (2010, p. 9), a formação cultural agora se converte em uma semiformação socializada, na onipresença do espírito alienado.

Apesar de tantos avanços tecnológicos e científicos, os indivíduos estão submetidos a um processo de pseudocultura, o que lhes impossibilita a reflexão, a compreensão e o rompimento da dominação a que estão submetidos, em um processo que aparenta formar, mas que na verdade

---

[54] O termo "cultura de massa" foi cunhado pelos filósofos e sociólogos da Escola de Frankfurt (considerados pensadores da teoria crítica): Theodor Adorno e Max Horkheimer. A ideia de cultura de massa perfaz uma noção de que existe um tipo de produção cultural industrial para satisfazer as necessidades de uma indústria capitalista, que vende os seus produtos culturais como se fossem algo que se compra em um supermercado. Disponível em: https://mundoeducacao.uol.com.br/sociologia/cultura-de-massa.htm. Acesso em: set. 2022.

garante condições de perpetuação dos produtos da indústria cultural. Segundo Maar (2010, p. 19), a indústria cultural, em sua dimensão mais ampla — tudo o que o jargão específico classifica como mídia —, perpetua essa situação, explorando-a e se assumindo como cultura em consonância com a integração [...]. Confiante na ignorância, o mercado cultural dela se nutre e a ela reproduz e reforça (MAAR, 2010, p. 28). Ainda para Maar (2003, p. 461), "As 'massas' são semiformadas afirmativamente para confirmar a reprodução continuada do vigente como cópia pela indústria cultural".

Compreender além da realidade aparente é o primeiro e desafiador movimento a que os educadores devem se propor na busca da construção de um novo modelo educacional. Por meio da teoria crítica, é possível apontar caminhos para a existência de uma consciência livre e transformadora que poderá ascender a práxis educativa em sua essência.

Algumas considerações

Diante do contexto pandêmico, emergiram alguns desafios relacionados a aspectos que limitam a eficácia do ensino remoto, entre eles os relacionados à Indústria Cultural que ganharam forças no ambiente escolar por meio do poder proveniente de sua identificação com a necessidade produzida. Analisaram-se os documentos oficiais em níveis federal e estadual concernentes ao ensino remoto, bem como utilizou-se de narrativas de professores que expressaram suas experiências e desafios.

Pôde-se notar alguns investimentos do Estado para garantir maior acesso à internet e às ferramentas virtuais educacionais; no entanto, a utilização da indústria cultural no sentido de convencer a sociedade das maravilhas realizadas por tal sistema governamental impõe ideologias e desejos. Observou-se por meio das narrativas que o problema ultrapassa os limites de acesso à internet, mas vão ao encontro das necessidades econômicas de sobrevivência e de estrutura familiar. A indústria cultural cria uma falsa consciência da realidade articulada aos interesses dominantes que invadem o inconsciente das pessoas, criando a falsa ideia de que a transformação do indivíduo e da sociedade depende exclusivamente da escola.

Pretende-se dar continuidade aos estudos, pesquisar as percepções dos estudantes, professores e demais membros da comunidade escolar sobre o ensino remoto emergencial no estado de Goiás, para dar voz a esses sujeitos e entender suas reais necessidades, angústias, desafios e possibilidades durante a pandemia da Covid-19.

Referências

ADORNO, Theodor; HORKHEIMER, Max. **Dialética do esclarecimento**: fragmentos filosóficos. Rio de Janeiro: Zahar, 1985.

ADORNO, Theodor, W. **Educação e Emancipação.** Tradução de Wolfgang Leo Maar. Rio de Janeiro: Paz e Terra, 2010.

CAED, Centro de Políticas Públicas e Avaliação da Educação. **Plataforma de Avaliação e Monitoramento da Educação de Goiás**. 2011. Disponível em: https://saego.caedufjf.net/resultados/. Acesso em: 15 jan. 2022.

CAED, Centro de Políticas Públicas e Avaliação da Educação. **Plataforma de Avaliação e Monitoramento da Educação de Goiás**. 2011. Disponível em: https://saego.caedufjf.net/o-sistema/o-saego/. Acesso em: 15 jan. 2022.

CAVALCANTE, Felipe. **O que é Indústria Cultural?** Filosofia do Início. 2021. Disponível em: https://filosofiadoinicio.com/2021/07/industria-cultural.html. Acesso em: 15 set. 2022.

CROCHÍK, José Leon. T. W. Adorno e a psicologia social. **Psicologia & Sociedade**, v. 20, n. 2, p. 297-305, 2008.

GOIÁS. **Resolução n.º 03, de 16 de fevereiro de 2018**. Estabelece as diretrizes curriculares para as etapas e modalidades da Educação Básica no Estado de Goiás e procedimentos para credenciamento e recredenciamento, autorização e renovação de autorização de cursos das instituições de ensino públicas e particulares jurisdicionadas, e dá outras providências. CEE/CP. Goiânia – GO, 2018. Disponível em: https://portaleduca.educacao.go.gov.br/wp-content/uploads/2023/11/RESOLUCAO-CEE-CP-N-03-2018.pdf. Acesso em: 15 set. 2022.

GOIÁS. **Resolução n.º** 02, de 17 de março de 2020. Dispõe sobre o regime especial de aulas não presenciais no Sistema Educativo do Estado de Goiás, como medida preventiva à disseminação do COVID-19.CEE/CP. Goiânia - GO, 2020. Disponível em : https://site.educacao.go.gov.br/files/covid/Resolucao-02-2020-SEDUC.pdf. Acesso em: 15 set. 2022.

GOIÁS. **Resolução n.º** 04, de 25 de março de 2020 – Altera a Resolução CEE/CP N. 02/2020 que dispõe sobre o regime especial de aulas não presenciais no Sistema Educativo do Estado de Goiás, como medida preventiva à disseminação do COVID-19. Goiânia - CEE/CP, 2020. Disponível em: https://sinprogoias.org.

br/wp-content/uploads/2020/03/Resolu%C3%A7%C3%A3o-CEE-CP-04_2020. pdf. Acesso em: 15 set. 2022.

GOIÁS. **Resolução n.**º 05, de 01 de abril de 2020. CEE/CP. Altera a Resolução CEE/CP N. 02/2020 que dispõe sobre o regime especial de aulas não presenciais no Sistema Educativo do Estado de Goiás, como medida preventiva à disseminação da COVID-19. Goiânia - CEE/CP, 2020. Disponível em : https://www.mpgo. mp.br/portal/arquivos/2020/06/01/11_48_05_673___Resoluc%CC%A7a%C-C%83o_CEE_CP_N_05_2020.pdf. Acesso em: 15 set. 2022.

GOIÁS. **Resolução n.**º 15, de 10 de agosto de 2020 – Estabelece normas para realização de avaliações, para integralização da carga horária executada durante o Regime Especial de Aulas não Presenciais no âmbito da Educação Básica e dá outras providências. Goiânia - CEE/CP, 2020.

GOIÁS. **Resolução n.º 4/2021, de 1º de julho de 2021** – Dispõe sobre o prazo legal para autuação de processos de recredenciamento de instituições de ensino do Sistema Educativo do Estado de Goiás, processos de renovação de reconhecimento de cursos, bem como de renovação de autorização de oferta de cursos e/ou funcionamento de etapas e modalidades da Educação. Goiânia - CEE/CP, 2021. Disponível em: https://www.mpgo.mp.br/portal/arquivos/2020/06/01/11_48_05_673___ Resoluc%CC%A7a%CC%83o_CEE_CP_N_05_2020.pdf. Acesso em: 15 set. 2022.

GOMES, Helton. **Como o Google quer fazer você esquecer do Zoom para videoconferências.** Publicado em 29 de abril de 2020. Disponível em: https:// www.uol.com.br/tilt/noticias/redacao/2020/04/29/como-o-google-querfazer-o-ce-esquecer-do-zoom-para-fazervideoconferencias.htm. Acesso em: 30 abr. 2020.

GOVERNO DE GOIÁS. **Educação em Goiás avança em 2020 e ganha destaque dentro e fora do Estado**. 2021. Disponível em: https://www.goias.gov.br/servico/ 44-educacao/123823-educa%C3%A7%C3%A3o-em-goi%C3%A1s-avan%C3%A7a--em-2020-e-ganha-destaque-dentro-e-fora-do-estado.html. Acesso em: 15 jan. 2022.

INEP, Instituto Nacional de Estudos e Pesquisas Educacionais Anísio Teixeira. **Sistema de Avaliação da Educação Básica (Saeb)**. 1990. Disponível em: https:// www.gov.br/inep/pt-br/areas-de-atuacao/avaliacao-e-exames-educacionais/saeb. Acesso em: 15 jan. 2022.

MAAR, Wolfgang Leo. Adorno, semiformação e educação. **Educação. Soc.**, Campinas, v. 24, n. 83, p. 459-476, agosto 2003.

MEDRANO, E. M. O. VALENTIM, L. M. S. A indústria cultural invade a escola brasileira. **Cad. CEDES,** v. 21, n. 54, p. 69-75, ago 2001.

MEIHY, José Carlos Sebe Bom; HOLANDA, Fabíola. **História oral**: como fazer, como pensar. 2. ed. São Paulo: Contexto, 2014.

NERI, Marcelo Côrtes; OSORIO, Manuel Camillo. Tempo para a Escola na Pandemia. **FGV Social**, Rio de Janeiro, out. 2020. Disponível em: http://www.fgv.br/cps/TempoParaEscola. Acesso em: jan. 2022.

NOTA PÚBLICA. **COCP CEE 18461**: Esclarecimento sobre o funcionamento das unidades escolares no período de isolamento social pelo coronavírus, Covid-19. CEE. Goiânia, 02/2020.

NOTA PÚBLICA. **COCP CEE 18461**: Nota à imprensa. CEE. Goiânia, 02/2020.

NOTA PÚBLICA. **COCP CEE 18461**: Nota pública aos pais e responsáveis. CEE. Goiânia, 03/2020.

NOTA PÚBLICA. **COCP CEE 18461**: Educação Infantil. CEE, Goiânia, 04/2020.

NOTA PÚBLICA. **COCP CEE 18461**: Educação Especial. CEE, Goiânia, 05/2020.

NOTA PÚBLICA. **COCP CEE 18461**: Educação em Tempo Integral. CEE, Goiânia, 08/2020.

NOTA TÉCNICA n.º: 9/2021. Goiânia. GAB- 03076. SECRETARIA DE ESTADO DA SAÚDE.

PORFÍRIO, Francisco. **Cultura de massa**. Mundo educação. 2020. Disponível em: https://mundoeducacao.uol.com.br/sociologia/cultura-de-massa.htm. Acesso em: 15 set. 2022.

BRASIL. **Portaria n.º** 343, de 17 de março de 2020. Dispõe sobre a substituição das aulas presenciais por aulas em meios digitais enquanto durar a situação de pandemia do Novo Coronavírus - COVID-19. Brasília: MEC, 2020.

SECRETARIA DE ESTADO DA EDUCAÇÃO DE GOIÁS. **Programa Seduc em Ação retoma transmissão de aulas ao vivo na TBC**. 2021. Disponível em: https://site.educacao.go.gov.br/noticias/542-programa-seduc-em-acao-retoma--transmissao-de-aulas-ao-vivo-na-tbc.html. Acesso em: 15 jan. 2022.

SINTEGO, Sindicato dos Trabalhadores em Educação de Goiás. **Goiás cumpre meta do IDEB, mas governo Caiado não respeita os direitos dos/as profissio-**

nais da Educação! 2021. Disponível em: http://sintego.org.br/noticia/5951-goias--cumpre-meta-do-ideb-mas-governo-caiado-nao-respeita-os-direitos-dos. Acesso em: 15 jan. 2022.

SINTEGO luta por aplicação de reajuste de 33,23% ao piso salarial dos professores. **Diário de Goiás**, 31 jan. 2021. Disponível em: https://diariodegoias.com.br/sintego-luta-por-aplicacao-de-reajuste-de-3323-ao-piso-salarial-dos-professores/. Acesso em: 15 jan. 2022.

SILVA, T. C.; SILVA, E. R.; MONTANARI, R. Dificuldades do ensino remoto em escolas rurais do norte de Minas Gerais durante a pandemia do Covid-19. **Research, Society and Development**, v. 9, n. 8, e651986053. Brasília: MEC, 2020. Brasil, 2020.

WOLFF, Italo. Educação se reestruturou para novas demandas do ensino. **Jornal Opção**, 26 set. 2021. Disponível em: https://www.jornalopcao.com.br/reportagens/educacao-se-reestruturou-para-novas-demandas-do-ensino-354343/. Acesso em: 15 set. 2021.

Capítulo 10

COLÉGIOS CÍVICO-MILITARES EM GOIÁS: PEDAGOGIA DE FORMAÇÃO HUMANA DA JUVENTUDE E CONTRADIÇÕES

Gessione Alves da Cunha
Estelamaris Brant Scarel

Introdução

Os Colégios Estaduais da Polícia Militar de Goiás, atualmente denominados pela sigla CEPMG, têm suas origens no final da década de 1970. A Lei n.º 8.125, de 18 de julho de 1976, que sistematizava a organização básica da Polícia Militar do estado de Goiás (PMGO), referia-se especificamente à organização da Corporação e à formação de seus quadros, não às escolas para civis. Porém apontava para a função administrativa da PMGO como órgão de apoio de ensino, subordinado à Diretoria de Ensino. Ressalta-se que essas diretrizes legais tinham como escopo a formação dos membros da PMGO (SANTOS, 2020).

O primeiro CEPMG iniciou-se efetivamente em 1999, no prédio da Academia da Polícia Militar em Goiânia, com a denominação de Colégio Militar Coronel Cícero Bueno Brandão, contando com 440 alunos em sua fundação (ACSPMBMGO, 2018). Atualmente (2023), distribuídos em todo o território goiano, existem mais de 63 CEPMGs. Para um maior aprofundamento e conceituação das escolas militares e militarizadas, estaduais e municipais, no estado de Goiás, sugere-se a dissertação de Eduardo Junio Ferreira Santos, defendida em 2020 na Universidade Federal de Goiás.

Observa-se em ascensão no Brasil uma "nova onda" de conservadorismo. Apesar de a sociedade brasileira possuir ao longo de sua história uma marca conservadora, há em curso um novo radicalismo de direita, que, segundo Adorno *et al.* (2019), vai de mãos dadas com a personalidade autoritária. Tal personalidade é produto final de um processo social e histórico mediado pela educação, ou a falta dela. O radicalismo apontado pelos frankfurtianos traz consigo traços fascistas. O fascismo é descrito por eles como a verdade da sociedade moderna (ADORNO; HORKHEIMER, 1985). A militarização de escolas públicas é uma das conquistas desse conservadorismo presente no Brasil.

Para Adorno *et al.* (2019, p. 14), a problemática de fundo do novo radicalismo de direita é o fato de ela possibilitar a repetição de catástrofes históricas. O modelo de militarização de escolas civis públicas, com métodos e pedagogias *sui generis,* espelha acontecimentos de um passado recente da história brasileira, marcado pela truculência do estado de exceção operado pela ditadura militar (1º de abril de 1964 a 15 de março de 1985). A "lógica ascensional e expansionista" do modelo de militarização de escolas públicas segue a racionalidade nazifascista descrita por Adorno *et al.* (2019, p. 14).

A insistência na catástrofe da educação pública brasileira se assemelha à agitação fascista já operada noutros períodos históricos. A advertência alarmante de perigos iminentes para, na sequência, autoproclamações de soluções infalíveis é um fenômeno que se repete na argumentação dos defensores e propaladores do modelo de colégios cívico-militares como solução final para a educação pública. Normalmente não querem nem buscam a transformação da base social (ADORNO *et al.*, 2019), mas a manutenção e a conservação de privilégios de classe. Esse comportamento mental, de base arcaica profunda, já foi descrito por Adorno (2015) na obra 'Antissemitismo e propaganda fascista', de 1946.

Adorno já advertia que não se deve desmerecer certos movimentos de caráter autoritário e conservador pelo fato de carecerem de teoria e nível intelectual elevados, visto que "o que não ganham na teoria, conquistam na propaganda" (ADORNO, 2020, p. 54). Por isso, faz-se necessária uma contínua análise e compreensão do processo educacional em curso nos colégios da Polícia Militar de Goiás. A leitura crítica de um dos documentos norteadores desse modelo de pedagogia, o Regimento Escolar, servirá de base para colocar em relevo alguns aspectos preocupantes no tocante à formação humana da juventude operada por uma lógica conservadora e autoritária de cultura militar aplicada à pedagogia.

O Regimento Escolar é um documento próprio das instituições de ensino. Ele, entre outras funções, estrutura, define, regula e normatiza o agir educativo das escolas, bem como seus objetivos. Sua elaboração decorre de ação coletiva de toda a comunidade escolar. Deve vir afinado com o Projeto Político-Pedagógico (PPP) de cada instituição educativa. Nele estão contidos os direitos e deveres de todos os que pertencem à comunidade escolar. Um aspecto essencial do Regimento Escolar é que deve estar em consonância com a legislação educacional vigente (Constituição Federal da República Federativa do Brasil, Lei de Diretrizes e Bases da Educação Nacional, Plano Nacional de Educação, Base Nacional Comum Curricular, Diretrizes Nacionais Curriculares, Estatuto da Criança e do Adolescente etc.).

Pelo Decreto n.º 9.920, de 6 de agosto de 2021, é competência da Gerência de Política e Gestão dos Colégios coordenar processos de análise e revisão contínua do Regimento Escolar, do Projeto Político-Pedagógico e das práticas pedagógicas desenvolvidas nas unidades dos CEPMGs (GOIÁS, 2021). Portanto, infere-se que o que ocorre nos CPMGs conta com a anuência da Secretaria de Estado da Educação de Goiás (Seduc). A pesquisa faz um trabalho de revisão de literatura sobre a educação para a emancipação e, a seguir, analisa, sob a perspectiva da Teoria Crítica frankfurtiana, o Regimento Escolar dos CEPMGs, disponível no portal da Polícia Militar do Estado de Goiás.

Educação para a emancipação, educação para a barbárie

No contexto da análise sobre os aspectos do novo radicalismo de direita, Adorno (2020) afirma a necessidade de se alertar, sobretudo à juventude, acerca dos perigos subjacentes à disciplina militar nas suas diversas manifestações, assim como da opressão existente no seu estilo de vida. Adverte, outrossim, sobre o culto da "assim chamada ordem, que por seu lado não se verifica pela razão [...] do conceito de disciplina, que é apresentada como um fim em si [...]" (ADORNO, 2020, p. 58). No que o autor chama de "fetichização de tudo o que é militar" (ADORNO, 2020, p. 59) caberiam, entre outros, os seguintes questionamentos: por que um aluno de escola pública deve estar "fantasiado" de policial militar? Qual o contributo para a formação humana dos alunos e das alunas do CEPMG?

Outro aspecto expressivo da pedagogia inculcada no CEPMG é a fixação na autoridade. Há uma técnica de engajamento da massa escolar na ideologia[55] da autoridade. Percebe-se, ao longo da leitura do Regimento Escolar, uma propaganda reiterada para levar a crer que a unidade da instituição de ensino consiste no apelo à personalidade fixada na autoridade, com ênfase para a subalternidade aos militares presentes na escola. Essa ideologia se agarra no concretismo e no formalismo, que são demonstrados pelas descrições minuciosas dos deveres dos alunos e das alunas para

---

[55] Ideologia, aqui, entende-se como "falsa consciência e ocultamento da realidade" (ADORNO, 1995, p. 80).

com as autoridades do colégio. Emprega truques para a consecução de seus objetivos, tais como a supervalorização dos símbolos nacionais, das vestimentas, dos códigos de saudação etc. (ADORNO, 2020).

Ao explicar as causas da sobrevivência do nazismo após a derrocada de Hitler, Adorno (1995) aponta a excessiva valorização da diferença entre massa e lideranças, a deficiência de relações diretas e espontâneas com pessoas e o convencionalismo impositivo como explicações para a não erradicação, em alguns alemães, da tendência ao saudosismo da doutrina fascista. Apesar da diferença substancial de categorias, *mutatis mutandis*, não é irrelevante anotar que há características similares na doutrina pedagógica conservadora aplicada nos CEPMGs.

Numa perspectiva de educação para a emancipação, Adorno (1995) entende a formação cultural, e pode-se aqui estender a todo o processo formativo, por

> [...] aquilo para o que não existem à disposição hábitos adequados; ela só pode ser adquirida mediante esforço espontâneo e interesse, não pode ser garantida simplesmente por meio da freqüência de cursos, e de qualquer modo estes seriam do tipo "cultura geral". Na verdade, ela nem ao menos corresponde ao esforço, mas sim à disposição aberta, à capacidade de se abrir a elementos do espírito, apropriando-os de modo produtivo na consciência, em vez de se ocupar com os mesmos unicamente para aprender [...]. Se não fosse pelo meu temor em ser interpretado equivocadamente como sentimental, eu diria que para haver formação cultural se requer amor; e o defeito certamente se refere à capacidade de amar. Instruções sobre como isto pode ser mudado são precárias. Em geral a definição decisiva a respeito se situa numa fase precoce do desenvolvimento infantil. Mas seria melhor que quem tem deficiências a este respeito, não se dedicasse a ensinar. Ele não apenas perpetuará na escola aquele sofrimento que os poetas denunciavam há sessenta anos e que incorretamente consideramos hoje eliminado, mas além disto dará prosseguimento a esta deficiência nos alunos, produzindo *ad infinitum* aquele estado intelectual que não considero ser o estado de uma ingenuidade inocente, mas que foi co-responsável pela desgraça nazista. (ADORNO, 1995, p. 63).

Precisamente, parece faltar à pedagogia e à cultura educacional dos colégios militarizados o esforço espontâneo, a disposição aberta e o amor. Quando as relações formativas são pautadas no temor, na punição, na vigilância, na delação aos pares, na submissão inconteste, perpetuar-se-á na educação o sofrimento e a deficiência de humanidade nos alunos. Segundo Adorno (1995, p. 67), "o indivíduo só se emancipa quando se liberta do imediatismo de relações que de maneira alguma são naturais, mas constituem meramente resíduos de um desenvolvimento histórico já superado".

Para Adorno (1995, p. 80), a formação significa "pensar problematicamente conceitos", viabilizando a aquisição de juízos independentes e autônomos sobre estes. Eis o sentido da educação: formar sujeitos, cidadãos e trabalhadores autônomos e capazes de pensar, de julgar e agir. Quando os agentes da escola ocupam o lugar de tomada de decisão do aluno em todos os gestos, atitudes e comportamentos, bem como cerceiam a capacidade de ajuizar e expressar livremente opinião sobre as mais variadas situações da vida estudantil, a formação omnilateral, segundo Marx citado por Manacorda (2000), vê-se comprometida.

A escola, segundo Adorno (1995), possui poucas condições de resistência à barbárie[56] gerada na sociedade. A barbárie, classificada pelo autor como "terrível sombra sobre nossa existência" (ADORNO (1995, p. 115) é o oposto à formação cultural. Portanto, é dever e objetivo da escola desbarbarizar os sujeitos e não reproduzir o que já acontece noutros espaços sociais. A restrição quanto ao alcance e às possibilidades de resistência não deve desencorajar os educadores. Adorno insiste ainda na necessidade do confrontamento pela escola à barbárie:

> Na situação mundial vigente, em que ao menos por hora não se vislumbram outras possibilidades mais abrangentes, é preciso contrapor-se à barbárie principalmente na escola. Por isto, apesar de todos os argumentos em contrário no plano das teorias sociais, é tão importante do ponto de vista da sociedade que a escola cumpra sua função, ajudando, que se conscientize do pesado legado de representações que carrega consigo. (ADORNO, 1995, p. 117).

Aspecto precípuo da educação para a emancipação é considerá-la como autorreflexão. Essa educação, que se contrapõe à ausência de consciência, previne que os indivíduos dissipem esforços sem arrazoarem criticamente

---

[56] Barbárie, aqui, segundo Adorno (1995, p. 117), refere-se "ao extremismo: o preconceito delirante, a opressão, o genocídio e a tortura; não deve haver dúvidas quanto a isto". Ainda: "Entendo por barbárie algo muito simples, ou seja, que, estando na civilização do mais alto desenvolvimento tecnológico, as pessoas se encontrem atrasadas de um modo peculiarmente disforme em relação a sua própria civilização — e não apenas por não terem em sua arrasadora maioria experimentado a formação nos termos correspondentes ao conceito de civilização, mas também por se encontrarem tomadas por uma agressividade primitiva, um ódio primitivo ou, na terminologia culta, um impulso de destruição, que contribui para aumentar ainda mais o perigo de que toda esta civilização venha a explodir, aliás uma tendência imanente que a caracteriza" (ADORNO, 1995, p. 155).

sobre as motivações de suas próprias ações (ADORNO, 1995). Esta pesquisa questiona os esforços, percebidos na análise do Regimento Escolar, direcionados a aspectos exteriores à formação dos sujeitos. Algumas regras dos CEPMGs denotam intencionalidade de adestramento dos corpos, de atitudes exteriores de subalternidade, que não conduzem à autorreflexão crítica por parte dos alunos em relação ao sentido que deveriam dar ao seu processo de formação.

Infere-se que a educação para a emancipação deve entregar-se à tarefa de formar cidadãos com um alto nível de sensibilidade e humanismo, abertos à percepção da dor do outro e dispostos a evitar todo tipo de sofrimento desnecessário imposto a si ou a outrem. Adorno (1995) alerta para o perigo do pretenso ideal de que a severidade desempenha um papel relevante na educação. Em seu tempo, nazifascistas elogiaram a educação baseada na força e na disciplina. A ideia da educação baseada na severidade, própria de uma abordagem tradicional, admirada por muitas famílias e, inclusive, por educadores, é totalmente equivocada. Segundo o filósofo frankfurtiano,

> A ideia de que a virilidade consiste num grau máximo da capacidade de suportar dor de há muito se converteu em fachada de um masoquismo que — como mostrou a psicologia — se identifica com muita facilidade ao sadismo. O elogiado objetivo de "ser duro" de uma tal educação significa indiferença contra a dor em geral. (ADORNO, 1995, p. 128).

A sociedade brasileira necessita de uma educação que não premie a dor e o nível de resistência a ela, concedendo direitos de vingança por parte daqueles que sofreram e tiveram que ocultá-la e reprimi-la. O medo não deve ser refreado, pois sua experimentação possibilita seu enfrentamento. Percebe-se na metodologia dos colégios militarizados uma visão massificada e amorfa do alunado. A individualidade é reprimida e suplantada pela padronização (na vestimenta, nos gestos, nos cortes de cabelo etc.). Há nesse sistema um caráter institucional manipulador. Adorno (1995, p. 132) o caracteriza "pela fúria organizativa, pela incapacidade total de levar a cabo experiências humanas diretas, por um certo tipo de ausência de emoções, por um realismo exagerado".

Educação e formação atualmente são conceitos conflituosos. Ao indagar-se por quê e para quê da educação, Adorno (1995) alerta para a pretensão de uma formação, porquanto estaria mais para formatação, que almeja modelar as pessoas. Educação, para o pensador alemão, não é mera transmissão de conhecimento, e sim o desenvolvimento de uma verdadeira consciência. A emancipação dos sujeitos, o sentido da verdadeira educação, é condição *sine qua non* para o funcionamento da democracia. Observam-se ações antidemocráticas operacionalizadas no âmbito da educação que são disseminadas no âmbito formal da democracia. Os atropelos legais da militarização de escolas públicas são exemplos claros do pensamento adorniano. O autor completa o seu raciocínio afirmando o seguinte:

> As tendências de apresentação de ideais exteriores que não se originam a partir da própria consciência emancipada, ou melhor, que se legitimam frente a essa consciência, permanecem sendo coletivistas-reacionárias. Elas apontam para uma esfera a que deveríamos nos opor não só exteriormente pela política, mas também em outros planos muito mais profundo. (ADORNO, 1995, p. 142).

Educação para a emancipação é igualmente educação para a autonomia e, por conseguinte, para o fortalecimento da individualidade. O anti-individualismo é caracterizado por Adorno (1995) como facistoide e reacionário. A educação pública deve contrapor-se a tudo o que se assemelha a autoritarismo que atropela especificidades de cada um. Isso enfraquece a formação do eu, conhecido "[n]a psicologia como fraqueza do eu" (ADORNO, 1995, p. 153). A opressão e a repressão se dá por meio de uma educação sem indivíduos.

O impedimento da barbárie, para Adorno (1995), sobrepõe-se a todos os demais objetivos da educação. Nesse sentido, é mister atentar para o perigo da excessiva competição que se dá nos colégios cívico-militares. A ênfase posta no ranqueamento de notas, competições por prêmios, recompensas, elogios oficiais, alamares, pódios, ascensão de cargos etc. não contribui para uma educação emancipatória. Para Adorno (1995, 161):

> [...] a competição é um princípio no fundo contrário a uma educação humana. De resto, acredito também que um ensino que se realiza em formas humanas de maneira alguma ultima o fortalecimento do instinto de competição. Quando muito é possível educar desta maneira esportistas, mas não pessoas desbarbarizadas.

A educação para a emancipação se concretiza na orientação de toda a energia para que seja uma educação para a contradição e para a resistência (ADORNO, 1995). Até aqui foram traçadas algumas notas sobre a reflexão crítica a respeito da educação para a emancipação. A seguir, analisa-se um documento que traz no seu bojo elementos contrários ao proposto acima.

O regimento do Colégio da Polícia Militar do estado de Goiás

No portal CEPMG, nos regulamentos, encontra-se o regimento escolar, atualizado na data de abril de 2018. A pesquisa se ocupará de analisá-lo e, posteriormente, detectar as contradições subjacentes ao modelo militar comparado com outros modelos teóricos de educação.

Em sua propaganda institucional, a PMGO ressalta que os colégios geridos por ela

> [...] contribuem para a formação de indivíduos ativos, seguros, criativos e participativos, conhecedores de seus direitos e obrigações enquanto cidadãos. Sua metodologia estimula o comportamento crítico e reflexivo, visando a formação de indivíduos aptos a contribuírem para a construção de uma sociedade mais justa, humana, fraterna e igualitária. (PMGO, 2022).

Asseguram igualmente que desde a implantação da primeira unidade no estado os CEPMGs "têm promovido profundas transformações no campo educacional, destacando-se como uma das escolas mais progressistas e democráticas do Estado de Goiás, tanto pela qualidade de ensino, como pela gestão participativa da comunidade escolar" (PMGO, 2022). A análise busca justamente apreender se, de fato, as afirmações institucionais correspondem à prática de ensino-aprendizagem realizada nos CEPMGs.

O Regimento Escolar dos CEPMGs de Goiás, como outros regimentos escolares, principia por dispor da natureza, personalidade jurídica e identificação da instituição. Justifica sua existência referindo-se à Lei n.º 8.125, de julho de 1976, que dispõe sobre a organização básica da Polícia Militar do Estado de Goiás, além de outras providências. Afirma, outrossim, que o CPMG se subordina à Secretaria de Segurança Pública (SSP) por meio da PMGO, por intermédio do Comando de Ensino Policial Militar. Aponta para o papel da Secretaria de Estado da Educação, Cultura e Esporte (Seduce) como parceira, por meio do Termo de Cooperação Técnico-Pedagógico 009/12 em vigor (REGIMENTO ESCOLAR, art. 1º., 2018).

O regulamento prevê a oferta de ensino para os anos finais do ensino fundamental (6º. ao 9º. ano) e para o ensino médio em turnos matutinos e vespertinos. Para o período noturno, põe-se a ressalva que a oferta estará subordina à demanda por parte da comunidade e espaço físico. A prática atual, comprovada na maioria dos CEPMGs, é que não há um interesse por parte da Corporação pelo período noturno. A Portaria n.º 0604, do

Gabinete da PMGO, publicada no dia 19 de novembro de 1998, dispunha no parágrafo 12 do Artigo 3º: "Havendo candidatos, Policiais Militares, suficientes para formar uma turma especial, visando à complementação do ensino fundamental ou médio, funcionará esta no período noturno".

São elencados nove princípios regentes do ensino ministrado: igualdade de condições para o acesso e permanência na escola, dentro das normas previstas neste Regimento; liberdade de aprender, ensinar, pesquisar e divulgar a cultura, o pensamento, a arte e o saber; pluralismo de ideias e de concepções pedagógicas; respeito à liberdade e apreço à tolerância; valorização do profissional da educação escolar; garantia de padrão de qualidade; valorização da experiência extraescolar; vinculação entre educação escolar, o trabalho e as práticas sociais; e gestão democrática do ensino público, na forma da lei e da legislação do ensino do CEPMG.

O primeiro princípio é claramente violado nos colégios militarizados. Quanto às vagas, estas são por sorteio, certo número delas fica à disposição do diretor comandante e vários entraves são postos à permanência dos alunos. Nesse sentido, não se pode afirmar tal igualdade. Um dos embaraços para a permanência refere-se à cobrança de taxas, à revelia da compreensão universal de educação pública e gratuita. O artigo 79 do documento diz nos parágrafos 3º e 4º: "A entidade poderá receber contribuições voluntárias de seus associados e demais seguimentos da comunidade. A contribuição voluntária será destinada a prover as despesas gerais do CPMG para a melhoria do ensino e na forma estabelecida em seu estatuto". São de notório conhecimento os vários casos de constrangimentos a alunos que não estão com a contribuição voluntária em dia: não podem acessar ao portal virtual do colégio, são privados de assistência psicológica etc.

Em relação à permanência no colégio, existem aspectos controversos na prática dos colégios militarizados. O Regimento Escolar deixa várias lacunas para decisões arbitrárias. No artigo 97, por exemplo, assevera que será desvinculado o aluno que:

> II – tiver deferido, pelo Comandante e Diretor, o requerimento de seu desligamento ou transferência para outro estabelecimento de ensino; III – não reunir os requisitos necessários para a renovação da matrícula; IV – tendo concluído o ano letivo, ainda que com aproveitamento, não contar com o parecer favorável do Conselho Disciplinar para sua permanência no CPMG, depois de esgotados os recursos, ante seu comportamento disciplinar e ético. (REGIMENTO ESCOLAR, 2018).

O art. 138 revela o cinismo e pouco comprometimento real da PMGO para com os alunos: "Visando garantir o processo ensino aprendizagem do Corpo Discente, será instituída a Transferência Educativa para outro estabelecimento de ensino que se encaixe no perfil estudantil do aluno, com a finalidade de lhe proporcionar melhor desenvolvimento educacional". A tal "transferência educativa" não passa majoritariamente de uma expurga disciplinar e acadêmica para se alcançarem as metas de altas notas nas provas do Índice de Desenvolvimento da Educação Básica (Ideb), além de manter a propaganda por se tratar de uma Instituição que vela pelo seu bom nome. Como é prescrito no artigo 139: constituem deveres da comunidade escolar, segundo suas atribuições as seguintes disposições: X – "zelar pelo bom nome do CPMG, procurando honrá-lo com adequado comportamento social e conduta irrepreensível" (REGIMENTO ESCOLAR, 2018).

Observa-se que os princípios elencados coincidem com aqueles apresentados por documentos oficiais sobre a educação brasileira, tais como o Capítulo 3 da Constituição Federal de 1988, a Lei de Diretrizes e Base (LDB), o Plano Nacional de Educação (PNE) etc. Contudo há acenos para a prática de atos contrários ao que estabelece a legislação educacional brasileira. O acesso e a permanência na escola, assim como a gestão democrática do ensino público, são condicionados pelo regimento interno do CEPMG.

A liberdade de aprender, ensinar e divulgar o pensamento sofre cerceamentos por parte dos militares presentes no colégio. No artigo 84, é vedada, por exemplo, atividade político-partidária por parte do Grêmio Estudantil. No artigo 197, encontram-se: "os sinais regulamentares de respeito e apreço entre o corpo discente constituem reflexos adquiridos mediante cuidadosa instrução e contínua exigência". Os reflexos adquiridos por meio da pedagogia do inculcamento e do controle revelam o pouco espaço para a aquisição de hábitos espontâneos devem partir de dentro para fora do aluno.

A liberdade de expressar opiniões contrárias às políticas do colégio é minada por muitos dispositivos. Entre eles, está o que veda o artigo 140:

> É vedado ao pessoal que integra a comunidade escolar: V – promover ou participar de movimento de hostilidade ou desrespeito ao CPMG ou a qualquer autoridade constituída; VI – falar, escrever ou publicar artigos ou dar entrevistas, ou ainda divulgar assunto que envolva, direta ou indiretamente, o nome do CPMG e da comunidade escolar, em qualquer época, sem que para isso esteja autorizado pelo Comandante e Diretor. (REGIMENTO ESCOLAR, 2018).

Entre as 26 finalidades da educação básica desenvolvida nos CPMGs, encontram-se algumas de cunho conservador e próprias do universo militar e empresarial: resgatar o civismo, patriotismo; imprimir cunhos cívicos e humanísticos na formação do educando; valorizar o mérito do trabalhador da Educação, privilegiando o mérito, a formação e a avaliação do desempenho; fomentar e apoiar o Conselho Escolar, Associação de Pais, Mestres e Funcionários e Grêmio Estudantil, envolvendo-os na responsabilidade de zelar pela manutenção do CPMG (artigo 4º, parágrafo 3º.). A ideologia neoliberal perpassa a visão de educação dos colégios militarizados.

A gestão escolar é apontada como democrática e colegiada. Conta com a participação do Comando de Ensino Policial Militar (CEPM), como unidade gestora dos CPMGs e de toda a comunidade escolar (art. 5º.). No artigo seguinte, afirma, sem especificar, que o CEPMG manterá mecanismos que visem a assistir o aluno no trabalho escolar, bem como lhe assegurar ambiente e condições favoráveis ao bom desempenho de suas atividades (art. 6º).

Chama a atenção que os colégios estejam subordinados à Secretaria de Segurança Pública, por meio da PMGO, por intermédio do CEPM. A Seduc Goiás é tida ao longo de todo o documento como parceira. Isso se explica pelo Termo de Cooperação Técnico-Pedagógico celebrado entre as instituições (art. 7º). Outro aspecto peculiar se refere ainda a alguns órgãos pertencentes à estrutura do CEPMG: Conselho Disciplinar; Conselho de Classe; Conselho Escolar; Associação de Pais, Mestres e Funcionários e Grêmio Estudantil (art. 7º, Parágrafo único).

Figura-chave da organização dos CEPMGs é o Comandante Diretor. Note-se que não apenas dirige, mas também "comanda" o colégio. Sua função, de acordo ao Regimento Escolar, é a de "organizar, superintender, coordenar e controlar todas as atividades desenvolvidas no âmbito da Unidade Escolar" (art. 13). O posto é ocupado por um oficial da PMGO, preferentemente um Tenente Coronel[57], com curso superior e especialização em educação ou seu equivalente (Art. 14). Ele é auxiliado em suas

---

[57] Na hierarquia militar, o tenente-coronel é um oficial de patente superior, situada entre a de major e a de coronel - o comandante máximo da Polícia Militar de cada estado. Para exercer essa função, o tenente-coronel deve apresentar as habilitações necessárias ao comando maior das ações dos oficiais e soldados abaixo dele. Ao tenente-coronel é atribuído o comando de um batalhão, unidade militar de grande porte subdividida em companhias e pelotões. O batalhão costuma contar com um contingente de cerca de algumas centenas de policiais da categoria de praças. O tenente-coronel também compõe o Estado Maior da PM, órgão que assessora o coronel na tomada de decisões. Por isso, cada tenente-coronel pode aconselhar considerando sua área de formação técnica – telecomunicações, engenharias, entre outros. Disponível em: https://militares.estrategia.com/portal/mundo-militar/carreiras-e-especializacoes/coronel/. Acesso em: 16 nov. 2022.

funções pelo subcomandante e o vice-diretor/Coordenação de Turno Especial. Entre as funções do Subcomandante que chamam a atenção, está a de "zelar pela rigorosa disciplina da comunidade escolar" (REGIMENTO ESCOLAR, 2018, Art. 17).

Dentro do organograma do CEPMG, encontra-se a Divisão Disciplinar do Corpo Discente, chefiada preferencialmente por um Oficial da PMGO. Consta em suas atribuições as funções de apurar e documentar as transgressões disciplinares dos alunos, controlar e manter atualizada a ficha individual de alterações, manter a uniformidade de conduta nos turnos de serviço, fornecer dados estatísticos alusivos ao comportamento do Corpo Discente, encaminhar à Seção de Assistência Psicossocial ao Estudante ou ao Atendimento Escolar Especializado (AEE). Conforme cada caso específico, mediante relatório circunstanciado, os discentes que apresentam comportamentos contrários às normas do CPMG, com vistas a uma orientação especializada quanto à forma de trabalhá-los e, por fim, aplicar medidas disciplinares, contidas nas Normas Disciplinares, ao corpo discente, com fiel observância às leis, especificamente ao Estatuto da Criança e Adolescente (REGIMENTO ESCOLAR, 2018, art. 20). A cultura de vigilância e punição, próprias do corpo policial, é importada para o âmbito escolar.

Figura 1 – Estrutura Comando de Ensino CEPMG

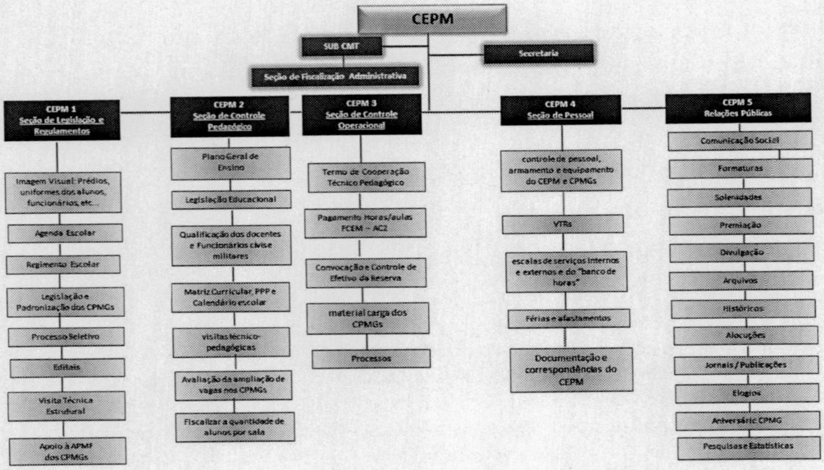

Fonte: Portal CEPMG (2022)

A Coordenação Pedagógica é chefiada por um Oficial Subalterno, auxiliado pela equipe de coordenadores pedagógicos disponibilizados pela Secretaria da Educação. Em suas atribuições, consta a função de prestar assessoria didático-pedagógica ao Chefe da Divisão de Ensino. Outrossim, executa o controle de frequência e pontualidade do corpo docente, zelando pela sua disciplina (REGIMENTO ESCOLAR, 2018, art. 23). A função pedagógica, cuja ocupação caberia perfeitamente a um profissional da educação, é monopolizada pela PMGO.

Considerações finais

A educação deveria ser um fator de emancipação (ADORNO, 1995). Para além de todo o pessimismo, é necessário apontar para a necessária e contínua crítica em relação aos processos de ensino-aprendizagem. A PMGO parece ser consciente disso ao afirmar:

> Por certo, o CPMG não é uma panaceia para o sistema de educação brasileiro. Ao contrário, nossa proposta é apenas figurar como mais uma das inúmeras alternativas à disposição da sociedade, com inovação e ousadia, aperfeiçoando procedimentos e práticas, mas mantendo hígidos os nossos princípios e valores, atuando num modelo de gestão híbrido de parceria entre sociedade e Poder Público que nos tem permitido atingir níveis excepcionais de qualidade de ensino. (CEPMG, 2018).

Certamente o modelo de escolas públicas militarizadas não é a solução para os problemas da educação pública brasileira. Um possível modelo alternativo ao apresentado, a educação crítica, que é tendencialmente subversiva, deve ser encarada como uma possibilidade. Com Adorno (1995) aponta-se para a necessidade de ruptura com uma educação entendida apenas como apropriação de instrumental técnico e receituário para a eficiência. Insistia o frankfurtiano que o aprendizado deve estar aberto à elaboração da história e ao contato com a alteridade diferenciada (ADORNO, 1995).

Finaliza-se essa análise apontado para a necessidade de uma vigilância contínua para com os desdobramentos da militarização das escolas públicas no Brasil. Fazer frente ao avanço de todo conservadorismo reacionário deve ser preocupação fundamental dos educadores. O atual estado de coisas, o progresso e o aperfeiçoamento da democracia brasileira o exigem.

Referências

ADORNO, Theodor W.; HORKHEIMER, Max. **Dialética do Esclarecimento:** fragmentos filosóficos. Tradução de Guido Antonio de Almeida. Rio de Janeiro: Zahar Editores, 1985.

ADORNO, Theodor W. **Educação e emancipação**. São Paulo: Paz e Terra, 1995.

ADORNO, Theodor W. Antissemitismo e propaganda fascista. *In:* ADORNO, Theodor W. **Ensaios sobre psicologia social e psicanálise**. São Paulo: Editora Unesp, 2015. p. 137-151.

ADORNO, Theodor W. *et al.* **Estudos sobre a personalidade autoritária**. São Paulo: Editora Unesp, 2019.

ADORNO, Theodor W. **Aspectos do novo radicalismo de direita.** Tradução de Felipe Catalani. São Paulo: Editora Unesp, 2020.

GOIÁS. **Decreto n.º 9.920, de 6 de agosto de 2021**. Aprova o Regulamento da Secretaria de Estado da Educação e dá outras providências. Disponível em: https://site.educacao.go.gov.br/wp-content/uploads/2021/08/Decreto-Numerado-9.920.pdf. Acesso em: 20 nov. 2022.

GOIÁS. **Regimento Escolar.** Disponível em: www.portalcepmg.com.br/wp-content/uploads/2018/05/document.pdf. Acesso em: 20 out. 2022.

GOIÁS. Associação dos Cabos e Soldados da Polícia Militar e Bombeiro Militar. **Colégios Militares fazem aniversário.** Disponível em: https://www.acspmbmgo.com.br/noticias/colegios-estaduais-da-pmgo-celebram-20-anos-de-historia.html. Acesso em: 14 nov. 2022.

LIBÂNEO, José. C. **Didática**. São Paulo: Cortez, 1994.

MANACORDA, Mario. A. **Marx e a pedagogia moderna**. Tradução de Newton Ramos de Oliveira. Rev. Téc. Paola Nosella. 3. Ed. São Paulo: Cortez, 2000.

SANTOS, Catarina. A. "Sentido, descansar, em forma": escola-quartel e a formação para a barbárie. **Educação & Sociedade** [on-line], Campinas, v. 42, 2021. Disponível em: https://doi.org/10.1590/ES.244370. Acesso em: 4 out. 2022.

SANTOS, Eduado. J. F. **Militarização das escolas públicas no Brasil**: expansão, significados e tendências. 2020. 442 f. Dissertação (Mestrado em Educação) – Faculdade de Educação, Universidade Federal de Goiás, Goiânia, 2020. Disponível em: https://repositorio.bc.ufg.br/tede/handle/tede/11015. Acesso em: 5 nov. 2022.

CONTRIBUIÇÕES

Capítulo 11

EDUCAÇÃO CRÍTICA, DIREITOS HUMANOS E FORMAÇÃO DE PROFESSORES: UMA REFLEXÃO À LUZ DA TEORIA CRÍTICA FRANKFURTIANA

Cleudes Maria Tavares Rosa

Direitos humanos, dignidade humana e cidadania são direitos que toda a população quer materializar. Não há um momento definido de origem desses direitos. O que há é a consagração de diplomas normativos, princípios e regras que "dimensionam o novo ramo do Direito" (RAMOS, 2014, p. 31). Tais direitos foram constituídos como luta contra a opressão, e ensejados para buscar o bem-estar do indivíduo. Referem-se à justiça, igualdade e liberdade como luta desses indivíduos desde a constituição da dominação humana no mundo.

Os Direitos Humanos passaram por fases: desde as primeiras comunidades humanas que impregnaram de valores seus comportamentos e exigiram esses de outrem. Sedimentaram-se, nesse percurso, o conceito e o regime jurídico dos direitos essenciais, desde o século VII a.C. até o século 20 d.C. da afirmação universal dos Direitos Humanos. Essa tem como marco a cidade de Paris, no ano de 1948, ou seja, 74 anos completados da Declaração Universal dos Direitos Humanos, bem como 24 anos do reconhecimento de tais Direitos Humanos pelo Brasil. A declaração teve como jurisdição obrigatória a Corte Interamericana de Direitos Humanos.

Historicizando a contrapelo, conforme Benjamin (1994, p. 225), busca-se compreender como, desde épocas prístinas, foram constituídos alguns direitos:

    a. Antiguidade[58] – com períodos entre os séculos VIII a II a.C. Para Comparato (2010), inúmeros filósofos refletiram sobre os direitos dos indivíduos e influenciaram tais análises até hoje, citando-se:

---

[58] Biblioteca virtual de DHUSP "documentos históricos". Disponível em: http://www.direitoshumanos.usp.br. Acesso em: 22 jun. 2022.

Zaratrustra (Pérsia), Buda (Índia), Confúcio (China) e Dêutero-Isaías (Israel), os quais adotaram códigos de comportamentos assentados no amor e no respeito ao outro diferente (COMPARATO, 2010). Normativamente, reconhecem-se direitos dos indivíduos no Código de Menés (3100-2850 a.C., Egito); na Suméria, na Babilônia com Hammurabi e seu Código que normatizou as condutas e preceituou os direitos dos indivíduos (1702-1750 a.C.: vida, propriedade, honra, os quais foram estendidos a todos). O Código de Talião impôs a reciprocidade no trato das ofensas (o ofensor recebia, como pena, a própria ofensa proferida). Na Suméria e Pérsia, Ciro II, século VI a.C., ditou a declaração de boa governança. Essa se encontra exposta no Museu Britânico com o "Cilindro de Ciro", que seguia tradição mesopotâmica de autoelogio dos governantes ao reger a vida social. Na China, século VI e V a.C., Confúcio lançou bases para sua filosofia enfatizando a defesa do amor. O budismo trouxe código de conduta que pregou e prega o bem comum, o pacifismo (GORCZEVSKI, 2005). Já o Islamismo prescreveu a fraternidade e a solidariedade aos vulneráveis.

b. Tanto no Antigo quanto no Novo Testamento e na *Torah*, no livro sagrado dos judeus, fez-se presente a defesa da solidariedade e bem-estar da população (1800 a 1500 a.C.), conforme Ramos (2014).

c. A Grécia e a democracia ateniense: h**á, nesse contexto e espaço, a consolidação dos direitos humanos, desde os direitos políticos, a defesa da igualdade (PLATÃO, 2006) e o agir com justiça pelo bem de todos na** *polis,* mesmo em face de leis injustas (ARISTÓTELES, 2009).

d. Roma: Com a República, sedimentam-se o princípio da legalidade e os direitos de propriedade, liberdade e a personalidade jurídica. A igualdade foi centrada no *jus gentium* e na Lei da *recta ratio* com Marco Túlio, que, na República, é afirmada como inviolável, mesmo em face da vontade do poder, salienta Ramos (2014).

e. Idade Média e Moderna: Na Idade Média, os governantes possuíam poder ilimitado e fundado na vontade divina — autocracia —, e lá manifestaram os primeiros movimentos reivindicatórios das liberdades: Declarações das Cortes de Leão (caracterizando a luta dos senhores feudais contra centralização e nascimento do Estado Nacional, em 1188, na Península Ibérica); a Magna Carta Inglesa, de 1215, que foi essencial ao futuro regime jurídico dos direitos humanos — direitos dos indivíduos contra o Estado redigida em latim. E a *Magna Charta Libertatum,* com disposições de proteção ao baronato inglês face aos abusos do monarca João Sem Terra. O instrumento foi reconfirmado sucessivas vezes após o reinado de João Sem Terra, trazendo a ideia de governo representativo e de direitos, que só após séculos seriam universalizados: ir e vir em situação de paz, ser julgado pelos seus pares, acesso à justiça e proporcionalidade entre crime e pena.

Esses direitos não foram colocados à margem do processo sócio-histórico, os quais voltaram a robustecer a luta dos indivíduos. Recorda-se que, antes do nazifascismo que assolou a Europa, tais direitos retornaram aos debates que marcaram as relações políticas e ganharam espaço nas discussões entre a população. Salienta-se, contudo, que não houve, durante o medievo, o abandono das questões de direitos. Essa discussão foi também efetuada por filósofos e teólogos, apontando-se, dentre tantos, Hobbes (2020), e a discussão da liberdade, em que essa, como primeiro direito humano, tornava possível o uso do próprio poder para a preservação da vida. É o direito humano pleno no estado de natureza. Nesse contexto, tal liberdade é absoluta e ocorreria uma luta de todos contra todos. Para escapar desse confronto, haveria uma renúncia, por parte do indivíduo, dessa liberdade, e esse se submeteria ao poder estatal que ofereceria a segurança aos indivíduos. Tal contrato subverte os pressupostos dos direitos humanos com a constituição do Estado como aquele que pode tudo.

Considera-se como um dos pensadores fundamentais para toda a teoria jurídica de Direitos Humanos o filósofo italiano Giambattista Vico (1668-1744, Nápoles/Itália) e a discussão por ele efetuada a respeito da liberdade do indivíduo convivendo em relações de sociabilidade natural. Vico contrapôs-se a toda discussão a respeito dessa sociabilidade, opondo-se ao pensamento de Hugo Grotius (1543-1645), em que se faz presente um refutar ao entendimento dos céticos. Segundo Grotius, os argumentos dos céticos reduziriam o direito às normas do direito positivo que pressupõem observância a essas e que seriam ditadas pela reta razão, ou independentes, portanto do consentimento humano (HUISMAN, 2004). Assim, os céticos sustentariam, no entendimento de Grotius, que a utilidade privada seria o móbil da ação humana. (HUISMAN, 2004). Grotius refuta e afirma ser a satisfação de interesse privado uma satisfação desejosa de viver em sociedade pacífica e organizada, segundo o entendimento humano inscrito na natureza humana atuante na filantropia e também na ação humana de utilidade privada. Ademais, sustenta Grotius que não seria possível aceitar o entendimento dos céticos em relação ao desejo da utilidade e não obedecer ao direito positivo sem a pressuposição da validade de uma norma do direito natural.

Vico opõe-se ao Direito Natural e efetua a discussão com a obra de Hugo Grotius (HUISMAN, 2004). Obra que defende o Direito Natural, por compreender nele a ocorrência de uma autonomia, uma independentização distintiva do que seja da moral, da política e do direito positivo (HUISMAN, 2004, p. 451). Vico opõe-se a tal compreensão. Para o filósofo, o problema do homem só pode ser conhecido por meio da sociedade e do processo histórico da civilização. No problema, o Direito é uma instituição humana mais significativa, por ser criação espontânea e coletiva da sociedade: uma norma que funda a unidade do que é justo, por meio da multiplicidade dos direitos, um universal que só se revela na história e pela história. E o autointeresse, como razão necessária da ação humana, seria o móbil, único, para estabelecer e conservar as instituições. Dessa maneira, Vico escapa de uma compreensão e concepção de ideia perfeita de justiça.

Essa multiplicidade dos direitos revelada na história, conforme entendeu Vico, permite a compreensão de direitos afirmadores da dignidade humana, e, como na cidadania, exercitá-los é o esperado em sua dinâmica. Dessa maneira, colocam-se o humano e a dinâmica de suas instituições passíveis de refutar a opressão e garantir a dignidade humana.

Aquino (2003), com a Teologia e a Filosofia, discutiu o bom, o belo e o justo sob a influência de Aristóteles (2009). Em Aquino, "o governante é o guardião do justo" (ARISTÓTELES *apud* AQUINO, Suma Teol., II-II, q. 50, a.1). Na filosofia de Aristóteles (384-322 a.C.), salienta Coêlho (2013, p. 24), "diferentemente do mundo físico, em que as coisas são sempre do mesmo jeito, no mundo dos homens tudo depende de pensamento, decisão, escolha e ação. São as escolhas feitas e os atos excelentes praticados conforme a reta razão" O justo, o belo e bom caminham em Aquino (Suma Teol. II-II, q.61, a.1 -2), que, ao discorrer sobre a dignidade humana, a faz na reflexão sobre a justiça distributiva. Nessa, Aquino salienta a sociedade democrática e considera o bom e o justo, a liberdade e o direito à igualdade de todo indivíduo.

A obra de Aquino faz parte do movimento intelectual que marcou o mundo a partir do, e durante, século 12. Tal movimento, iniciado ainda no século 9, alcançou toda a Europa: é a denominada escolástica. A Filosofia, que era entendida como conhecimento e especulação do pensamento profano, passou a ser exercitada, cultivada, na busca desse conhecimento. Assim, no início do século XIII, a filosofia adentra nas universidades, que começaram a ser instituídas, surgindo discussões em espaços que eram públicos. Desse modo, as obras de Aristóteles adentraram as discussões entre pensadores cristãos.

O entrelaçamento explicativo de Filosofia e Teologia suscita embates e repúdios veementes por parte da Igreja, e assim a escolástica sofre severas oposições. A retomada do estudo bíblico, o culto cristão, a meditação são exigências recorrentes. Todavia o avanço da escolástica, movimento intelectual, filosófico e teológico, teve início no seio da cristandade e perdurou hegemonicamente desde o fim da alta Idade Média até o final da baixa Idade Média.

A escolástica advém das primeiras universidades (escolas) e se origina nos movimentos religiosos cristãos católicos. Essencialmente, seu esforço foi no sentido de busca de debates sobre a possibilidade ou impossibilidade de conciliação entre fé (objeto de análise da Teologia) e razão (objeto de análise da Filosofia). Teve, em Tomás de Aquino, o seu principal representante. Esse movimento aliou fé e razão na Idade Média. A escolástica contrapôs--se à patrística, movimento também intelectual, filosófico e teológico que prevaleceu na Europa na alta Idade Média. Foi um movimento intelectual também cristão iniciado e sustentado pelos primeiros padres católicos. Esse movimento consistiu na afirmação da superioridade e dignidade do cristianismo em relação às demais religiões praticadas no mundo conhecido de então. Teve, em Agostinho de Hipona (354-430), seu expoente máximo.

A escolástica preparou e constituiu uma concepção de educação, de seus processos de formação, de aprendizagem, e as universidades e seus mestres e suas novas técnicas de trabalho e metodologias disputadas discutiram tanto sobre fé quanto sobre a razão. A *disputatio* era centro dos interesses intelectuais naquele momento. A escolástica atravessou a instabilidade trazida pelo novo momento histórico: política, economia, crises de adoecimento, crescimento populacional e neles a laicização do pensamento intelectual, que eram as inquietações trazidas pelas mudanças em curso.

Conforme escreve Luiz Jean Lauand na introdução da obra aquiniana, *Sobre o ensino* [*De Magistro*] (2004), a *quaestio disputata* está no cerne da educação escolástica, na qual se fazia fundante à audição dos grandes mestres que expunham as boas obras do pensamento ocidental. Era também exigido que tais ideias fossem examinadas criticamente, posto ser essa a *ratio* pedagógica do processo de pensar o pensamento, de inteligir, de examinar, de buscar contradições, falhas, e até as atualizações dessas ideias, explicações, nelas a compreensão de mundo, do homem, neles, a compreensão de Deus.

Tais *quaestiones disputatas* eram temáticas e divididas em artigos ou capítulos sobre os temas escolhidos e propostos para serem debatidos. Nesse sentido, salienta Lauand (2004, p. 4):

> Procurando veicular, operacionalizar em método a vocação de diálogo polifônico — que constitui a razão de ser da universitas — primeiro enuncia-se a tese de cada artigo (já sob a forma de polêmica: *Utrum* [é o "se" latino que indica entre duas possíveis opções (daí *neutrum*, "nem um nem outro"] e a *quaestio* começa por um *videtur quod non...* ("Parece que não"), começa por dar voz ao adversário pelas *obiectiones*, objeções à tese que o mestre pretende sustentar.

Em Aquino, parece ser a *disputatio* o cerne da universidade, sua razão de ser, uma vez que o diálogo estava presente por trás da *quaestio* temática proposta, a qual girava em busca da verdade a ser conhecida, buscada e nunca, todavia, esgotada. Tal método ensejava o pensar, o elucidar as questões propostas por meio do recurso argumentativo, fosse este convergente ou divergente, buscando-se argumentos consistentes e que propiciassem ao pensador e educando o desenvolvimento de habilidades imprescindíveis ao pensamento. Pensamentos coerentes, coesos, utilizavam a lógica, a ciência que estuda os princípios ou as leis que regem o raciocínio válido (silogismo) ou inválido (sofisma); e a dialética, ou a arte de bem argumentar, a técnica de dar e de pedir razões no processo de condução do pensamento e disputa intelectual.

Foi na *disputatio, Sobre o ensino [De magistro],* que a educação, a qual Tomás de Aquino denomina ensino, será por ele refletida. Na obra *Sobre o ensino [De magistro],* Aquino entrelaça questões pedagógicas e filosóficas, bem como uma Antropologia Filosófica, visto afirmar o homem em sua totalidade, a espiritual integrada à matéria. Ainda, e conforme Lauand (2004), nesse universo reflexivo, o pensador, ao refletir sobre a dignidade divina, estende-a e insere, inclui nesta a dignidade humana. Deus, em sua perfeição constitutiva e criadora, contém em si a dignidade, afirmando-a por semelhança ao homem. Eis a unidade da matéria e do espírito na criação divina, culminando a tese da unicidade de ambos na teoria da alma de

A TEORIA CRÍTICA DA SOCIEDADE E A EDUCAÇÃO: MÚLTIPLOS OLHARES

Aquino na defesa da dignidade humana e dos direitos humanos. Em todos esses momentos, a liberdade, a igualdade, a justiça e a dignidade e seus acessos foram tematizados e efetuadas discussões.

O rol dos direitos a serem protegidos foi definido em 10 de dezembro de 1948, sob a forma de Resolução da Assembleia Geral da Organização das Nações Unidas (ONU). A Declaração Universal dos Direitos Humanos (DUDH), com 30 artigos, listou-os assim: protegidos internacionalmente — precocemente enumerados na 9ª Conferência Interamericana em Bogotá, entre 30 de março e 2 de maio de 1948, e com a aprovação da Carta da Organização dos Estados Americanos (OEA) e a Declaração Americana de Direitos e Deveres do Homem. Reconheceu-os antes da Declaração Universal de Direitos Humanos, pois a universalidade dos Direitos Humanos os expressara como essenciais, posto serem "derivados de sua condição humana", conforme o Preâmbulo da Declaração Universal dos Direitos Humanos (1948).

A exigência de interpretação uniforme dos textos e a aplicação das normas internacionais advieram da necessidade de se dar segurança jurídica aos povos, uma vez que esses são direitos essenciais. Ademais, a exigência da proibição de interpretação localista intencionou a internacionalização temática, bem como a criação processual internacionalizada com a jurisdição contenciosa obrigatória situada na Corte Internacional de Direitos Humanos, que partilha tal jurisdição com a Comissão Interamericana de Direitos Humanos. Essas são exigências para a garantia e aplicação desses direitos a todos os povos.

Karel Vasak (1979), jurista tcheco e naturalizado francês, foi convidado para proferir aula inaugural em um curso do Instituto Internacional de Direitos do Homem, na cidade de Estrasburgo. Remeteu sua fundamentação teórica ao ideário republicano constante da bandeira francesa (MARMELSTEIN, 2008, p. 40). Vasak caracterizou-os como Direitos Fundamentais e localizou sua constituição histórica, política e social em três gerações: 1ª Geração – Direitos de Liberdade (Civis e Políticos, oponíveis ao Estado, ideário da Revolução Francesa. Ex.: vida, liberdade, igualdade, propriedade, intimidade); 2ª Geração – Direitos de Igualdade (originados no século 20, e são entendidos como Econômicos, Sociais e Culturais, pois dependem da atuação positiva do Estado, seja na Saúde, na Educação, na Previdência social); e os de 3ª Geração – de materialização internacional e são difusos ou coletivos – Direitos de Fraternidade e Solidariedade. Exemplo: meio ambiente saudável e equilibrado é indisponível. Outros pensadores propuseram os de 4ª Geração – ou os Tecnológicos (conforme Bobbio entendeu a nanotecnologia com a bioengenharia genética que exige discussões éticas prévias, ou Paulo Bonavides, que considera a democracia, o pluralismo jurídico, como direitos humanos de 4ª geração). A 5ª Geração seria o direito à paz, conforme Bonavides, ou ainda como entende Moura (2005, p. 25), relacionando-o à realidade virtual, preocupação do ordenamento jurídico que envolve a internacionalização da jurisdição "das fronteiras físicas através da 'grande rede'". Outros pensadores defendem os direitos de 6ª Geração, conforme Bernardo Gonçalves (RAMOS, 2014), a água potável — este recebe críticas, pois estaria tal direito garantido pelo direito ao meio ambiente ecologicamente equilibrado (constante da 3ª Geração).

Cançado Trindade (1999) opõe-se a tal classificação, não creditando a existência de verdade histórica e de sucessão cronológica dos direitos, bem como critica a atomização deles. Desde o Império Romano em direção ao Estado Absolutista e chegando ao *Welfare State*, o que há, e é o que se entende aqui, é uma dicotomia entre liberdade e necessidade.

Intenta-se aqui compreender que não há momento determinado, historicamente, desses direitos. O que se tem é a constituição de valores em relações humanas que se impregnam na luta pela exigência de "justiça, liberdade e igualdade". Pensa-se a História como "catástrofe" (BENJAMIN, 1994) ou em Adorno (2018) como sofrimento e desintegração, pois a história possui um sentido de natureza dialética.

Retoma-se Kant e a Fundamentação da Metafísica dos Costumes (1980) para se pensar a participação do indivíduo ante as questões objetivas colocadas pelo universal. Na obra, o filósofo afirma que as pessoas são capazes de definir os rumos que querem para si racionalmente, sem se submeter a inclinações ou motivações externas. E é autonomia, é pensar o próprio pensamento, é a constatação de que a dignidade não tem preço. Assim, de acordo com Kant (1980), a moralidade e a dignidade são características da humanidade que se rege por princípios e legisla moralmente.

O nazifascismo, que caracterizou o comportamento e ideologia pré e durante a Segunda Guerra, no século 20, trouxe à tona a exigência de se repensar o processo de humanização, pois as atrocidades ocorridas durante esse período levaram à exigência e à tentativa de impedimento de perpetuação da barbárie (ADORNO, 1995; ADORNO; HORKHEIMER, 1985). Oriundo desse momento de extrema barbárie, no qual a cobrança que cada indivíduo imbuído da defesa da vida e das liberdades devia e deve resistir,

> [...] o pensamento crítico, que não se detém nem mesmo diante do progresso, exige hoje que se tome partido pelos últimos resíduos de liberdade, pelas tendências ainda existentes a uma humanidade real, ainda que pareçam impotentes em face da grande marcha da história. (ADORNO; HORKHEIMER, 1985, p. 9).

Esse foi o momento em que se firmaram os tratados internacionais e as resoluções, com a intenção de garantia afirmativa da dignidade humana.

Os Direitos Humanos e a dignidade humana não se dissociam. É preciso, dessa maneira, vinculá-los ao exercício da cidadania para que, no processo de materialização do exercício da humanidade, a consecução do conteúdo proposto na legislação, Pactos e Tratados Internacionais, ou os Direitos Fundamentais garantidos na Constituição, possa o indivíduo cobrar a promessa do pacto social registrado. O exercício da cidadania (art. 1º, III, CRFB) exige o entrelaçamento dos Direitos Civis (art. 5º), Sociais (Art. 6º) e Políticos (art. 14), elencados na CRFB/88. O cidadão é aquele que exerce tais direitos. O Estado não os concede, e sim os tem como fundamento, ou seja, promessa de cumprimento sob o risco de esse não cumprimento ser exigido pelo cidadão que é o soberano.

Para o exercício desses direitos, requer-se o cumprimento, por parte do Estado, como fundamento do conhecimento e da autonomia do indivíduo: aqui se situa a centralidade da educação. A cidadania é fenômeno complexo e historicamente definido (o exercício de direitos: liberdade de pensamento e voto não levam automaticamente ao gozo de outros como a segurança e o emprego).

A cidadania inclui dimensões: 1) a cidadania plena que combine liberdade, igualdade e participação é ideal, talvez intangível, e propicia mecanismo de parâmetro da qualidade da cidadania de país a outro; 2) convencionalismo: a cidadania como exercício de direitos civis (art. 5º, CRFB/88, que garantem a vida em sociedade, adveio desde o século XVIII), Direitos Políticos (art. 14 CRFB/88 – participação do cidadão no Estado e sociedade, formulados por lutas no século 19), e Sociais (art. 6º CRFB/88 – participação na riqueza coletiva, oriundos no século 20).

Thomas Humphrey Marshall (1967), na Inglaterra de 1949, estabeleceu as dimensões da cidadania. No entendimento de Marshall (1967), esta adveio com a conquista dos direitos civis vinculados às liberdades individuais, como pensar e expressar autonomamente, ir e vir, acesso à propriedade privada. Tais direitos foram conquistados a partir da influência do ideário iluminista em luta contra o poder monárquico em busca da isonomia ou igualdade jurídica. A segunda geração adveio, segundo Marshall (1967), da conquista dos direitos políticos ou possibilidade de participação da sociedade civil nas relações de poder prevalentes na sociedade: escolher ou se candidatar à representação de qualquer tipo de cargo, manifestação em busca de mudanças a serem efetuadas. Os direitos políticos estão relacionados com a organização política da classe trabalhadora ao final do século 19, que busca a democracia com a organização sindical, partidos políticos, como maneira de defender seus direitos. A terceira geração referida aos direitos sociais tem a propositura de uma vida digna com respeito a padrões de bem-estar socialmente estabelecidos: saúde, moradia, lazer e educação. Considera-se a educação como requisito fundamental para a expansão de outros direitos, inclusive à saúde, pois é pela educação que indivíduos tomam conhecimento de direitos e lutam por eles, e sua falta ou heteronomia obstaculiza a construção da cidadania.

No Brasil, a sequência de direitos conquistados foi alterada com a supressão dos direitos políticos e redução de direitos civis — com Vargas e também durante o governo militar-civil e corporativo de 1964 a 1986. Nesses contextos, os direitos sociais precederam os demais, cuja erosão alterou a natureza da cidadania. Daí advém a concepção de Estadania nos arts.196 a 204 da CRFB/88, que tratam do direito à saúde. Estadania é a concessão do universal ao particular, conforme o entendimento desse universal de satisfação mínima das necessidades do particular. Nesse percurso, incluem-se a erosão da previdência social e o direito trabalhista como esvaziamento do conteúdo da dignidade humana e da cidadania, considerados como violação de Direitos Humanos pelo Estado brasileiro. E mais: **a própria educação afirmada nos seus conteúdos achatados e acríticos, técnicos e com atendimento às exigências mercadológicas, impede a formação de indivíduos críticos. Por essa via, altera-se o que seja cidadania.**

Para Marshall (1967), o exercício da cidadania implica o conhecimento e o exercício dos direitos civis, políticos e sociais, efetivamente. Dessa maneira, entende-se que o conceito de cidadania é conceito em movimento e implica a exigência de uma educação e formação crítica e humanista, *Bildung*.

A cidadania exige a reivindicação do exercício de direitos e os Direitos Humanos têm como contrapartida deveres, os direitos individuais são condicionados a deveres, o Estado tem o dever de garanti-los, embora em muitas ocasiões os viole — por exemplo, ao desrespeitar a Constituição

Federal. A relação dialética entre cidadania e Direitos Humanos é ignorada por parcela da sociedade e também pelo Estado. Pensemos a educação formal ou escolar.

Há uma glamourização da educação formal por parte da indústria cultural, que leva o indivíduo ao convencimento de que a mera aquisição do diploma levará à conquista de boas colocações no mundo do trabalho e também à superação da ignorância e das influências, anteriormente inculcadas nos indivíduos (KANT, 2005). Nesse contexto, enraíza-se um fetiche, pois a educação formal, nesse entendimento, pode até levar ao alcance de todas as oportunidades do mundo do trabalho. Salienta-se, ademais, que pode levar a um desencantamento do mundo (WEBER, 2004, v. I; ADORNO; HORKHEIMER, 1985) com suas explicações racionais sobre todas as instâncias da vida: objetivas e subjetivas. A indústria cultural inculca sonhos que podem ou não ser alcançados e não deixa entrever a perda da experiência porque a reafirmação mercadológica para tal educação marca o impedimento da crítica que poderia constituir a busca do exercício da cidadania e a luta pela garantia dos Direitos Humanos, o que não necessariamente é possibilitado a todo indivíduo.

Veja-se, contudo, a aprovação do ensino domiciliar (*homeschooling*) em 19 de maio de 2022. O PL 1.388/2022 foi aprovado pela Câmara no dia 19 de maio (como PL 3.179/2012), cuja prática ainda não é permitida no Brasil pela Suprema Corte brasileira, o Supremo Tribunal Federal (STF). O ensino domiciliar tem previsão legal no Código Penal brasileiro, art. 246, *caput*, que criminaliza o Abandono Intelectual, cuja pena está prevista de 15 dias a um mês com restrição de liberdade, podendo ser substituída por restritiva de direitos (prestação pecuniária, proibição de frequentar determinados lugares, frequência a alguns cursos etc.).

O projeto de ensino domiciliar ainda não foi aprovado pelo Senado, pois a autorização foi votada e aprovada na Câmara de Deputados para o ensino domiciliar, que, todavia, apresenta algumas exigências: nem todas as famílias poderão aderir ao ensino domiciliar. O processo de adesão exige a escolha da instituição de ensino credenciada, e nela a formalização da matrícula anual do estudante, bem como a comprovação da escolaridade de ao menos um dos genitores ou por representantes legais do estudante. Exige-se, ademais, ser eles portadores de diploma de ensino superior, incluída a educação profissional tecnológica. Os responsáveis deverão apresentar certidão criminal negativa de justiça federal, estadual ou distrital. No projeto, ficou estabelecido um momento de transição para a comprovação da escolaridade de nível superior, caso os responsáveis pelo discente escolham o *homeschooling* nos dois primeiros anos após a regulamentação entrar em vigor, quando um dos responsáveis deverá estar matriculado, em período de tempo que não exceda 50% do limite mínimo de anos para sua integralização.

Algumas obrigações foram estipuladas para as instituições de ensino e para os responsáveis legais: manutenção de cadastro com informações atualizadas anualmente junto ao órgão competente do sistema de ensino; cumprimento de conteúdos curriculares referentes ao ano escolar do estudante conforme a Base Nacional Comum Curricular; realização de atividades pedagógicas que promovam a formação integral do estudante; registro periódico das atividades pedagógicas realizadas; acompanhamento do estudante por docente tutor; avaliações anuais e participação do estudante nos exames do sistema nacional de avaliação da educação básica; convivência familiar e comunitária do estudante. Toda a intenção do legislador vai ao encontro da formação? Será? Reflita.

Discutir a formação exige pensar o deslocamento conceitual do que esta seja para além de formação escolar. Recorre-se a *Bildung, a formação cultural,* pois o conceito alemão extrapola os limites culturais e alcança a especificidade e distinção de seu uso linguístico. Nesse intento, tensiona-se a previsão legal do que seja educação escolar positivada conforme os interesses do universal, da sociedade, e recorre-se à relação indivíduo e sociedade, particular e universal.

O indivíduo é responsável por ter "predisposições naturais, e sobretudo permite representar o produto de um esforço individual que só pode ser realizado na autorreflexão" (KOSELLECK, 2020, p. 120). A *Bildung* é um conceito suprapolítico que não é apreendido por único direcionamento e transita desde uma origem religiosa até uma suprassocial advinda da autocompreensão do indivíduo. Independe de sua localização social pela autoformação, "[...] e como conduta de vida comunicativa é socialmente aberta e compatível com todos os estratos sociais" (KOSELLECK, 2020, p. 139). É por intermédio do indivíduo que a emancipação, a autonomia e a autorreflexão conduzirão à sua autorrealização.

Ora, não há hierarquia na formação, mas predeterminação de aspectos comuns nas artes, ciências, filosofia e religião inerentes à formação. Dessa maneira, forma-se um campo de forças reflexivo e comunicativo que impõe ao indivíduo enfrentar, ou não, e a buscar, ou não, o conhecimento. Retoma-se a autocrítica do indivíduo e compreende-se que a formação dela oriunda não é definida tão só por conteúdos adquiridos. Ou seja, o indivíduo, no processo formativo, tensiona desde sempre, visto que, na busca, "já a consciência crítica como tendência de procurar por trás dos bastidores" (ADORNO, 2010, p. 36) é inquieta e inconformada com a totalidade social contraditória. A formação cultural, *Bildung*, reitera-se, antecede à formação escolar.

Ora, na sociedade administrada, restou consignada ideologicamente a vinculação da formação cultural com a educação escolar, pois a forma do conhecimento sobrepuja o conhecimento e converte-se em "semiformação socializada, na onipresença do espírito alienado, que, segundo sua gênese e seu sentido, não antecede à formação cultural, mas a sucede" (ADORNO, 2010, p. 9). Senão, como entender a *homeschooling*? E se deve descurar da formação de professores em todo o processo ideológico que caracteriza a sociedade administrada?

Ao efetuar uma reflexão crítica sobre a profissão de ensinar, no ensaio "Tabus acerca do magistério" (1995), Adorno salienta que "a ambivalência frente aos homens estudados é arcaica" (ADORNO, 2010, p. 103). Há atitudes de respeito pela independência do espírito, e desprezo por não portarem armas, e exercitarem o poder sobre sujeitos civis não plenos. Ao retomar o tabu, em sentido rigoroso, Adorno (1995, p. 98) entende-o "[...] como sedimentação coletiva das representações conscientes e pré-conscientes que perderam sua base real conservando-se como preconceitos psicológicos e sociais que retroagem sobre a realidade com tenacidade, como preconceitos psicológicos convertendo-se em forças reais".

Adorno, ao discutir o tabu arcaico e a ambivalência arcaica, afirma ser possível se perguntar por que esses foram transferidos aos professores? E salienta que o poder dos professores é desprezado por parodiar o verdadeiro poder que detém a autoridade: a reprodução de algo estabelecido. Quanto aos professores, cabem ser só mediadores, o que atrai a aversão geral. Salienta que, perante as transformações advindas na sociedade administrada, em específico a Alemanha daquele momento, o professor estava sendo convertido em vendedor de conhecimentos, tão só. Fato que despertava a compaixão, pois não aproveitavam seus conhecimentos a favor de sua própria situação econômica.

Outra relação construída entre a profissão de ensinar e o descrédito que essa sofre na sociedade administrada advém do não uso da força física por parte do professor, conquanto esse detenha maior capital cultural e não poder negá-lo, o que o torna reconhecido como portador de certa desonestidade. Mesmo quando oportunizam aula mais dialogada, os discentes não necessariamente se manifestam. Recorda-se, ademais, que a organização de poder na sociedade foi constituída mediante a força física e as condições de "integração civilizatória", que deveriam estar sujeitas à educação, hodiernamente ainda podem se realizar com o suporte da violência física.

Nesse percurso, salienta Adorno (1995, p. 106), "esta violência física é delegada pela sociedade e ao mesmo tempo é negada nos delegados. Os executantes são bodes expiatórios para os mandantes". A imagem do professor é associada à do carrasco, uma vez que "a imagem de responsável por castigos determina a imagem do professor" (ADORNO, 1995, p. 107), mas sua infantilidade em substituir a realidade pelo "mundo ilusório intramuros" (ADORNO, 1995, p. 109) pode levar a uma discrepância relativa às expectativas sociais.

Pensa-se que no Brasil o professor foi o encarregado pela formação total do indivíduo, a família teve a autoridade erodida, e na lacuna da autoridade familiar ele carrega o estigma do fracasso como educador: fraco, por não usar da força física. Aquele que castiga. Fato que, no imaginário, assemelha-se a um monge, aquele que tem grande conhecimento, mas não o usa a seu favor. No plano erótico, conquanto o professor não haja eroticamente, é inatingível, e sua inatingibilidade desperta o imaginário do indivíduo discente.

Volta-se ao *homeschooling* e à formação escolar no seio familiar. Parece que essa se rebela não com os conteúdos acríticos e achatados, destituídos da possibilidade de uma formação para a autonomia e autorreflexão, mas com a possibilidade de, conforme Adorno (1995), "a integração civilizatória" ser exercida com o uso da força física. Há a exigência de uma autoridade para a lacuna da presença da família erodida pelo mundo do trabalho, pelo imiscuir de valores diferentes dos valores familiares e que são veiculados pela indústria cultural, mas sem serem alcançados pela autoridade do professor. Assim, a família, por meio da legislação, pleiteia a retomada de seu lugar na formação, e os professores, em seus processos formativos, conforme salienta Adorno (1995, p. 54), como

> [...] intelectuais ou meros profissionais, como já dizia Ibsen há oitenta anos. Que o termo "intelectuais" tenha sido difamado a partir dos nazistas, parece-me um motivo a mais para assumi-lo positivamente: um primeiro passo da conscientização de si mesmo é não assumir a estupidez como integridade moral superior; não difamar o esclarecimento, mas resistir sempre em face da perseguição aos intelectuais, seja qual for

> a forma em que esta se disfarça. Mas se alguém é ou não é intelectual, esta conclusão se manifesta sobretudo na relação com seu próprio trabalho e com o todo social de que esta relação forma uma parcela.

Vence a pseudoformação no jogo de interesses entre a exigência da tradição que caracteriza a formação no seio intrafamiliar, entre iguais e sem crítica. Só a obediência aos valores determinados pela família vence a pseudoformação, pois o indivíduo é assujeitado e inepto à experiência formativa, que exige aptidão e elaboração do pensamento ao sujeito autônomo. Na pseudoformação, o indivíduo atende à falsidade do processo formativo, visto que, pela limitação desse processo, ele perde sua articulação entre autonomia e dominação e só atende aos interesses do mercado de trabalho. E isso é ideologia, posto desaparecer o indivíduo que não faz a experiência ante as relações objetificadas e mediadas pelo consumo no mercado, pela tradição, que obnubila a crítica, e, com o ego coeso, o indivíduo torna-se inteiramente outro, heterônomo. Assim, o direito humano à educação é negado, tanto quanto é negada a autonomia do indivíduo.

Referências

ADORNO, Theodor W. **Educação e emancipação**. Tradução de Wolfgang Leo Maar. 4. Ed. Rio de Janeiro: Paz e Terra, 1995.

ADORNO, Theodor W. Teoria da semiformação. *In:* ZUIN, Antônio S. A.; PUCCI, Bruno; LASTÓRIA, Luiz A. Calmon Nabuco (org.). **Teoria crítica e inconformismo**: novas perspectivas de pesquisa. Campinas, SP: Autores Associados, 2010. P. 7-40. (Coleção Educação Contemporânea).

ADORNO, Theodor W.; HORKHEIMER, Max. **A dialética do esclarecimento**: fragmentos filosóficos. Tradução de Guido Antônio de Almeida. Rio de Janeiro: Zahar, 1985.

ARISTÓTELES. Ética a Nicômaco. Introdução, tradução e notas: Antônio Caeiro. São Paulo: Atlas, 2009.

AGÊNCIA SENADO. **Projeto que autoriza educação familiar começa a ser discutido no Senado**. Disponível em: https://www12.senado.leg.br/noticias/materias/2022/05/26/projeto-que-autoriza-educacao-domiciliar-comeca-a-ser-discutido-no-senado. Acesso em: 2 abr. 2022.

BENJAMIN, Walter. **Magia e técnica, arte e política**: ensaios sobre literatura e história da cultura. 7. ed. Tradução de Paulo Rouanet. Prefácio: Marie Gagnebin. São Paulo: Brasiliense, 1994. P. 165-196 (Obras escolhidas, v. I).

BRASIL. **Constituição da República Federativa do Brasil de 1988**. Brasília, DF: Presidência da República, [2016]. Disponível em: http://www..planalto.gov. br/ccivil_03/Constituicao/Constituição.htm. Acesso em: 1 jan. 2019.

BRASIL. Presidência da República. Casa Civil. **Decreto-Lei n.**º 2.848, de 7 de dezembro de 1948. Código Penal. Rio de Janeiro, Diário Oficial da União, 1948. Disponível em: http://www.planalto.gov.br/ccivil_03/decreto-lei/de12848com-pilado.htm. Acesso em: 2 out. 2020.

CANÇADO TRINDADE, Antônio Augusto. **Tratado de direito internacional de direitos humanos**. Porto Alegre: Sérgio Antônio Fabris Editor, 1999. V.II.

COMPARATO, Fábio Konder. **A afirmação histórica dos direitos humanos**. 7. ed. São Paulo: Saraiva, 2010.

DAMIANI, Alberto M. A noção de sociabilidade natural em Vico. Tradução de Enoque M. Portes. *In:* LOMONACO, F.; HUMBERTO, G.; SILVA NETO, S.A., (ed.). **Metafísica do gênero humano**: natureza e história na obra de Giambattista Vico [on-line]. Uberlândia: EDUFU, 2018. p. 17-39. Disponível em: http://doi. org/10.14393/EDUFU-978-85-7078-469-8. Acesso em: 21 mar. 2022.

GORCZEVSKI, Clóvis. **Direitos Humanos:** dos primórdios da humanidade ao Brasil de hoje. Porto Alegre: Imprensa Livre, 2005.

HERRERA-FLORES, Joaquín. **A reinvenção dos Direitos Humanos**. Tradução de Carlos Alberto Diogo Garcia; Antônio Henrique Graciano Suxberger; Jefferson Aparecido Dias. Florianópolis: Fundação Boiteux, 2009.

HUISMAN, Denis. **Dicionário dos filósofos**. São Paulo: Martins Fontes, 2004.

KANT, Immanuel. **Textos seletos**. Tradução de Raimundo Vier e Floriano de Souza Fernandes. 3. ed. Petrópolis: Vozes, 2005.

KOSELLECK, Reinhart. **Histórias de conceitos:** estudos sobre a semântica e a pragmática da linguagem política e social; com duas contribuições de Ulrike Spree, Willibald Steinmetz; posfácio de Carsten Dutt; tradução de Marcus Hediger; revisão técnica e tradução de Bernardo Ferreira, Arthur Alfaix Assis. Rio de Janeiro: Contraponto 2020.

LAUAND, Jean Luiz. Introdução. *In:* TOMÁS DE AQUINO. **Sobre o ensino (De magistro) e os sete pecados capitais**. 2. ed. Tradução e estudos introdutórios de Luiz Jean Lauand. São Paulo: Martins Fontes, 2004. (Clássicos).

LOCKE, John. **Segundo tratado sobre o governo civil**: ensaio sobre a origem e os fins verdadeiros do governo civil (1689). Tradução de Magda Lopes e Marisa Lobo da Costa. Petrópolis: Vozes, 1994.

MARMELSTEIN, George. **Curso de Direitos Fundamentais**. São Paulo: Atlas, 2008.

MARSHALL, Thomas Humphrey. **Cidadania, classe social e status**. Introdução de Phillip C. Scmitter; tradução de Meton Porto Gadelha. Rio de Janeiro: Zahar, 1967.

MOURA, Adriana Galvão. A dignidade da pessoa humana como fundamento da cidadania. *In:* CRUZ, Luiz Alexandre Ferreira; TEOTÔNIO, Paulo Freire (org.). **Constituição e Construção da Cidadania**. Leme: JH Mizuno, 2005.

OLIVEIRA, Samuel Antonio Merbach de. A Teoria Geracional dos Direitos do Homem. **Theoria – Revista Eletrônica de Filosofia**, Pouso Alegre, v. 2, n. 30, p. 10-26, 2010. Disponível em: http://www.theoria.com.br/edicao0310/.a-teoria--geracional-dos-direitos-do-homem.pdf. Acesso em: 20 ago. 2022.

ORGANIZAÇÃO DA NAÇÕES UNIDAS. **Declaração Universal dos Direitos Humanos**. Disponível em: https://brasil.un.org/pt-br/91601-declaracao-universal-dos-direitos-humanos. Acesso em: 10 ago. 2022.

PLATÃO. **A República**. Tradução e notas de Edson Bini. São Paulo: Edipro, 2006.

RAMOS, André de C. **Curso de Direitos Humanos**. São Paulo: Saraiva, 2014.

TOMÁS DE AQUINO. Carta sobre o modo de estudar (*De modo studendi*). *In:* LAUAND, J. L. (org.). **Cultura e Educação na Idade Média**: Textos do século V ao XIII/seleção, tradução, notas e estudos introdutórios: Luiz Jean Lauand. São Paulo: Martins Fontes, 1998. (Clássicos).

TOMÁS DE AQUINO. O Estudo. *In:* LAUAND, J. L. (org.). **Cultura e Educação na Idade Média**: Textos do século V ao XIII/seleção, tradução, notas e estudos introdutórios: Luiz Jean Lauand. São Paulo: Martins Fontes, 1998. (Clássicos).

TOMÁS DE AQUINO. **Sobre o ensino *(De magistro),* os sete pecados capitais**. Tradução e estudos introdutórios de Luiz Jean Lauand. 2. ed. São Paulo: Martins Fontes, 2004. (Clássicos).

TOMÁS DE AQUINO. **Suma teológica**. Ed. bilíngue latim-português. São Paulo: Loyola, 2003-2005. Disponível em: http://alexandriacatolica.blospot.com.br. Acesso em: 5 jan. 2019.

TOMÁS DE AQUINO. **De magistro – Sobre o mestre: questões discutidas sobre a verdade**, XI. Edição bilíngue latim – português. Tradução, introdução e notas: Maurílio J. O. Camello. Disponível em: http://www.unisal.br/nova/graduacao/filosofia/murilo/Tom%E1s%20%Aquino.doc. Acesso: 7 set. 2018.

WEBER, Max. **Economia e sociedade**: fundamentos da sociologia compreensiva. Tradução de Regis Barbosa e Karen Elsabe Barbosa. Revisão técnica: Gabriel Cohn. 4. ed. Brasília, DF: Editora da UnB, 2004. 2 v.

Capítulo 12

UNIVERSIDADE, CONHECIMENTO E FORMAÇÃO

Jussimária Almeida dos Santos

A Universidade, desde seu início na Idade Média, trilhou os caminhos do conhecimento e do saber, com diversas formas de disseminarem tais riquezas humanas, em um movimento histórico marcado por inúmeras transformações no percurso do desenvolvimento da humanidade.

Ela não surgiu do nada, nem sua certidão de nascimento está em uma determinada data histórica sem a incorporação de modelos anteriores de ensino, caracterizados e organizados por homens que pensam e fazem esse movimento da história.

Em um contexto característico da Idade Média, marcado, significativamente, por um mundo estruturado e organizado num contexto espiritualmente cristão, existem caminhos para verificar algumas características relevantes no que tange aos processos iniciais de ensino determinados e organizados, nesse período, pela Igreja, a principal detentora do saber até então.

Antes, as escolas estavam estruturadas em um tipo de ensino voltado para a vida religiosa, os alunos tinham uma formação dentro da doutrina cristã, direcionada em sua grande essência para o lado espiritual, perpetuando assim os conhecimentos da religião, bem como garantindo sua disseminação pelos futuros sucessores monarcas da Igreja, em detrimento de uma formação intelectual do homem, conforme afirma Ullmann (2000).

A Bíblia era o único objeto de estudo. A educação dada aos alunos estava totalmente vinculada à preparação desses jovens para futuramente servirem à Igreja com uma vida sacerdotal, dando sequência digna a um conhecimento que estava restrito aos saberes da religião cristã: saber ler, escrever, contar, conhecer a Bíblia, saber de cor os salmos, utilizando uma única bibliografia a ser lida — a Sagrada Escritura — era o saber necessário para chegar-se ao conhecimento verdadeiro.

Se para Denis de Rougemont (1983) o saber é o exercício do conhecimento com uma finalidade que representa o amadurecimento do ser humano, com vistas à melhoria da vida humana, na Idade Média, segundo Ullmann

(2000), esse saber era privilégio unicamente do Clero, que sequenciava as reproduções das obras literárias para acervo próprio em suas bibliotecas, garantindo-lhe status e impedindo a disseminação desse acervo para manter-se no controle dos tipos de conhecimento, os quais poderiam ser proferidos aos alunos. Nesse sentido, Ullmann (2000, p. 274) reitera que:

> A única sabedoria reside na fé [...] a vida do cristão somente tem uma finalidade: Assegurar sua salvação. E esta é conseguida pela fé. Aplicar a razão à fé equivale a dissolvê-la. Portanto, não resta senão proibir ao cristão a busca do conhecimento racional como uma empresa perigosa para a obra da salvação.

Nesse contexto do primado da Teologia sobre a Filosofia, vislumbrava-se um redirecionamento para a evolução das Universidades. Para Ullmann (2000), tanto a Academia de Platão quanto o Liceu de Aristóteles são consideradas escolas pré-universitárias, uma vez que no Liceu de Aristóteles houve sempre uma busca pela verdade sendo bastante explorado o pensamento humano em todas as suas direções, e dentro da Academia de Platão tem-se o registro de que:

> O currículo de estudos apresentava nítida feição de curso superior, porquanto a sua filosofia abarcava a dialética, a física e a ética [...] o objetivo de Platão sempre foi a epistêmê isto é, a ciência verdadeira fundada na razão, jamais se satisfazendo com a opinião vulgar. [...] Ele não inculcava nos discípulos o resultado já pronto, mas fazia-os trabalhar e descobrir por si próprio, a dificuldade, para destrinçando-a progressivamente superá-la. (ULLMANN, 2000, p. 86-87).

Dessa forma, esses modelos de escola, que atuaram como pano de fundo para o surgimento das universidades, não estavam satisfazendo mais aos anseios do saber por permaneceram dentro do restrito *trivium* (gramática, retórica e dialética) e *quadrivium* (aritmética, geometria, astronomia e música), e, em consequência do movimento histórico que sucedia com as Cruzadas, as quais trouxe o contato com outra cultura, a curiosidade pelo científico e o gosto pela universalidade e pelo conhecimento levam à necessidade de uma instituição que abarcasse e contemplasse outros tipos de conhecimentos.

Ainda nessa direção, com o crescimento das cidades, o surgimento da burguesia, a intensificação de relações com diferentes culturas, abriu-se uma lacuna que propiciou o surgimento das universidades. Num movimento constante de constituição das universidades, um total de 46 instituições universitárias em toda a Europa que funcionaram, significadamente, em uma potência altamente cristã. "Se nos impressiona o número de universidades no medievo não menor deve ser nosso assombro pela busca do saber e pela difusão cultural, naqueles longínquos séculos" (ULLMANN, 2000, p. 114).

O início dessas universidades não foi marcado por grandes construções arquitetônicas, espaços para os alunos, enormes acervos bibliográficos, sendo no início do séc. 13 as aulas ministradas em casa dos doutores ou em salões alugados. O mesmo não podemos dizer do final do séc. 15, em que as universidades contavam com grandes prédios luxuosos, com inúmeros *collegia* destinados ao alojamento de alunos carentes.

Sendo assim, o ensino, apesar de não ter sido totalmente livre, era gratuito, pois a Igreja arcava com as despesas dos ensinamentos pelos professores, que por sua vez eram conservadores cristãos, os quais viam as universidades como algo que fortalecia cada vez mais o cristianismo por meio da transmissão de conhecimentos restritos ao dogma cristão.

No decorrer do curso da história, as universidades foram estatizadas, tornando-se potências políticas, saindo das mãos da Igreja e limitando o seu poder no que concerne ao tipo de ensino a ser propagado entre os homens que buscavam o saber e passando para as mãos do rei, como instrumentos do poder civil. Ou seja:

> O Estado todo-poderoso reivindica todos os direitos sobre a vida social, cuja unidade é intensamente proclamada; ele detém o poder legislativo, executivo e jurídico. Ele é universal: sobre um determinado território, nenhum sujeito pode escapar à sua autoridade do príncipe. Decididamente, o Estado laico não se contenta em limitar a Igreja ao domínio espiritual, mas pretende também dirigi-la nesse domínio. Ele dissolve em definitivo, toda distinção efetiva entre o espiritual e o temporal. (LE GOFF, 1995, p. 110).

Segundo Ullmann (2000, p. 121), ainda no contexto do medievo "não havia pré-requisito algum para o ingresso na *universitas,* nem aos menos era exigida a conclusão de algum curso anteriormente". No que tange aos alunos, estes acompanhavam os mestres famosos de forma pelegrinativa de uma universidade a outra sem fronteiras, sem prazos, sem pré-requisitos, sem vestibular, simplesmente pela importância dada ao saber e à formação, como também a quem o transmitia com o fim último de apreender, descartando o caráter utilitário e pragmático desses ensinamentos. Aparentemente, nos anos iniciais da aquisição do saber e do processo formativo, o conhecimento era apreendido e logo depois disseminado e espalhado para quem o quisesse, sem nenhuma restrição; muito pelo contrário, disseminavam-se os ensinamentos com devoção a um saber e a um conhecer desinteressado.

Em face disso, observa-se que em tempos modernos, para se ter acesso a uma forma de conhecimento oferecida, organizada e estruturada dentro de uma universidade, é necessário um exame vestibular agressivo com o ser humano, no qual são aprovados, na maioria das vezes, os alunos de escolas particulares, fato que difere da realidade da grande parte dos nossos estudantes, por isso muitos ficam à margem da possibilidade de um processo formativo para o "conhecer", estando fora da universidade.

Dessa forma, o que se percebe é que existem oportunidades iguais para todos. No entanto sabemos que faltam igualdades de condições, pois basta utilizar o simples método da observação, postulado por Chauí (2001), para verificar que os pátios e estacionamentos das grandes universidades públicas do país estão lotados de veículos, que certamente não estão nas condições da grande maioria dos alunos de condições simples.

> Os alunos de primeiro e segundo graus das escolas públicas, quando conseguem ir até o final desse ciclo, porque por suposto estariam "naturalmente" destinados à entrada imediata no mercado de trabalho, não devem dispor de condições para enfrentar os vestibulares das Universidades públicas, pois não estão destinados a elas. A maioria deles é forçada ou a desistir da formação universitária ou fazê-la em Universidades particulares que, para lucrar com sua vinda, oferecem um ensino de baixíssima qualidade. Em contrapartida, os filhos da alta classe média e da burguesia, formados nas boas escolas particulares, tornam-se a principal clientela da Universidade pública gratuita. (CHAUÍ, 2001, p. 36-37).

Em contrapartida no medievo, não houve esse pré-requisito, inclusive os deficientes participavam das aulas sem períodos fixos para início nem conclusão de outros cursos anteriores, "no meio universitário não existiam estamentos sociais [...]". Concluídos os estudos, nem todos logravam galgar posições elevadas na sociedade. Exceções da regra eram os formados em Direito e Medicina, cuja prática abria o caminho para o enriquecimento (ULLMANN, 2000, p. 207).

Com as transformações econômicas e sociais pertinentes da época, a ganância também chega ao ensino, levando esse a uma profunda elitização, e os alunos pobres perderam o acesso às aulas. Ullmann (2000) refere-se às universidades como centros de criação intelectual, que abandonam esse princípio para se tornarem centros de conservação e repetidores da cultura.

Observa-se que, enaltecidas pelos novos ares da renascença dos séculos vindouros, dentro das universidades emerge o que se pode denominar de crise entre Filosofia e Teologia, em que muitos precursores do Renascimento colocavam-se em direta oposição às ideias doutrinais da Igreja, bem como seus ensinamentos, rompendo com hierarquia eclesiástica e proclamando a liberdade do homem, para uma nova concepção de Deus, de homem e de sociedade.

Assim, diante dos conflitos, houve uma paralisação tanto na vida religiosa quanto na vida intelectual, em que, segundo Ullmann (2000, p. 341), "o espírito acadêmico foi anestesiado, entrando, em consequência, numa das crises mais profundas de toda a história. Rompendo com a crença secular dogmática e com os conceitos arraigados da moral cristã".

Desse modo, como fruto de muitas rupturas, inúmeras universidades emergiram com reflexos de uma nova reforma no ensino e, consequentemente, no que se refere às questões religiosas, caracterizando, assim, um novo impulso com novos olhares para os estudos da Sagrada Escritura bem como do espírito empirista que certamente marcou os novos séculos com o advento da modernidade.

A esse respeito, Ullmann nos faz refletir sobre o surgimento dessa Modernidade, constituída de conflitos e contradições, pertinentes e emergentes na sociedade, a qual não teve sua constituição em um determinado marco inicial na história, mas que não se pode desconsiderar o medievo como precursor de muitos avanços antecipados para essa Modernidade, mas que se resulta de um longo processo contínuo de desenvolvimento da própria história da humanidade, e certamente quem mais iluminou a Idade Média foi, sem dúvida, o aparecimento da universidade. Esta, talvez, ainda se constitua até a Modernidade como presença marcante para a construção e disseminação do conhecimento historicamente construído pelos homens atores e coadjuvantes do fazer histórico. Para tanto, o autor destaca que:

> No término da Idade Média, as Universidades com longa tradição, apesar do declínio lamentado por Paris, continuaram a exercer o seu papel social, na formação de profissionais, nas quatro faculdades. Ao mesmo tempo, os studia se elitizaram, dificultando, com elevadas taxas, o acesso dos alunos pobres aos cursos de direito e medicina. (ULLMANN, 2000, p. 337).

Como visto, anunciada uma "nova idade" na sociedade, bem como em seus diferentes segmentos sociais e, principalmente, no que diz respeito aos novos saberes e aos conhecimentos envolvidos em muitos conflitos, contradições e rupturas, surgem inúmeras teorias que, por sua vez, são desenvolvidas fora das universidades por um novo tipo de homem "intelectual" — o humanista —, trazendo consigo a preocupação com a verdade do conhecimento contrapondo aos "intelectuais" que marcaram a Idade Média, dignos servidores da Igreja e do Estado.

Dentro dessa nova roupagem que a ciência moderna anuncia é que vai se instituir, num processo de construção imerso em conflitos e rupturas, a mudança da relação entre ser e conhecer, fé e religião, abrindo um novo caminho para os modernos apresentarem outros princípios e novos elementos no primado da razão, construindo assim um novo tipo de conhecimento, uma nova visão científica de mundo que é através da construção e demonstração (razão), e não mais através da revelação (fé).

Dessa forma, Descartes[59], que outrora já era conhecido, mas não constituía matéria de estudos nas universidades, lança-se como expoente importante dessa ruptura, ao elaborar algumas questões pertinentes sobre um caminho guiado pela razão, destacando que, mesmo diante de toda a imperfeição humana, o homem consegue chegar à verdade sem ser por meio de verdades reveladas (fé), e o caminho como parâmetro de um raciocínio é pensar, porque se eu "penso, logo existo", não desconsiderando que esse ato de pensar é um empreendimento solitário para quem o exercita. Assim, o autor argumenta que:

> Mas logo depois atentei que, enquanto queria pensar assim que tudo era falso, era necessariamente preciso que eu, que o pensava, fosse alguma coisa. E, notando que esta verdade — penso, logo existo — era tão firme e tão certa que todas as mais extravagantes dos cépticos não eram capazes de abalar [...] por isso reconheci que eu era uma substância cuja única essência ou natureza é pensar, e que, para existir, não necessita de nenhum lugar nem depende de coisa alguma material. De sorte que este eu isto é, a alma pela qual sou o que sou, é inteiramente distinta do corpo, e até mais fácil de conhecer que ele, e, mesmo se o corpo não existisse, ela não deixaria de ser tudo o que é. (DESCARTES, 2003, p. 38-39).

[59] René Descartes (1596-1650) foi filósofo, físico e matemático francês, considerado "o fundador da filosofia moderna" e o "pai da matemática moderna". Distinguiu-se por seu trabalho revolucionário na filosofia e na ciência. Notabilizou-se como um dos pensadores mais importantes e influentes da História do Pensamento Ocidental. Inspirou contemporâneas e várias gerações de filósofos posteriores. Disponível em: http://www.e-biografias. net/rene_descartes. Acesso em: 24 ago. 2022.

Nessa relação, no sentido de revelar uma Teoria do Conhecimento, rompendo com tradições e mitos, Descartes (2003) fundamenta um percurso de constituição do conhecimento na modernidade. Esse autor inaugura essa ruptura entre a fé e a razão e apresenta um método para a constituição dessa ciência, a qual coloca em evidência a importância de se discutir um caminho para a formação e para a construção do conhecimento, enfatizando a capacidade do ser humano em busca de todos esses saberes imersos nas relações entre homem/homem e homem/sociedade. Observa-se que, com a ideia do cogito, foi possível pensar no conceito de consciência mais elaborado.

Ainda nessa direção acerca da construção do conhecimento, com vistas a um processo contínuo de formação ampla, vale ressaltar que, diante do caminhar das evoluções, Marx (1979) surge posteriormente para coroar esse significativo rompimento entre ciência e religião. Com um pensamento gestado perante um processo de inúmeros fatores sociais, políticos, históricos e culturais, marcantes dentro da história da humanidade, como: Revolução Francesa, Movimento do Iluminismo, Revolução Industrial e Edificação da Sociedade Capitalista.

Como um dos autores da modernidade, Marx constrói seu pensamento no âmbito da sociedade capitalista e assenta-se em alguns elementos essenciais absorvendo princípios iluministas e apresenta sua contraposição à visão religiosa de mundo bem como uma concepção idealista da realidade. Ambas se confluem, e toda essa construção não material está assentada nas condições materiais de existência. Para Marx (1979), o homem não será emancipado enquanto cultivar esse muro de concepções: religiosa de mundo e idealista da realidade.

Diante disso, ao refutar essa visão religiosa de mundo, por terem verdades fechadas, eternas e inquestionáveis, percebe-se que dessa forma há uma incompatibilidade com a ciência, pois, quando o conhecimento privilegia a razão torna-se incompatível levar o primado da religião à cientificidade. Destacando que a construção do conhecimento não é simplesmente elaborada pela mente dentro do simples exercício de racionalidade.

Na visão de Marx (1979), o conhecimento é produto das relações sociais, isto é, produzido dentro de um movimento social, político, histórico, cultural e impraticável como simples exercício da razão pela razão, uma vez que não é a razão que ordena a realidade. Esta já existe por si só e independente como síntese de múltiplas determinações, as quais estão engendradas por suas contradições.

Sendo assim, é possível apreender a realidade e compreendê-la, e o ser humano é o único capaz de conceber e transformar essa realidade, levando em consideração que o exercício da razão é um instrumento privilegiado e fundamental para esse engajamento de luta e combate no processo de formação e do conhecer na constituição do ser humano.

No tocante às discussões anteriores acerca da construção do conhecimento, segundo Jay (2008), a Escola de Frankfurt torna-se a Escola de Pensamento do séc. 20, dando um enfoque crítico na supremacia do caráter utilitarista e pragmático dessa razão que anestesia a consciência do ser humano. Dessa forma, a Indústria Cultural[60] torna-se o mais eficiente mecanismo de (de)formação da consciência humana, pois ela está inevitavelmente atrelada em todas as esferas da vida humana bem como em todos os movimentos de atuações diária do homem, limitando-o a pensar por conta própria, direcionando essa razão à subjetividade humana.

Para tanto, diante da supremacia do homem como um ser de razão, o conhecimento caminha para uma ciência compreendida por meio de métodos e procedimentos levando a crédito uma verdade que se estabelece pela observação e dedução empírica. No entanto, ao se fazer essa transferência de poder, retirando das mãos da Igreja e direcionando à razão do homem pela via da ciência, registra-se a ideia de que o homem será livre, e essa liberdade individual é que sustenta a sociedade burguesa então crescente.

A ideia de progresso edifica paulatinamente os princípios do liberalismo e da livre concorrência, pois é esse conhecimento que iguala os homens, dando a si próprio o poder dos seus destinos. Ocorre que essa razão elevada pelo indivíduo como algo fundamental para sua vida na sociedade cai em uma prática irracional devido à instrumentalização técnica, servindo somente ao processo industrial crescente, reduzindo esse indivíduo a um conformismo dessa realidade existente em que tudo se aceita e nada se apreende. Assim, um dos autores da Escola de Frankfurt postula que:

> Ser racional significa não ser refratário, o que por sua vez conduz ao conformismo com a realidade tal como ela é. O princípio de ajustamento à realidade é dado como certo. Quando se concebeu a ideia de razão, o que se pretendia alcan-

---

[60] Indústria cultural se desenvolve no sistema capitalista, envolvendo todo o sistema de comunicação e diz respeito a uma tentativa dos grandes grupos econômicos, sobretudo, a partir da II Guerra Mundial, visando investir no consumo. Essa realidade vai se consolidar a partir de algumas mudanças no mundo do trabalho com o regime celetista, aberturas de fronteiras como processo de globalização pela necessidade crescente do mercado e da indústria que se aliaram ao processo de desenvolvimento tecnológico tornando-se inquestionável (ADORNO; HORKHEIMER, 1985; ADORNO, 1993).

A TEORIA CRÍTICA DA SOCIEDADE E A EDUCAÇÃO: MÚLTIPLOS OLHARES

> çar era mais que a simples regulação da relação entre meios e
> fins: pensava-se nela como o instrumento para compreender
> os fins e não determiná-los. (HORKHEIMER, 2002, p. 19).

A partir de então, tende-se a pensar, com base nas considerações de Horkheimer (2002), que essa razão entra em crise, tornando-se irracional da mesma forma que se desenvolveu via indivíduo. A esse indivíduo, agora é necessária uma adaptação passando somente a aceitar a realidade posta, absorvendo normas, modelos e (de)formações como algo intrínseco para fazer parte dessa sociedade, que se estrutura por meio de uma "cultura administrada", com uma padronização de pensamento e anulação da reflexão e da crítica, tendo como grande eixo norteador o que autor denomina de "Indústria Cultural", através dos meios de comunicação em massa, manipulando de forma bem coesa o pensamento humano da sociedade capitalista centralizada no consumo da mercadoria fetichizada pela dominação.

No contexto de todo esse movimento social, a universidade é compreendida como segmento social que também faz parte dessa sociedade constituinte de indivíduos. Sendo assim, torna-se alvo desses modelos construídos pela Indústria Cultural através dos meios de comunicação em massa. Enquanto para Descartes o ato de pensar é um exercício solitário, para quem o exerce, na sociedade da "Cultura Administrada", isso é mascarado com a aquisição praticamente personalizada de mercadorias, a felicidade representada na promessa de sonhos, prazeres, diversões, ignorando o pensar, o refletir e o agir criticamente para a aceitação e edificação da vida social então estabelecida. A reflexão se perde, satisfazendo-se com o imediato. Ou seja:

> O espectador não deve ter necessidade de nenhum pensa-
> mento próprio, o produto prescreve toda reação: não por sua
> estrutura temática — que desmorona na medida em que exige
> o pensamento —, mas através de sinais. Toda ligação lógica
> que pressuponha um esforço intelectual é escrupulosamente
> evitada. Os desenvolvimentos devem resultar tanto quanto
> possível da situação imediatamente anterior, e não da Ideia
> do todo. (ADORNO; HORKHEIMER, 1985, p. 113).

São esses indivíduos, constituintes e constituídos por essa sociedade capitalista que, atualmente, buscam o conhecimento da Modernidade nas inúmeras universidades públicas e particulares que temos hoje. Conhecimento esse que, na maioria das vezes, se desvincula do "cultivo do raciocínio, da reflexão, do direito e de valores intrinsecamente ligados a nossa condição humana, afasta-nos da razão, da autonomia, da consciência da liberdade e da justiça, e devolve-nos à esfera animal" (COELHO, 2004, p. 44).

Assim, ao assumir essa dimensão, a universidade passa a atender aos moldes do saber operacional instituído pelo mercado de trabalho e, diante das novas evoluções inerentes ao crescimento quantitativo das próprias universidades, estas começam a perder o monopólio da produção intelectual e do ensino, uma vez que assumem um papel social de formar profissionais cada vez mais utilitários e técnicos e menos pensantes, com um saber mais direcionado à prática do saber fazer em detrimento ao saber pensar.

> Dependência e servidão dos homens, objetivo último da indústria cultural. Ela impede a formação de indivíduos autônomos, independente, capazes de julgar e de decidir conscientemente. Mas estes constituem, contudo, a condição prévia de uma sociedade democrática, que não se poderia salvaguardar e desabrochar senão através de homens não tutelados. Se as massas são injustamente difamadas do alto como tais, é também a própria indústria cultural que as transforma nas massas que ela depois despreza e impede de atingir a emancipação para a qual os próprios homens estariam tão maduros quanto as forças produtivas da época o permitiram. (ADORNO, 1993, p. 99).

Entende-se que o indivíduo é cooptado pelo saber imediato, e, dentro desse imediatismo de formação e informação, o conhecimento, que é o objeto principal da universidade, torna-se algo vazio em termos de construção da crítica reflexiva para permear, no operacional, o saber fazer, isolando qualquer forma de pensamento que exige interrogação e abertura em si mesmo, sem a reprodução mental daquilo que já está posto. Sendo assim:

> Pensar é superar as aparências, o imediato, o dado, o senso comum, o saber instituído, o já-visto e o já-dito; é duvidar, buscar o sentido e a gênese das ideias e da prática, ir à raiz dos problemas e questões, ser radical, crítico e rigoroso no trato com os conceitos, assumir as exigências da crítica da contestação intelectual. Pensar não é transmitir o saber pronto, como se fosse coisa, realidade morta, verdade a ser aceita, informação a ser consumida, mas interrogar o saber elevá-lo à condição de saber vivo, instituinte, provocante da inteligência, da imaginação e da sensibilidade de mestres e estudantes. (COELHO, 2005 p. 62).

Dessa forma, a universidade não é algo pronto e acabado, enredada em si mesma. Ao indivíduo não é necessário enquadrar-se nela. A universidade é um campo social que está em movimento de construção contínuo, e sua razão de ser está além de ideias simplistas e modelos utilitaristas de um ensino diretamente subordinado às leis do mercado.

Portanto, essa instituição ímpar da sociedade está destinada à competência de uma formação mais ampla que restaura o homem de toda essa condição alienada de instrumentos intelectuais e que favoreçam romper com toda essa situação imposta pela sociedade capitalista. Nesse sentido, o autor considera que:

> À Universidade compete formar seres humanos, intelectuais que saibam, tenham hábito e gostem de ler, de estudar, de trabalhar com os conceitos e suas articulações, de interrogar a tecnologia, os saberes e os métodos estabelecidos e de criar outros mais consistentes e rigorosos. Formar homens que, em seu fazer-se real, pensem compreendam e recriem o mundo físico e social, em especial o mundo do trabalho e da tecnologia [...] não abandonem a dimensão do pensamento, da crítica, da liberdade, da ética, do ser, da criação do novo, do sonho, da utopia. (COELHO, 2003, p. 49).

Em outras palavras, ao pensar em construção do saber pensados por homens que fazem história, denota-se, aparentemente, que isso se traduz pela transmissão de verdades prontas e determinadas, não necessitando fazer os questionamentos pertinentes desse saber. Tanto o ensinar quanto o apreender movimentam-se no presente, realidades que estão acontecendo do rever, do duvidar, do questionar e de recriar o que está posto. Com a finalidade de ser pensante e criativo, o indivíduo pode apropriar-se de um conhecimento que o faça reconhecer-se dentro dessa sociedade sem se transformar nela, pois conhecer tem a ver com contradição e realidade; ao contrário disso, ensinar e aprender perderia sua dimensão viva de uma ação complexa e histórica na humanidade.

Observa-se que, ao longo dos tempos, a universidade tem sido considerada como uma instituição capaz de disseminar o conhecimento que constituiu-se e vem constituindo-se de acordo com as transformações da sociedade, justamente com seus movimentos de rupturas e com as novas formas de conhecimento que surgiram com a modernização tecnológica. Ou seja:

> É na Universidade que se pode ter um contato sistemático com a cultura universal, é o lugar de estudos das culturas locais e nacionais das civilizações dos conceitos, leis, teorias, pensamentos, definições, interpretações, explicações dos autores antigos, dos clássicos e contemporâneos que marcaram significadamente um determinado ramo do saber. (WANDERLEY, 1983, p. 29).

Reiterando a discussão anterior, esse conhecimento produzido pelo homem e modificado por meio de novas estruturas, métodos e contradições, também pelo homem, se faz necessário conhecer, para fazer uma relação desses saberes "anteriores" com "novos" saberes, que tomaram conta da sociedade movida pelo excesso de informações efêmeras ofuscando, significativamente cada vez mais o conhecimento sistemático de criticidade, de reflexão e de autorreflexão.

Pensar em uma Universidade que esteja tramitando em todas as instâncias da educação é pensar em uma linguagem que garanta um enfrentamento a toda essa ideologia do sistema capitalista em questão. É entender que nada está pronto e acabado, sobrevivendo ainda a possibilidade de superar o limite do que é e se confirma.

Inquestionavelmente, ao ser compreendida como instituição social, a Universidade, como afirma Marilena Chauí (2001, p. 35), "realiza e exprime de modo determinado a sociedade de que é e faz parte. Não é uma realidade separada e sim uma expressão historicamente determinada de uma sociedade determinada".

Justifica-se, assim, que, em uma sociedade autoritária, apareça uma universidade-empresa, reflexo de um Estado destituído de suas responsabilidades como governo, repassando essas obrigações para representantes das empresas privadas, que percebem a Universidade como parte integrante dessa sociedade que não conseguiu escapar aos movimentos de transformação dominante desse modelo em que tudo é regido pelo mercado. Para tanto, torna-se importante considerar que:

> Submeter-se então à lógica do mercado é submeter-se à lógica empresarial que tudo homogeneíza, negando a especificidade da academia, do ensino e da pesquisa, sujeitos à temporalidade e lógica próprias. Além de teoricamente equivocado é ingênuo e perigoso imaginar uma relação direta e linear entre a Universidade e o mercado de trabalho, sobretudo quando na sociedade atual o mercado de trabalho é completamente imprevisível e as vezes assume formas jamais imaginadas. (COELHO, 2004, p. 42).

Nesse contexto, na relação que se faz entre o público e o privado, o que se percebe é o quanto o privado está ofuscando o público. Dentro desse patamar, percebe-se um quantitativo exuberante de novas universidades particulares. A todo instante, surgem novas instituições que oferecem vestibulares até mesmo por agendamento, em que o aluno é cooptado e se sente valorizado por isso.

Desse modo, tende-se a pensar que pode tudo. Nesse valorizar dos contratempos individuais, o aluno não se sente comprado, mas envolvido por um vestibular personalizado, esquecendo de se ver como sujeito participante constituído e constituinte dessa sociedade que hoje se volta para os princípios de neoliberalismo mercantil, transformando o indivíduo em uma mercadoria e objeto de valor de uso e de troca.

Com efeito às questões do saber e da formação, o objeto primordial da Universidade fica reduzido a esses jogos de banalizações impostas pela era do capital. A linguagem e o tempo do mercado, com as informações operacionais de que ele necessita, inibem o tempo de pensar. Uma vez que essa ação exige um determinado ócio, criam-se valores que são incompatíveis com a instituição "Universidade Pública".

Agindo assim, percebe-se um desajuste e um desequilíbrio quando se tende a transformar esse público em empresa e se faz desse aspecto a viabilização de um tipo de conhecimento com base no interesse particular, formar indivíduos técnicos e operacionais. Ou seja, uma vez que o mercado não produz conhecimento, seu objeto se torna descartável. O que sobressai é uma inteligência adestrada, em que o indivíduo fica limitado, incapaz de sair de si mesmo, operando com um tipo de conhecimento passivo por meio de reflexos e dígitos meramente operacionais. Esse indivíduo apresenta-se totalmente alheio ao mundo social em que não há referência alguma, só uma individualidade exacerbada, conforme depreende-se da afirmação a seguir:

> Creio que a Universidade tem hoje um papel que alguns não querem desempenhar, mas que é determinante para a existência da própria Universidade: criar incompetentes sociais e políticos, realizar com a cultura o que a empresa realiza com o trabalho, isto é, parcelar, fragmentar, limitar o conhecimento e impedir o pensamento, de modo a bloquear toda tentativa concreta de decisão, controle e participação, tanto no plano da produção material quanto na produção intelectual. Se a Universidade brasileira está em crise é simplesmente porque a reforma do ensino inverteu seu sentido

ESTELAMARIS BRANT SCAREL | MÁRCIA CRISTINA FERNANDES PEREIRA BESSA
MARCO ANTÔNIO OLIVEIRA LIMA (ORGS.)

> e finalidade — em lugar de criar elites dirigentes, está desti-
> nada a adestrar mão-de-obra dócil para um mercado sempre
> incerto. (CHAUÍ, 2001, p. 46).

Indubitavelmente, a realidade universitária revela processos contraditórios, uma vez que a Universidade Pública está cada vez mais se afunilando
e o acesso dos alunos que são egressos da escola pública é cada vez menor,
e por ser a camada mantenedora do capital com a ignorância do não saber,
esses alunos dificilmente terão acesso às diferentes áreas do conhecimento
para uma possível transformação social dentro das universidades públicas.

Entretanto serão alunos das universidades-empresas, que cooptam
pessoas e os instrumentalizam, moldando-os sob os princípios neoliberais
com um ensino destituído de um padrão de qualidade como também de rigor
e criticidade, pois, como lembra Coelho (2005, p. 64), "o que está em jogo é,
então o pensamento vivo em formação e se realizando diante dos estudantes,
e não verdades pedindo para serem lembradas repetidas e aceitas por todos".

Observa-se que a classe dominante não está preocupada com a educação de alta qualidade. Isso seria uma afronta ao capitalismo dependente,
que precisa treinar à sua maneira uma mão de obra barata e dócil para não
perder a sua soberania no capitalismo dependente.

Pertinente a isso, o capital não trabalha com uma concepção generalista
de sociedade, tampouco de indivíduo, pois não precisa de todos no mercado.
Seria perigoso para sua manutenção. É óbvio que a grande maioria fique de
fora para sua autoafirmação. O pobre precisa existir, pois é o dinheiro que
determina as políticas para os países pobres, e o papel da democracia não
interessa por colocar em risco o poder da classe dominante.

Concluindo, diante disso, todo e qualquer movimento que emergir
na sociedade como forma de negação dessa estrutura que está posta — seja
de revolta pelo massacre do mercado capitalista, seja o de fazer parte de
uma sociedade em que a lavagem cerebral atinge a maioria das pessoas e a
repressão ideológica as deixa cegas, impedindo que se vejam no contexto
da manipulação, levando-as a defender esse sistema — é de alguma forma
bloqueado, além de ser visto como uma desordem, e que esses pequenos
grupos por serem minoria devem ser calados, e para a maioria o manter-se
calado é feito de outras formas, com políticas assistencialistas, por meio de
inúmeros tipos de "bolsas", entre outros benefícios.

Assim vemos quão grandioso é e será o desafio desse segmento social
que é a Universidade, tanto no processo da construção do conhecimento
quanto na perspectiva formativa do sujeito, ou seja, fazer surgir um pensa-

mento político como forma de enfrentamento e negação a essa sociedade da informação e da técnica. Evitar a desracionalização e a desrazão é sua grande tarefa na pauta de hoje, para impedir sua própria implosão, visto que a Universidade está sempre cercada das muitas parcerias, as quais vêm aderindo constantemente. Escolhe-se quem pode e quem não pode adentrar nos seus saguões para as inúmeras formas de socialização do conhecimento em detrimento de uma busca universal do conhecer. Não deveria ser por escolha, mas sim por ser uma condição própria do ser humano para o vir a ser.

Necessário seria existir uma alternativa que pudesse pairar além da informação rápida, desse capital, desse saber operacional, pois a universidade pública e gratuita literalmente deveria ser do alcance de todos, começando realmente pela grande maioria dos indivíduos que buscam o saber e que são egressos do mesmo segmento social, escolas públicas e gratuitas, extinguindo de vez o hiato existente entre ensino médio e Universidade, tornando os construtores de uma sociedade mais justa e igualitária para as gerações vindouras.

> É concretamente possível a invenção e a existência de uma outra Universidade que não se deixe obcecar pela prestação de serviços ao Estado e às empresas, pela formação de mão-de-obra, de indivíduos que sabem fazer e se contentam em desembrulhar pacotes tecnológicos e executar políticas e tarefas, por mais complexas e sofisticadas que sejam do ponto de vista científico e tecnológico. Refiro-me à Universidade que não se deixa abastardar, não se entrega à lógica do mercado e da qualidade total, não encontra seu sentido e razão de ser na pesquisa e no ensino para o aumento da produção de bens e serviços e o bom funcionamento da sociedade e das instituições existentes. (COELHO, 2004, p. 46-47).

Finalmente, busca-se uma Universidade que não se resolva nem se separe dessa realidade contraditória, da qual se faz parte, mas que se desenvolva no rigor pelo conhecimento científico, deixando para trás esse caráter triste do conhecimento reduzido à informação, o que exige da Universidade atual a reivindicação para continuar na luta pela produção do conhecimento para uma formação digna, autônoma e emancipatória.

Referências

ADORNO, Theodor W. A indústria cultural. *In:* COHN, Gabriel (org.). **Sociologia**. São Paulo: Ática, 1993, p. 92-99. (Coleção Grandes Cientistas Sociais).

ADORNO, Theodor W.; HORKHEIMER, Max. **Dialética do Esclarecimento**: fragmentos filosóficos. Rio de Janeiro: Jorge Zahar, 1985.

CHAUÍ, Marilena de S. **Escritos sobre a Universidade**. São Paulo: Editora Unesp, 2001.

COELHO, Ildeu. Repensando a formação de professores. **Revista NUANCES**: estudos sobre educação, ano IX, n. 9/10, 2003.

COELHO, Ildeu. A Universidade, o saber e o ensino em questão. *In:* ILMA PASSOS, Alencastro Veiga; NAVES, Marisa Lomônaco de Paula (org.). **Currículo e Avaliação na Educação Superior**. 1. ed. Araraquara: Junqueira & Marin, 2005.

COELHO, Ildeu. Ensino, pesquisa e formação de estudantes e professores. **Revista da PUC-Campinas**, n.18, jan. 2004.

DESCARTES, René. **Discurso do Método**. São Paulo: Abril Cultural, 1973. (Coleção Os pensadores)

JAY, Martin. **A imaginação dialética**: história da Escola de Frankfurt e do Instituto de Pesquisas Sociais (1923-1950). Tradução de Vera Ribeiro. Rio de Janeiro: Contraponto, 2008.

HORKHEIMER, Max. **Eclipse da razão**. São Paulo: Centauro, 2002.

LE GOFF, Jacques. **Os intelectuais na Idade Média**. São Paulo: Brasiliense, 1995.

MARX, Karl. Sociologia. *In:* IANNI, Octavio (org.). Tradução de Maria Elisa Mascarenhas, Ione de Andrade e Fausto ellegrini. São Paulo: Ática, 1979.

ROUGEMONT, Denis de. Informação não é saber. **Revista Internacional de Ciências Humanas**, Brasília, n. 4, 1983.

ULLMANN, Reinholdo Aloysio. **A Universidade medieval**. 2. ed. rev. e aum. Porto Alegre: EDIPUCRS, 2000.

WANDERLEY, Luiz Eduardo W. **O que é Universidade**. São Paulo: Brasiliense, 1983.

SOBRE OS AUTORES

Ângela Roberta Felipe Campos

Mestranda em Educação pela Pontifícia Universidade Católica de Goiás (PUC Goiás) – Programa de Pós-Graduação stricto sensu em Educação. É especialista em Docência Universitária pela PUC Goiás (2007) e em Gestão Pública Educacional, pela Faculdade de Ciências Sociais Aplicadas de Marabá – Facimab (2020). Graduada em Pedagogia pela Universidade Salgado de Oliveira (2005). Graduada em Psicologia em formação pela Universidade Salgado de Oliveira Goiânia/Goiás. Atua como professora na Educação Infantil, Fundamental, EJA e Gestão Educacional. Concursada na Educação da Prefeitura de Palmas – Tocantins, Secretaria Municipal de Educação. Diretoria de Recursos Humanos como chefe de divisão de contratos.

E-mail: angelarobertafc@gmail.com

Orcid: 0000-0002-5609-2077

Antonia de Paula Ribeiro

Mestre em Letras pela Pontifícia Universidade Católica de Goiás (2021). Graduado em Comunicação Social – Jornalismo pela Pontifícia Universidade Católica de Goiás (2012). Discente do Programa de Pós-Graduação stricto sensu da Pontifícia Universidade Católica de Goiás – doutor em Educação.

E-mail: antoniapucgo@gmail.com

Orcid: 0009-0008-7605-2807

Cesar Pereira Martins

Doutorando em Educação no Programa de Pós-Graduação em Educação na Pontifícia Universidade Católica de Goiás. Mestre em Matemática pela Universidade Federal de Goiás (2013). Graduado em Matemática pela Universidade Federal de Goiás (2007). É professor da educação básica no Colégio Fractal. É também diretor pedagógico do Colégio Fractal. Professor do Tese Concursos e coordenador de criação de jogos pedagógicos na Editora Vince.

Email: cesarpereiramat@gmail.com

Orcid: 0009-0005-3144-5234

Cleudes Maria Tavares Rosa

Pós-doutoranda em Direitos Humanos (UFG), doutora em Educação (UFG). Mestra em Sociologia (UFG). Especialista em Direito Civil (UNIAnhanguera). Graduada em Ciências Sociais (UFG). Bacharel em Direito (PUC-GO). Advogada (OAB-GO 42550). Coordenadora e professora de Sociologia na PUC-GO. Pesquisadora na PUC-GO, Nevida-FE (UFG/ CNPQ), Cepae (UFG/ UFSCar), UCTO (CNPQ). Presidente da Comissão de Direitos Humanos na OAB-GO, Subseção Nerópolis.

Email: cleudestavares@gmail.com

Orcid: 0000-0002-2364-6117

Daniel da Silva Mendes

Mestre em Educação na Pontifícia Universidade Católica de Goiás, na linha de pesquisa em Educação, Sociedade e Cultura. Graduado no curso de bacharelado em Administração pela Pontifícia Universidade Católica de Goiás. Pesquisador bolsista na função de Agente Local de Inovação pelo Sebrae Goiás.

Email: danielmendes_14@hotmail.com

Orcid: 0000-0003-4501-6519

Divino de Jesus da Silva Rodrigues

Pós-doutor pela Universidade de São Paulo (USP - Ribeirão Preto). Doutor e mestre em Psicologia pela PUC Goiás. Pós-graduado em Adolescência e Juventude no Mundo Contemporâneo, pela Faculdade Jesuíta de Filosofia e Teologia (Faje/MG). Graduado em Psicologia pela Pontifícia Universidade Católica de Goiás (PUC Goiás). Professor da PUC Goiás (graduação em Psicologia e Programas de Pós-Graduação stricto sensu em Educação e Psicologia). Participa do grupo de Pesquisa: Juventude e Educação da PUC Goiás. Coordenador do Grupo de Pesquisa da Infância, Família e Sociedade (GIFS) e Grupo de Trabalho: A Psicologia Sócio-Histórica e o Contexto Brasileiro de Desigualdade Social (GT PSOH), da Associação Nacional de Pesquisa e Pós-Graduação em Psicologia (ANPEPP). Atua nas áreas temáticas: processos psicossociais e educacionais da juventude.

E-mail: divino.psi@pucgoias.edu.br

Orcid: 0000-0002-7661-1794

Eliane Batista de Souza Moreira

Mestranda em Educação pela Pontifícia Universidade Católica de Goiás (2021). Pós-graduada em Educação, Arte e Cultura pela Universidade Estadual de Goiás (2020). Graduada em Pedagogia pela Universidade Estadual de Goiás (2001). Atualmente, é intérprete de Libras na Universidade Estadual de Goiás, campus São Luís de Montes Belos.

E-mail: souzaeliane674@gmail.com

Orcid: 0000-0002-5345-2583

Estelamaris Brant Scarel

Doutora e pós-doutora em Educação pela Universidade Federal de Goiás/UFG. Professora da Pontifícia Universidade Católica de Goiás/PUC Goiás no Programa de Pós-Graduação em Educação/PPGE e, também, no curso de Pedagogia da Escola de Formação de Professores e Humanidades/ EFPH da PUC Goiás. Linha de Pesquisa: Educação, Sociedade e Cultura. Membro do Núcleo de Estudos e Pesquisas em Educação, Violência, Infância, Diversidade e Arte - NEVIDA/FE/UFG. Coordenadora do Grupo de Pesquisa: Estudos Críticos e Educação: Aspectos Éticos, Estéticos e Socioculturais – Perspectivas Contemporâneas.

E-mail: estelamaris.brant@gmail.com

Orcid: 0000-0002-1745-1882

Gessione Alves da Cunha

Doutorando e mestre em Educação pela PUC Goiás. Pós-graduado em Docência Universitária pela Faculdade Católica de Anápolis, Goiás. Pós-graduado em Educação e Família pela Universidad de Los Andes, Chile. Graduado em Ciências e Humanidades Clássicas pela Universidade de Salamanca, Espanha. Licenciado em Filosofia e bacharel em Teologia pela Università Europea di Roma, Itália. Licenciado em Pedagogia pelo Centro Universitário Ítalo Brasileiro. Licenciando em Ciências Sociais pelo Instituto Federal de Goiás. Bolsista Prosuc/Capes.

Email: g-dacunha@hotmail.com

Orcid: 0000-0003-2000-5418

Jussimária Almeida dos Santos

Docente efetiva na Secretaria Municipal de Goiânia – SME. Pesquisadora, mestra e doutora pelo Programa de Pós-Graduação em Educação – PPGE/FE/UFG. Graduada em Pedagogia pela UFG e Letras Libras pelo Centro Universitário Leonardo da Vinci (Uniasselvi). Possui especializações em: Métodos e Técnicas de Ensino (Universo), Educação Infantil (UFG), Psicopedagogia Institucional, Clínica e Educação Especial e (AEE) Atendimento Educacional Especializado (Futura). Integrante do Núcleo de Estudos e Pesquisas em Educação, Violência, Infância, Diversidade e Arte – Nevida/FE/UFG.

E-mail: jussi.ufg@gmail.com

Orcid: 0009-0002-9800-5362

Márcia Cristina Fernandes Pereira Bessa

Mestra em Educação no Programa de Pós-Graduação em Educação/PPGE, da Pontifícia Universidade Católica de Goiás/PUC Goiás. Escola de Formação de Professores e Humanidades/EFPH. Linha de Pesquisa: Educação, Sociedade e Cultura. Professora da Rede Estadual de Educação de Goiás. Membro do Grupo de Pesquisa: Estudos Críticos e Educação: Aspectos Éticos, Estéticos e Socioculturais – Perspectivas Contemporâneas.

E-mail: marciacristinaidb@gmail.com

Orcid: 0009-0000-8337-7994

Marco Antônio Oliveira Lima

Doutorando e mestre em Educação no PPGE da Pontifícia Universidade Católica de Goiás/PUCGO. Membro do Grupo de Pesquisa: Estudos Críticos e Educação: Aspectos Éticos, Estéticos e Socioculturais – Perspectivas Contemporâneas. Professor de Educação Física no Instituto Federal de Goiás/campus Águas Lindas de Goiás.

E-mail: marcobasquetebol@gmail.com

Orcid: 0000-0002-0615-6271

Maria Zeneide Carneiro Magalhães de Almeida

Pós-doutora em Educação (UAM-Espanha). Doutora em História Cultural (UNB). Mestra em História e Filosofia da Educação (Unicamp). Pedagoga (UCG/PUCGO). Ex-professora adjunta FE/UFG. Professora adjunta da PUC Goiás/EFPH/PPGE. Linha de Pesquisa: Educação, Sociedade e Cultura. Líder do Diretório/CNPq – Grupo de Pesquisa Educação, História, Memória e Culturas em Diferentes Espaços Sociais – HENCES/PPGE/HISTEDBR. Vice-presidente da Academia de Artes e Letras do Nordeste Goiano – ALANE&RIDE.

E-mail: zeneide.cma@gmail.com

Orcid: 0000-0003-2220-9932

Nelma Roberto Gonçalves Mendes

Mestra em Educação pela PUC Goiás. Graduada em Pedagogia pela Universidade Federal de Goiás (1994). Especialista em Psicopedagogia (1997). Pós-graduada em Gestão e Docência Universitária (2010). Atuou como coordenadora pedagógica no Colégio Fasam (Educação Infantil ao Ensino Médio) 2006 - 2010. Foi coordenadora no Curso de Pedagogia da Faculdade Sul-Americana (2009-2010). Experiência como docente em cursos de graduação (Fasam e Fanap) e pós-graduação em Psicopedagogia (PUC Goiás e Instituto Alpha Cursos). Coordenadora pedagógica da Faculdade Senac Goiás (2014-2017), incluindo a função de Auxiliar Institucional (AI). Orientadora educacional no Colégio Integrado – Unidades Jaó e Areião (2018-2020). Atualmente, é coordenadora pedagógica no Colégio Estadual Senador Onofre Quinan na modalidade EJA e coordenadora pedagógica na Faculdade Senac.

Email: nelma_rob@hotmail.com

Orcid: 0009-0008-8563-1341

Nívea Oliveira Couto de Jesus

Doutoranda em Educação pela Pontifícia Universidade Católica de Goiás. Mestre em Educação pela Pontifícia Universidade Católica de Goiás (2016). Licenciada em História pela Universidade Estadual de Goiás (2005) e licenciada em Pedagogia pela Universidade de Rio Verde (1995). Atualmente, é coordenadora pedagógica – Coordenação Regional de Educação de Rio Verde (CRE) e professora na rede municipal de ensino (SME). Membro do Diretório/grupo de pesquisa: Educação, História, Memória e Cultura em Diferentes Espaços Sociais.

E-mail: nivea.couto@hotmail.com

Orcid: 0000-0002-9074-5991